U0452993

智库丛书
Think Tank Series

| 世界经济与政治智库论丛（2019）|

世界大变局与中国应对

THE MAJOR CHANGES IN THE WORLD
AND CHINA'S RESPONSE

赵 芮　赵远良 主 编
杨 林　张 淼 副主编

中国社会科学出版社

图书在版编目（CIP）数据

世界大变局与中国应对/赵芮，赵远良主编.—北京：中国社会科学出版社，2019.6（2019.12重印）

（世界经济与政治智库论丛）

ISBN 978-7-5203-4753-2

Ⅰ.①世… Ⅱ.①赵…②赵… Ⅲ.①世界经济—研究②国际政治—研究 Ⅳ.①F112②D50

中国版本图书馆CIP数据核字（2019）第145469号

出 版 人	赵剑英
责任编辑	范晨星
责任校对	王　龙
责任印制	王　超

出　　版	中国社会科学出版社
社　　址	北京鼓楼西大街甲158号
邮　　编	100720
网　　址	http://www.csspw.cn
发 行 部	010-84083685
门 市 部	010-84029450
经　　销	新华书店及其他书店
印　　刷	北京明恒达印务有限公司
装　　订	廊坊市广阳区广增装订厂
版　　次	2019年6月第1版
印　　次	2019年12月第2次印刷
开　　本	710×1000　1/16
印　　张	19
字　　数	248千字
定　　价	88.00元

凡购买中国社会科学出版社图书，如有质量问题请与本社营销中心联系调换
电话：010-84083683
版权所有　侵权必究

前　　言

　　2018年世界经济与政治的状态可以用"大变局"一词来形容。当今的国际体系正进入新一轮的大变革、大调整的阶段，大国间的战略博弈在全面加剧，国际秩序也在进行深度调整，国际政治与世界经济的不确定因素日益增多。

　　在这波逆全球化的浪潮中，美国扮演着推波助澜的角色，成为世界不确定性的主要推手。特朗普政府的"美国优先"政策开启了单边主义的"退群"模式。在经济上，美国以单边主义代替多边主义，以贸易保护主义代替自由贸易共识，频繁退出各类多边性国际组织，其目的在于改变对其不利的束缚，谋求重塑对美国单边有利的世界。可以说，美国频繁的"退群"行为在很大程度上改变了自冷战结束以来全球化与多边主义的进程。在政治与军事上，特朗普政府崇尚硬实力，增加军费并扩充军备，明确将中俄两国作为战略竞争对手，例如挑起对中国的贸易争端，退出美俄签署的《中导条约》等，这些动作进一步激化了大国间的战略竞争。特朗普政府所秉持的"美国优先"政策在本质上是一种以零和关系为内核的思维方式，它导致的后果在于：一方面严重搅乱了现有世界政治与经济秩序的平衡状态，另一方面也打乱了西方世界内部的传统关系。

　　在2018年世界风云变幻的格局中，中国依然是维护世界稳定的中坚力量。中国继续为世界经济注入活力，在国际格局中发挥着不可忽视的作用，在全球治理中也发挥着积极作用。面对错综复杂的国际形势，中国保持了自己的战略定力，沉着应对危机，冷静处理各类国际风险和挑战。2018年，面对美国挑起的贸易摩擦，中国继续坚定深化改革开放，以改革促发展，以开放促合作。中国经济稳中向好，正由高速增长向高质量增长转换。在中美贸易博弈中，中国也始终保持战略自信，理性与美国进行磋商谈判，既坚决捍卫国家核心利益，也努力避免两国陷入全面对抗。

在国际关系方面，中国继续深化与俄罗斯的全面战略协作伙伴关系；积极推动与印度、日本、韩国、菲律宾、越南等周边国家关系；持续深化与东盟国家的友好合作；进一步加强了中朝友好合作关系；深化与欧洲国家双边与多边合作；巩固与广大发展中国家的关系。这些外交活动既扩展了中国外交战略的回旋余地，也改善了中国的周边与国际战略环境。2018年，中国通过成功主办博鳌亚洲论坛年会、上合组织青岛峰会、中阿合作论坛外长会议、中非合作论坛北京峰会、首届国际进口博览会等，进一步扩大并深化了合作与开放，推进"一带一路"倡议取得新的进展。另外，中国在全球多边合作上正逐步树立良好负责任大国的形象，提出了诸多全球治理的中国方案，展现了较强的国际影响力和感召力。

作为世界经济与政治研究领域的重要智库类刊物，《世界经济调研》编辑部在过去的一年中紧扣国际政治与经济形势的变化及热点，积极进行选题策划、精心组稿，刊发了数十篇理论性与对策性文章，旨在发挥智库类刊物的建言献策作用，服务相关决策机构。

在此基础上，《世界经济调研》编辑部还积极与中国社会科学出版社开展合作，辑结并出版"世界经济与政治智库论丛"系列丛书，力图将该丛书打造成为一个链接学术研究和决策参考的共享平台，也为广大读者提供一个了解智库研究的窗口。编辑部分

前　言

别在 2017 年、2018 年相继推出了《国际体系变迁与中国战略选择》《全球治理与中国方略》这两本智库图书，在学术界和读者中引起了积极的反响。2019 年，我们再接再厉，经过精心梳理、合理归类与重新编排，推出了这本"世界经济与政治智库论丛"系列之《世界大变局与中国应对》。

本书各章节报告的作者分别来自国务院发展研究中心、新华社、中共中央党校、中国科学院、中国社会科学院、中国国际问题研究院、中国宏观经济研究院、商务部国际贸易经济合作研究院、北京大学、中国人民大学、复旦大学、同济大学、南开大学、南京大学、中山大学、中国政法大学、北京外国语大学、国防科技大学、国际关系学院、北京科技大学、中国石油大学、中国科学技术信息研究所等中央有关单位、高校和智库研究机构。本书内容包含四个主要议题：中美贸易博弈、"一带一路"研究、全球治理、产业发展与技术创新。

中美贸易摩擦是 2018 年全球经济变动中最重要的问题之一。在"中美贸易博弈"专题中，本书分析了中美贸易激烈摩擦的背景、过程以及对策等内容。从 2018 年 3 月 23 日美国主动挑起贸易争端，到 7 月 6 日、8 月 23 日和 9 月 24 日美国政府分别对 340 亿美元、160 亿美元和 2000 多亿美元的中国输美商品分别加征 25%、25% 和 10% 的关税。中国政府对此也分别采取了应对措施予以反制，中美贸易摩擦进而持续升级。从长远看，如果任由贸易摩擦发展，势必会拖累全球经济增长，各方都将付出巨大代价。研究报告认为，中美间共享发展繁荣是有可能的，但在美国不断施压的过程中，中国为维护自己的利益对美国予以适当反击是正当的，也是必须的。同时我们也强调，中方谈判的大门始终是敞开的，我们并不希望中美博弈陷入全面对抗的陷阱。我们同时也希望与世界各国一道，共同维护全球自由贸易体系和多边体制，构建开放型世界经济体系。

我国提出"一带一路"倡议并推进实施已有5年多时间，合作成果丰硕。"一带一路"沿线国家的经济发展和未来预期都普遍较好，但也存在一些问题。为此，本书的"一带一路"研究专题分析了"一带一路"建设面临的形势变化，探讨了"一带一路"的规则制定权问题，关注了"一带一路"沿线国家综合自然灾害风险评估，规划了抓住新业态发展机遇推动"一带一路"发展的方案，提出了借由中欧班列的开通与运营提升"一带一路"沿线国家产能合作的构想等。此外，该专题还从境外合作区与粤港澳大湾区建设的角度探讨了我国如何借助"一带一路"构建和实现我国全面开放新格局等议题。

在当前世界局势充满变数之际，国际秩序调整、全球治理体系重塑等议题已成未来的趋势。针对逆全球化问题，"全球治理"专题重点分析了历史上两次逆全球化的动因，探讨了发达资本主义国家政治调整面临的问题、发达国家长期停滞的成因，提出了世界经济存在不确定性风险，展望了全球能源治理和开放创新的趋势。在分析了这一系列全球治理体系存在的问题和调整需求之后，研究报告还提出了在当前背景下中国的应对举措。这些议题包括：合理缔造中国大战略、向世界阐释中华文明的现代价值、如何对新一轮"中国威胁论"做到释疑增信、如何营造于中国有利的舆论环境等。

一般说来，产业是国家发展的根基，产业兴则国家兴，产业强则国家强。在这其中，战略性新兴产业则代表新一轮科技革命和产业变革的方向，是培育发展新动能、获取未来竞争新优势的关键领域。欧美各国都把战略性新兴产业摆在经济社会发展更加突出的位置，大力构建各自的现代产业新体系，推动其经济社会的持续健康发展。为此，研究报告紧扣国家发展形势，特设置了"产业发展与技术创新"专题，主要探讨了以下热点议题：现代产业体系建设的战略目标与路径、新时代高新技术产业发展模式探析、金融科技的兴起与金融进步的双轮驱动、中国银行业国际化现状与前景展望、完善网络安全保障体系是网络强国建设的关键、国家安全建设须重视水资源短缺问题、全球科技投入态势及对中国启示等。

《世界大变局与中国应对》一书所探讨的四个议题，其共同点是放眼世界，立足中国，旨在回答在世界大变局的背景下中国如何应对好挑战这一问题，进而提出有中国特色的国内与国际治理方案，实现转"危"为"机"，在解决各类问题的过程中不断发展壮大自己。

我们希望该书能为广大读者朋友提供一扇了解智库研究成果的窗口，引发大家对"世界大变局与中国应对"这一议题进行思考和分析，进一步厘清世界发展的大趋势。同时，我们也希望广大读者朋友能继续提出宝贵的批评意见，促使我们进一步提高编辑和策划水平，做好"世界经济与政治智库论丛"的出版工作。

目　录

中美贸易博弈

知己知彼的思维方法
　　——"一报还一报"的博弈论解释 …………… 蔡　昉　3
美国的贸易政策及其影响………………………… 宋　泓　8
中美关系的出路依然是合作共赢………………… 徐长银　18
中国扩大开放与全球化趋势中的美国因素……… 贾秀东　25
处理中美贸易问题需要更系统性的思考………… 高善文　32
中美贸易博弈的后续波次与应对 ……… 金灿荣　赵远良　38
应对美国发动贸易战的思路与对策 …… 张二震　戴　翔　46
特朗普政府的政治特征透析……………………… 段德敏　54
与美博弈须有效控制成本………………………… 左希迎　61
对美外交应保持战略定力………………………… 陈积敏　68
中美能源合作前景分析…………………………… 魏　蔚　75
美中贸易逆差应重新审视………………………… 张　淼　84
对美国政治文化不确定性的评估………………… 潘亚玲　92

"一带一路"研究

在非洲推进"一带一路"建设的思考与建议…… 邹治波　101
关于"一带一路"规则制定权的战略思考………… 门洪华　108

抓住新业态发展机遇　推动"一带一路"持续发展
　　………………………………………………… 储　殷　116
中欧班列的突出问题与发展抓手 ………………… 马　斌　122
"一带一路"综合自然灾害风险评估：重要意义、风险排名、
　　政策建议 ……………………… 孔　锋　吕丽莉　130
加快建设粤港澳大湾区　推动全面开放的新局面
　　………………………………………………… 余淼杰　137
构建全面开放新格局须重视境外合作区的建设 …… 王志芳　144
"一带一路"建设面临的形势变化与推进策略
　　………………………… 公丕萍　卢　伟　曹忠祥　151

全球治理

历史上两次逆全球化的动因探析及启示 … 佟家栋　刘　程　161
发达资本主义国家政治调整面临的问题 …………… 林德山　170
中华文明的现代价值须向世界阐释 ……… 张西平　赵远良　178
世界经济不确定性风险及中国应对 ……… 陈建奇　张　原　185
发达国家长期停滞的成因及对中国的警示
　　……………………………………… 王　曦　陈中飞　194
中国的大战略缔造：意义、议题与方向 …………… 葛汉文　200
全球能源治理发展与中国对策 ……………………… 王　震　206
全球开放创新趋势与我国应对策略 ……… 徐　芳　张换兆　217
近期国际涉华舆论存在的问题及对策 ……………… 袁赛男　225

产业发展与技术创新

现代产业体系建设的战略目标与路径 ……………… 芮明杰　235
新时代高新技术产业发展模式探析 ………………… 林志刚　242
金融科技的兴起与金融进步的双轮驱动 …………… 罗　煜　248

目录

中国银行业国际化现状与前景展望 ………… 曾　刚　王雅君　255
国家安全建设须重视水资源短缺问题 ………… 王亦楠　266
完善网络安全保障体系是网络强国建设的关键 …… 安　静　275
全球科技投入态势及对中国启示 …………… 姜桂兴　282

中美贸易博弈

知己知彼的思维方法
——"一报还一报"的博弈论解释

本文要点：特朗普政府从"美国优先"原则出发，挑起各种针对我国的摩擦甚至发动贸易战，体现了以美国为代表的一些国家秉持"修昔底德陷阱"思维，企图限制我国的发展空间。对此，我们不仅应该有针锋相对的策略，还应该具有长期应对的思想准备。要把握这场斗争的主导权，我们除了有必要逐渐形成一套有效的谈判策略，还有必要了解对手的思维方法。这方面值得注意的是20世纪80年代兴起的"合作的进化"理论，该理论对美国的智库乃至决策者都产生了较大的影响。本文对该理论中的"囚徒难题"、合作的必要条件以及"一报还一报"策略等博弈方式进行了介绍与分析，认为基于无限次数的"囚徒难题"博弈原理是一个很好的思考角度，有助于我们在应对中美贸易战中知己知彼，进而最大限度地掌握主动和争取国家利益。

在我国日益走近世界舞台的中央，奉行亲诚惠容原则着力于构建人类命运共同体的同时，以美国为代表的一些国家却秉持"修昔底德陷阱"或"金德伯格陷阱"思维，企图限制我国的发展空间。特别是特朗普政府从"美国优先"原则出发，挑起各种针对我国的摩擦甚至发动贸易战。对此，**我们不仅应该针锋相对，还应该具有长期应对的思想准备**，贸易之争也不能寄希望于几轮谈判就一劳永逸地解决该问题。

为了适应今后中美在贸易问题上"谈谈打打、打打谈谈"的常态，最大限度掌握主动和争取国家利益，**既有必要逐渐形成一套有效的谈判策略，也有必要了解对手的思维方法**。这方面值得注意的是20世纪80年代兴起的"合作的进化"理论，以1984年出版的《合作的进化》（我国有译本）一书为代表，作者为美国政治学教授阿克塞尔罗德。该书对美国的智库乃至决策者具有颇大的影响，号称"值得取代圣经"。从知己知彼的角度而言，了解并分析该理论对我们也应该具有一定的启发意义。下面做一简单介绍。

一 "囚徒难题"：从一次性到重复性

博弈论中著名的"囚徒难题"讲的是：两个彼此没有沟通机会的犯罪嫌疑人，在"认罪"或"抵赖"之间进行选择，虽然分别都是从各自的利益出发，最终却由于两个人之间的不合作，终究不能选择最适宜策略，从而导致两败俱伤。

我们可以把这个"囚徒抉择"的例子改写为两个行为者甲和乙，各自在"合作"与"不合作"之间进行选择的情形。如表1所示，两个人的行为可组合成四种情形，分别可以得到不同的分值，即R——对双方都合作的奖励，T——不合作的诱惑，S——单方合作或"蠢行"的损失，P——对双方都不合作的惩罚。在这个一次性博弈中，如果不知道对方会做出怎样的选择，双方都从理性出发选择不合作，最终结果却比双方合作的得分要少。这就是难题所在。

表1　　　　　　　　"囚徒难题"中的四种情形

		甲	
		合作	不合作
乙	合作	R=3, R=3	S=0, T=5
	不合作	T=5, S=0	P=1, P=1

把这个博弈重复做下去，结果则可能不同，即可能出现双方合作的情形。需要指出的是，这里讲的重复博弈，不是行为者可以预知博弈次数的多次博弈，而是行为者不知道何时结束的无限次博弈。这样才能使今天的策略选择既受当前情况的影响，也受未来结果的影响，并且任何一方的策略历史都可以成为对手决策时的参考。此外，这项研究还必须保持"囚徒难题"基本形式不变，唯其如此才能在同一框架下找出合作的必要条件和充分条件，回答什么是最适宜策略的问题。

二 "婚姻关系"：合作的必要条件

必须指出的是，重复性"囚徒博弈"不同于诸如国际象棋对局那样的"对弈"。在后者的情形下，行为者双方的利益是完全对抗的，认为对方必然要"置己于死地"是合理的假设。而在囚徒博弈中，双方可以通过选择合作或不合作，分别得到"对合作的奖励"（R），或遭到"对不合作的惩罚"（P）。这是因为，这里的博弈双方必然无限次地反复相遇。

例如，我们过去常说中美之间类似于一种"婚姻关系"，就是一种有意义的判断，因为这说明我们认识到这种两国之间长期博弈，彼此无法回避的关系特点。因此，**事实上并不存在一个脱离对方策略而独立存在的最佳策略，也不存在一个不用担心未来结果的最佳策略**。这就是能够达成合作的必要条件。

此外，这种囚徒博弈还需要强调以下几个特征。第一，行为者的收益不必是可比较的，可以依各自的期望值决定。第二，双方收益也不必是对称的。第三，行为者的收益值只是相对的，不是绝对的。第四，决定是否合作不必顾及他人的看法。第五，不必假设行为者总是理性地或确切地知道自己追求什么样的目标，对方的策略完全可能只是官僚程序的结果。第六，行为者的决策不必都是有意识的或深思熟虑的选择。

三 "一报还一报"：最适宜策略

阿克塞尔罗德教授这项关于合作进化研究所采取的方法，是邀请各领域专家参加计算机竞赛，通过编程提出自己的对局策略，与其他参赛者的策略对局。两轮比赛的结果都显示，胜出的是所有策略中最简单的一种，即"一报还一报"（tit for tat）。这个策略既不像《圣经》中"以眼还眼"那样一味强调报复，也不像"别人打你的右脸，把左脸凑上去"那样一味退让，而是孔子所说"以直报怨，以德报德"。也就是说，在对局中，第一步选择是采取合作的态度，随后则模仿对方上一步的选择。对竞赛结果的分析表明，**在适当的条件下，从自身利益出发的博弈双方可以达成合作**。

对竞赛数据的分析揭示了成功的博弈规则具有四个特征：第一，只要对方合作自己就合作，可以避免不必要的冲突；第二，面对对方的不合作行为要予以报复；第三，对不合作予以惩罚之后便采取宽容的态度，再度以合作试探；第四，行为要简单清晰，要让对方了解和适应自己的行为模式。此外，对研究结果进行归纳，特别是根据得分情况，还可以为行为者个体的选择**提供几点建议**，即：第一，**不要妒忌对方的成功**；第二，**从不首先做出不合作的选择**；第三，**对合作和不合作都要做出迅速的反应**；第四，**不要小聪明而失大局**。

但是，如果对局双方都遵循"一报还一报"的规则，即都对对方上一次的不合作予以一次报复，也可能导致对局陷入一个恶性循环，不再有回旋的余地。因此，研究者还推荐了一个更加宽容的策略，即不简单地对一次性的不合作行为进行报复，或者说是"两报还一报"的策略。得出的结论是，**越宽容的策略最终获益最大**，也可以表述为**"有舍才有得"**。

这种重复的囚徒博弈并非完全机械被动的，而是可以通过由行为者做出三种改变来提高合作的可能性。第一，使未来相对于现在更加重要。譬如争取使对局双方的相互作用更持久、更频繁。第二，改变对行为者的四种可能结果的相对收益值。如利用某种国际规则让不合作受到的惩罚更重。第三，让行动者懂得更多的促进合作的准则、事实和技能。如制定一个可预期、有依据的对不合作的惩罚力度和反应速度，并明确展示给对方。

值得指出的是，美国现任总统特朗普本人的决策具有前所未有的随意性，他的贸易政策团队成员之间意见分歧也很明显，因此在贸易谈判中他们未必信奉或者依据本文所介绍的策略原则。不过，这种基于无限次数的"囚徒难题"博弈原理，仍然可以为我们在应对贸易战中提供一个知己知彼的思考角度。

（中国社会科学院副院长、学部委员　蔡昉）

美国的贸易政策及其影响

本文要点：特朗普政府抛弃了美国坚持多年的多边主义的贸易政策立场，转向双边主义，甚至单边主义。美国政府打着自由贸易的旗号，指责对美贸易顺差国的贸易是不公平或者/和不对等的，并采取双边主义、单边主义的手段，迫使他国做出让步和改变，以便获取最大的利益。本质上，这是一种赤裸裸的"贸易霸权主义"。美国新贸易政策下的贸易，绝对不是自由贸易，最多是一种符合美国利益的、按照美国标准定义的"公平、对等的自由贸易"。在特朗普政府的贸易政策下，中美经贸关系陷入了特定阶段的困难时期。

一　特朗普贸易政策的不同

特朗普政府认为，美国人民对于以前美国政府所采取的贸易政策、签订的国际贸易协定越来越感到沮丧，因为他们没有看到国际贸易协定所带来的切实好处。

为什么美国人民认为没有获得自由和开放市场的好处呢？特朗普政府认为，主要原因不在于美国，而在于其他国家采取了不平等的做法。特朗普政府中的白宫贸易委员会主席皮特·纳瓦罗（Peter Navarro）明确指出："历史上，依赖卓越的生产率优势，美国是能够竞争过低工资国家的。尽管中国深圳或者越南工人的工资每小时只有50美分，通过使用最新的技术以及更先进的资本设备，美国工人能够有效地和他们进行竞争，并获得30倍以上的工资。"

依照上述思路，特朗普政府的外贸政策就顺理成章地是去纠正过去的做法：其一，**进行双边的谈判**，建立两国间的贸易协定；其二，**修正过去的贸易协定**，纠正不合理的方面；其三，**打击国际范围内损害美国利益的不公平贸易做法**。特朗普政府由此开创了美国贸易政策的新时代。本质上，他的贸易政策议程是由坚定的现实主义决心推动的，即：动用一切可以动用的手段，撬开国外市场，获取更多份额以及更公平对待美国工人。这里是一些具体的例子。

其一，退出跨太平洋伙伴关系协定（TPP）。特朗普总统在竞选期间就承诺，美国不再进行类似的大型国际贸易协定的谈判，因为这类协定"捆住了我们（美国）的手脚，蒙住了我们（美国）的双眼"。

其二，重新进行北美自由贸易协定（NAFTA）以及美韩自由贸易协定（FTA）的谈判，修改其中一些"错误"。这种谈判在

2018年9月30日的最后时刻刚刚完成。

其三，发动"301调查"，调查外国不公平贸易做法及其对于美国商业的影响；在过去16年中，美国政府第一次启动"201条款"，旨在给予国内产业以保障。

二 特朗普贸易政策的主要内容

特朗普的贸易政策主要有5个方面的内容。

第一，**维护国家安全**。贸易政策成为特朗普政府维护国家利益、实现新《国家安全战略》的重要手段。这表现在：（1）打造强大的美国。过去几十年中，在促进和鼓励世界范围内的市场竞争方面，美国一直发挥着独特的作用，认为强大的美国是世界市场经济和市场竞争的有力保障。（2）维护美国的主权。国际贸易协定不能损害美国的主权，强迫美国接受未经国内民选政府同意的义务和裁定。（3）对于世界范围内的竞争对手做出反应。在新版的国家安全战略中，美国将中国和俄罗斯视作战略对手。在贸易领域中也是如此。美国的贸易政策因此要对中国做出基于遏制目的的反应。（4）维护技术上的先进性。其手段之一就是防止竞争对手以不公平的手法获取美国的知识产权。为此，针对性地动用"301调查"。（5）和盟友以及"志同道合的"国家一道行动。

第二，**加强美国经济**。通过减税和改革促进国内竞争。主要的措施有：（1）将企业所得税由35%降低到21%，使得美国在与主要贸易伙伴的竞争中，重新获得竞争力。（2）吸纳美国企业的海外滞留收入。为了逃税避税，美国公司在海外的滞留利润高达2.5万亿美元。特朗普政府计划对于这些收入征收一定的税收后，让它们能够合法地回归美国：对于现金征税15.5%，非现金财产征收8%。（3）削减繁文缛节，减轻企业负担。

第三，**通过谈判签订更好的贸易协定**。主要内容包括：

（1）重新谈判 NAFTA，并于 2018 年 10 月 1 日完成更新。（2）重新谈判美韩自由贸易协定，并于 2018 年 9 月底完成更新。（3）与英国谈判，签订投资和贸易协定。（4）与全面与进步跨太平洋伙伴关系协定（CPTPP）的 11 个成员中尚未签署双边自由贸易协定的 5 个国家进行双边谈判。（5）放宽美国农产品市场准入的双边谈判等。

第四，**维护和贯彻落实美国的贸易法**。主要的措施包括：（1）启动"301 调查"。2017 年 8 月 18 日正式启动对于中国的"301 调查"，并于 2018 年 3 月完成调查，发表调查报告。（2）启动"201 条款"，对于输美的家用洗衣机和太阳能电池板实施保障措施，分别征收 50% 和 30% 的进口关税。（3）更多地发动反倾销和反补贴调查。2017 年，特朗普政府发动了 84 项反倾销反补贴调查，比上一年增加了 59%。其中，值得注意的是，在没有美国企业提起诉讼的情况下，美国商务部"自我发动"2 项调查，都是针对中国产品的。（4）启动"232 调查"，借口莫须有的"国家安全威胁"，对于进口的铝和钢铁分别征收 10% 和 25% 的进口关税。（5）在 WTO 中维护美国的贸易救济法律的尊严，拒绝履行对中国入世十五条的承诺。（6）在国际贸易协定中，保护美国的权利。美国对于 WTO 争端解决机制的判决多有微词，认为其中有些判决超出了争端解决机构的授权范围，对于美国的主权造成了损害。

第五，**改革多边贸易体制**。美国的主张包括：（1）改革争端解决机制，限制上诉机构的裁决不能超越授权范围。（2）增强 WTO 的新规则谈判和形成功能，应对新的挑战，将一些新兴议题纳入，并且尽快确立相应的国际规则。（3）正确处理贸易与发展问题，对于现有的 WTO 成员进行分类，杜绝成员们对于身份的自我定位，将现有的对于发展中成员的"特殊和优惠对待"规范化，一事一议，防止被滥用。（4）应对一些快速崛起成员所带来的挑战，比如中国崛起所带来的种种挑战等。

从2018年开始，特朗普政府依据国内贸易法，对众多贸易伙伴采取单边行动，挑起多起贸易争端。首先是在2018年1月，启动"201条款"，对进口的洗衣机和太阳能电池板单方面征收高额关税，并引发一些贸易伙伴的报复；其次是在2018年3月，启动"232条款"，对进口的铝和钢铁单方面征收高额关税，再一次引发贸易伙伴的报复；再次，在2018年7月，依据"301调查"报告对中国输美产品单方面征收高额关税，并引发中国的报复；最后，是美国对于反制其单边措施的贸易伙伴进行的加码报复行动，变本加厉，对更多的产品征收更高的关税。

因为特朗普政府的单边主义行动，一时间，国际贸易争端狼烟四起，并且愈演愈烈。这**使得整个世界贸易，甚至整个世界经济都有被拖入衰退境地的风险。**

但是，在2019年的贸易议程中，美国贸易代表办公室却进一步将美国的贸易政策议程理论化和合法化，认为特朗普政府继承了一个明显有"缺陷"的贸易体系：（1）该体系奖励像中国这样在美国看来"从事不公平和扭曲市场的贸易做法的国家"，比如进行产业补贴和"盗窃知识产权"。（2）这一体系还鼓励将制造业工作外包给劳动和环境标准明显低于美国的国家。（3）这个有"缺陷"的体系在损害美国企业和工人的利益，并引发发达国家对全球化的担忧。特朗普政府是要做"救世主"，要纠正这个有"缺陷"的贸易体制，为发达国家做出榜样。报告认为，过去两年中，美国的做法和经济表现表明：一个发达国家是可以实现由工人们，包括制造业的工人们分享的、更广泛的经济增长的。同时，报告还高调宣称美国贸易政策的目标是确保努力工作和创新受到奖励，不公平的贸易做法和非法的政府补贴受到惩罚，从而将"美国优先""美国第一"的追求巧妙地掩盖在冠冕堂皇的借口之下。

三 针对中国的政策

作为特朗普政府认定的战略竞争对手、美国贸易逆差的最大来源，中国是美国贸易政策的头号目标。特朗普政府对华贸易政策，在2018年越来越凸显出来，并成为焦点。

第一，**延续美国《国家安全报告》中有关中国的定位，将中国视为战略竞争对手，并从经济和贸易政策上进行遏制**。美国2018年的贸易政策议程认为，中国拥有国家主义的经济模式，政府在其中发挥着巨大且不断增加的作用。中国巨大的经济规模意味着它的经济实践越来越大地影响着美国和全球的经济与贸易体系。中国加入WTO已经有十六年了，但是，仍然没有转变成其他所有WTO成员所期望的市场经济体系；最近，甚至越来越偏离市场原则。作为世界第二大经济体，中国有巨大的能力来扭曲世界范围内的市场。该议程声称，特朗普政府将采取一切可以利用的手段打击中国削弱真正市场竞争的政策和做法，保护美国的国家利益。

在新达成的《美国—墨西哥—加拿大协议》（USMCA）中，有专门的条款针对所谓的"非市场国家"。就USMCA整体协议而言，如果一个缔约方要和非市场国家谈判自由贸易协定，要提前3个月通知协议的每个缔约方，并且，要在签字前的30天，将谈判的文本交给其他缔约方审议和评估；其他缔约方，有权在某缔约方与非市场国家签订自由贸易协定的六个月通知期后，终止这个协议，另外签署双边协定。显然，**这样的条款有排除，甚至孤立中国的潜在重大影响**。

第二，**在"维护和加强美国贸易法律"的旗号下，对华发起单边主义的"301调查"，并付诸行动；拒绝承认对华"入世"十五条的承诺；恶意发动对华双反调查**。在维护美国的贸易救济法的借口之下，对于拒不履行中国"入世"十五条承诺进行辩护：只有在中国转型成为市场经济的条件下，才会在反倾销中不再使用参照国的做法。

美国不仅大肆发动对华双反调查，而且还在没有美国企业提起诉讼的情况下，由美国商务部发动了两起对华双反调查，开创了一个保护主义的恶劣先例。

第三，**在"加强多边贸易体制"的旗号下，抵抗所谓的"藐视 WTO 规则"的成员**。继续和所谓的"志同道合的国家"（like-minded countries）一道确保公平贸易规则，有效应对一些"藐视 WTO 争端解决机制"的崛起国家。比如，美国和其他相关的 WTO 成员一道继续抵制中国的立场，即：进口成员必须忽视中国经济中广泛存在的市场扭曲，并给予中国在反倾销时特殊的权力和优惠。这些权力和优惠是其他任何 WTO 成员都没有享受的。

第四，在多个场合，**联合欧盟和日本，直接对抗中国**。将对于中国的指责（强制技术转让、国有企业以及非市场经济做法等）作为 WTO 改革的内容，并且多次发表联合声明（第一次是 2017 年 12 月 WTO 部长会议期间，第二次是 2018 年 5 月 30 日，第三次是 2018 年 9 月）。

在最新公布的 2019 年贸易政策议程中，针对中国的倾向更加明显、突出。比如，报告指出，美国要和战略伙伴（如日本、欧盟和英国）进行新的贸易协定的谈判，以便建立对于美国的工人和商界更好的双边贸易协定。而对于中国，则是打击非市场经济做法、不公平贸易政策。目前正在进行的中美贸易谈判，也只是一种基于"301 条款"而进行的后续行动。谈判的结果，并不是一种协议，而是一种行政承诺，由政府负责推动和实施，不需要国会的再次通过。中国在美国贸易和对外经济政策中的地位和角色，就是一个被打击和针锋相对的对象。这是前所未有的变化。

四　对美国贸易政策的评价

第一，**开放的国际贸易对于参与国家都会带来好处**。基于此而签订的国际贸易协定，不仅能保证一个开放的、自由的、可预见的市场环境，而且会促进一个以规则为基础的统一大市场的形成。但是，它并不能保证签署这个协定的任何国家都能够获得同等的好处。

如何判断市场开放，乃至国际贸易协定的好处呢？基本的国际贸易理论告诉我们，判断开放贸易的好处是从全社会福利的角度进行的，而不是单从生产者，或者从从业者的角度分析。同一个协议，在给全社会带来福利增进的同时，也有可能给一些生产者带来好处——如果该生产者具有比较优势的话，给另外一些生产者带来挑战——如果该生产者不具备比较优势的话。与此相关，该协定也会对于某些从业者形成冲击，比如一国中的比较劣势产业的从业者等，而给其他从业者带来机遇，比如一国的比较优势产业中的从业者。因此，单纯基于某些生产者，尤其是**单纯基于一国比较劣势产业从业者的角度，来判定一个国际贸易协定的好坏是非常狭隘的，也没有科学依据**。

特朗普政府的贸易政策正是从过去几十年市场开放、全球化中受到冲击的、美国劣势产业以及其中的从业者的角度出发的。这样的政策，虽然具有很强的政治背景，但却缺乏科学基础。

第二，**特朗普贸易政策的目标在本质上是阻止过去几十年蓬勃发展的全球化，阻止美国产业外包**。皮特·纳瓦罗和特朗普的商务部部长威尔伯·罗斯（Wilbur Ross）曾联合撰文指出，如果国内的税收不是很高、各种规制的负担不是很重的话，如果国际上不存在类似汇率操纵、非法出口补贴等不公平贸易做法的话，美国制造业中的外包就不会发生，因为在每一个这类制造业产业中，美国将更加具有竞争力。

为了实现留住制造业、留住工作机会、减少美国贸易逆差的目的，除了国内的减税、简化规则之外，在国际范围内，特朗普政府放弃美国多年坚持的多边主义传统，而改用单边主义、双边主义等**一切可以利用的手段，迫使贸易伙伴做出改变**。如果说在此之前，比如在 WTO 或者 TPP 的谈判中，美国只是作为众多谈判方中的一员，假借整个成员的名义，要求其他国家（尤其是后加入的国家）进行市场开放以及关税减让的话，那么，现在的美国则是直接作为一方单独行动，赤裸裸地以美国利益第一为目标，通过明目张胆的威逼利诱手段来迫使对方臣服。这在 NAFTA、美韩自由贸易协定的重新谈判以及对华贸易政策上表现得尤其突出。

作为世界第一大经济体，作为世界最大的进口国和贸易国（按照货物贸易和服务贸易总计来衡量），美国这样的单边主义或双边主义做法，哪一个国家能够抗衡呢？利用自身的谈判实力，迫使其他贸易伙伴签订城下之盟，这样的做法是一种赤裸裸的"贸易霸权主义"，是一种"贸易殖民主义"，有何公平可言呢？

第三，**特朗普执政使得中美经贸关系正在也将经历剧烈震荡**。特朗普政府中的纳瓦罗对华充满敌意，对华看法片面、极端。在其所著的《致命中国》一书中，认为中国利用"重商主义和保护主义"来摧毁美国人的工作机会。其基本的逻辑就是：将中国入世和美国众多制造业就业机会的下降联系在一起，认为是中国摧毁了美国人的就业机会。比如，他将中国入世与美国纺织服装和木制家具业下降50%，纺织业就业下降70%等相联系，认为二者存在着因果关系。另外，美国贸易代表莱特希泽和商务部部长罗斯也认同纳瓦罗的对华看法，主张对华采取强硬立场。对于纳瓦罗的这本书，特朗普极力举荐，也十分认同该书的主张，更是任命纳瓦罗为新成立的白宫国家贸易委员会主席。因此，特朗普政府的对华贸易政策就基本上沿着纳瓦罗的主张推行。

在特朗普政府中，对华关系中的**几乎所有的问题都被提上了议事日程**：第一，战略上，指责中国的经济发展模式是违反市场经济原则的"国家资本主义"，是国家主导型的经济，是非市场经济；并且在新签订的 USMCA 中，设定专门排华的所谓"非市场国家"条款。第二，认定中国政府几乎所有的经济政策和措施都是产业政策。从引进外资，到技术引进，再到对外直接投资；从国内到国外，无所不包。并且认为中国政府指导着中国企业和产业进行着协调一致的行动，恶意获取外国的技术。第三，不仅不承认对于中国"入世"十五条的承诺，甚至倒打一耙，认为是中国试图从其他 WTO 成员那里索要特殊待遇，蔑视 WTO 的规则。

作为世界最大的两个经济体，如果中美两国之间贸易摩擦持续下去，其结果一定是两败俱伤。但是，和这样的政府以及这些对华充满负面看法的鹰派人士要达成双方都满意，抑或是都可以接受的协议，是未来一段时期内两国面临的巨大挑战。

（中国社会科学院世界经济与政治研究所副所长、研究员　宋泓）

中美关系的出路依然是合作共赢

本文要点：特朗普政府对华政策发生了重大转变，在最新的美国《国家安全战略报告》中，美国把中国定位为主要"战略竞争对手"，并且承认其实施数十年的"接触加遏制"的对华政策失败了，而是要以"实力地位"全面应对中国的挑战。当前美国发动的贸易战只是为中美全面对抗拉开的一个序幕，其实质是通过贸易战压制中国，从经济上搞垮中国并从中获取更大的经济利益。为此，我们应该认识到，虽然中国是世界第二大经济体，但中国的实力与美国相比仍有很大的差距，我们应避开"修昔底德陷阱"，保持战略耐心，坚持走中国特色社会主义道路，与美国通过合作共赢，共享发展繁荣。

2018年以来，美国对华态度日趋强硬，尤其在经贸关系问题上，特朗普政府咄咄逼人，使美中贸易争端急剧升级。国内外舆论对中美关系的发展状况众说纷纭，对中美关系发展前景忧心忡忡。

一　美国对华政策发生重大变化

特朗普政府对华政策发生重大变化，这是不争的事实。我们应当直面现实进行应对。

第一，**美国把中国定位为主要"战略竞争对手"**。按照美国的说法，中国是"威胁"美国确立的国际秩序的"修正主义"势力。特朗普政府把这个定位明确写进美国的《国家安全战略报告》，这是有史以来第一次，也是美国对华政策的重大变化。美国《国家安全战略报告》声称，中国在政治、军事和经济等方面对美国形成全面的挑战，中国正在印度洋和太平洋地区谋求霸权，未来蓄意取代美国的全球主导地位，美中之间的竞争从根本上来说是"政治竞争"。美国把美中之间的结构性矛盾突出出来，中美关系将进入一个艰难的发展期。

第二，在《国家安全战略报告》中，**美国明确承认其实施数十年的"接触加遏制"的对华两手政策失败了**，企图通过这两手政策迫使中国以美国意志发生改变的方式"被证明是错误的"。美国要进行反思，重新制定对华政策。特朗普政府还没有公布一套完整的对华战略。但可以肯定的是，美国不再寄希望"接触加遏制"的两手政策促使中国"和平演变"。遏制和挑战在今后一段时间内可能是美国对华政策的主要趋势。

第三，特朗普政府在《国家安全战略报告》中提出，**美国要全面应对中国的挑战，以"实力地位"与中国进行竞争或寻求合作**。所谓"实力地位"，就是使用美国实力优势对中国采取强硬态度，迫使中国做出让步和妥协，遏制中国的崛起。美中之间的竞争和斗争在未来将呈现上升趋势。

二 美国对华政策发生重大变化的主要原因

第一，**中国坚持走中国特色社会主义道路，挫败了美国的"和平演变"政策**。在奥巴马政府时期，美国就已经开始反思其对华两手政策失败的原因。按照美国媒体报道的说法，美国已承认实施"和平演变"的幻想彻底破灭了。

第二，**中国成为世界第二大经济体，使美国精英阶层产生危机感**。中国实力的快速上升，美国实力的相对下降，使美国朝野上下普遍出现焦虑感。美国耶鲁大学教授保罗·肯尼迪2018年3月下旬接受中国媒体采访时说，许多迹象显示，特朗普宣布新的关税政策，不是在宣示美国的力量，而是在事实上承认美国人缺乏竞争力，反映出美国存在的巨大焦虑——不论投资比率、基础教育、医保总体水平还是技术培训，都显示出美国相对缺乏竞争力的迹象。

第三，**中国在国际上日益扩大的影响力也令美国感到焦虑**。奥巴马政府时期美国财政部顾问史蒂夫·拉特纳在《纽约时报》发表的一篇文章指出，当美国在国际上实施收缩政策之际，中国的"一带一路"倡议将通过物理设施把中国与超过65%的世界人口连接起来。

第四，**特朗普政府内阁成员经过反复调整，对华强硬派已占据主导地位**。美国国务卿迈克·蓬佩奥、白宫国家安全顾问约翰·博尔顿、白宫首席经济顾问拉里·库德洛，以及白宫国家贸易委员会主任彼得·纳瓦罗，再加上美国贸易代表罗伯特·莱特希泽等人，都是对华强硬派人物。

特朗普在竞选期间就声称中国是美国的主要对手，尤其是在经贸关系上对中国极为不满,一直声称要对中国采取处罚性措施。特朗普认为,当今世界就是一个竞争的世界,是一个角斗场,中国的发展是对美国的全面挑战和威胁。在特朗普的眼里,根本不存在或者不相信中国提出的"合作共赢"、建立"人类命运共同体"的理念。特朗普政府在其首份《国家安全战略报告》中声称美国过去的对华政策"被证明是错误的",表明美国主流社会已就此问题达成了共识,美中关系发生变化不可避免。

三 美国对华关系将会如何发展

当前,对中美关系的变化有各种说法,有的称发生了"颠覆性变化",有的说是"实质性变化",还有的声称"分道扬镳"。这些说法都不够准确。因为中美从来都不在一个战壕里,无论美国对中国采取"接触加遏制"战略,还是采取打压的强硬政策,都是想把中国纳入它的麾下,美国对华政策的终极目标没有变,中美之间的结构性矛盾没有发生实质性变化,变化的是美国对中国采取的战略手段。从目前情况来看,美国对中国采取的战略手段有三种可能性。

一是**特朗普政府决心以实力优势与中国展开强硬对抗**,遏制中国的进一步发展,竭力保住美国的世界霸主地位,中美之间的冲突将在各领域全面展开,发生军事冲突的可能性也在大幅增加,而当前特朗普发动的贸易战只是全面对抗的一个序幕。

二是特朗普发动的贸易战其实质不是贸易问题,而是要**从经济上打压中国**,首先是打击中国的高科技发展计划,如扼杀《中国制造2025》计划,同时打开中国的金融市场,进而设法掌控中国的经济发展命脉,使中国在经济上"臣服"于美国。

三是特朗普政府通过贸易战压制中国做出让步,急于想**从中国获取更大的经济利益**,服务于特朗普重振美国经济的计划,实现"使美国再次强大起来"的战略目标。

这三种可能性的一个共同点是：**美国对华立场趋向强硬**。

目前，美国国内舆论认为美中关系无法避免"修昔底德陷阱"的声音再次甚嚣尘上。最近美国出版了大量的书籍讨论美中爆发战争的可能性，2017年出版的《注定一战》在美国引起了很大的反响。

但是，美国也有舆论认为，特朗普的对华战略尚未完全形成体系。比如，美国商务部前官员亨利·莱文认为，特朗普政府当前没有清晰一致的对华政策框架，不过，特朗普政府在一个维度上是高度一致的，即采取强硬措施惩罚中国，让中国对美国的行动感到非常担心，甚至给中国造成一些经济痛苦，但下一步做法是什么，最终目标是什么，解决方案是什么，莱文认为他们现在并没有想清楚。

四 中国应当如何应对美国对华关系的变化

中美关系的发展需要中美双方相向而行，当美国出现背道而驰的意图时，我们应努力阻止它越走越远，因为发展中美关系符合双方的利益，中国还需要发展的战略机遇期。当然，中国也需要加紧做好准备，随时防范美国摊牌，毕竟中美之间的结构性矛盾使中美关系避开"修昔底德陷阱"要困难得多。

第一，我们应该认识到，虽然中国是世界第二大经济体，但**中国的实力与美国相比仍然有很大的差距**。据美国《纽约时报》发表的奥巴马政府时期美国财政部顾问史蒂夫·拉特纳的一篇文章说：中国人均国内生产总值（GDP）仅为9380美元，而美国为61690美元，中国不到美国的1/6；中国GDP的总值也只有美国的60%。

这篇文章表明，中国与美国的竞争还处于"非对称性竞争"

状况。即使中国 GDP 总值有一天超过了美国，美国在较长的一段时间里都还是具有较强实力的大国，如果中美之间爆发冲突，必然是两败俱伤。因此**避开"修昔底德陷阱"是符合中国战略利益的重要任务**。

第二，中国提出的建立"人类命运共同体"不仅是口号，也是奋斗的目标。**中美之间只有合作共赢才有出路**。中国多次重申决不走"国强必霸"的道路，这是中国社会主义性质所决定的。中国坚持走中国特色社会主义道路，坚持和平发展，对美国人民来说是福，不是祸，不是威胁，因为中国的和平发展为中美间的合作共赢关系创造了条件。

第三，**中美间共享发展繁荣是有可能的**。耶鲁大学教授保罗·肯尼迪认为，中美都是世界经济结构的一部分，如果整个世界经济，从贸易、投资到制造，都是以令人满意的速度增长，中国在世界经济中的份额相对上升，而美国的份额相对下降，但美国经济也会继续繁荣。这样的世界经济结构，既允许中国的相对增长，也允许美国相对而言和中国共享繁荣，而不必产生任何结构性冲突。简言之，世界市场这块大蛋糕越大，大国间的结构性冲突可能性越小。反之，如果像 20 世纪 30 年代大萧条时期那样，整个世界经济的蛋糕变小，冲突的概率肯定会增大。他还说，无论如何，中美关系的发展需要战略耐心，特别是对特朗普的白宫，需要"尽可能的耐心"。

第四，**美国发动的贸易战遭到其国内两党及各界人士的反对**。特朗普奉行的是"美国优先"的执政原则，他对中国挑起的贸易战，在很大程度上是为了逼迫中国做出妥协和让步，以牺牲中国的利益来谋取美国的利益。保罗·肯尼迪教授对特朗普与中国打贸易战的评价是："愚勇""不读书""不稳定""没耐心"。美国参议院多数党领袖米奇·麦康奈尔于 2018 年 4 月 3 日在肯塔基州对农民和商界领袖表示他不是（美国对华）关税措施的支持者。

美中贸易全国委员会会长以及代表谷歌、脸书网站、亚马逊等企业的美国互联网协会都纷纷表示，特朗普政府对中国采取的单边关税行动可能使情况"变得更糟糕"。

与中国打贸易战，与中国展开全面对抗，不符合美国的利益，也不符合特朗普急于发展美国经济的战略思想。从特朗普及其内阁成员最近多次发表的讲话来看，特朗普政府目前还没有打算与中国彻底"脱钩"。美国一家媒体报道说，特朗普惯于采取强硬手段在谈判中谋取尽可能大的利益。

中国为维护自己的利益，对美国挑起的贸易战给予坚决回击，同时表示，谈判的大门始终是敞开的。这个立场非常正确。通过斗争使美国认识到，进行谈判才是唯一出路，才符合双方的根本利益。

第五，**保持战略耐心十分重要**。特朗普政府咄咄逼人的外交态势，不仅针对中国，也使美国盟友和其他许多国家惴惴不安。我们应抓住机遇积极推进"一带一路"建设，加快发展与其他国家和地区的关系，大力增强中国在世界事务中的声音，联合尽可能多的力量，稳住世界大局。

（新华社世界问题研究中心研究员　徐长银）

中国扩大开放与全球化趋势中的美国因素

本文要点：改革开放40年来，中美关系合作与竞争并存，但总体保持了合作占据主流的格局。但随着美国国内政治日趋极化以及中美实力对比变化，美国对华心态和战略发生明显变化：一方面，中国对中美关系发展方向的塑造力、影响力在增加；另一方面，美国对中国的战略疑虑、牵制甚至遏制也在增加。目前，特朗普政府把中国定位为战略竞争者，挑起贸易战，反映了美国对华政策的共识。今后我们要谋求进一步发展，扩大对外开放，推动全球化进程，美国仍将是最大的外部影响力量。中美互动存在相互调适的问题。我们要适应角色的变化，怀有战略自信，坚持战略谨慎，还要有战略耐心，既不缩手缩脚，也不战略冒进。

一 历史回顾及总结

40年前,十一届三中全会召开、中美正式建交、邓小平访美,这几件大事一环扣一环,在当时绝不是巧合,而是战略谋划,把中美关系正常化、搞好对美关系当作我国改革开放的关键一招,表明当时美国因素在中国外交议程中的重要性。

从过去40年来看,我国对外开放很大程度上是对美国开放,我国吸引美国的投资、技术,大批留学生到美国留学。无论是从经贸、投资,还是人员交流方面来说,**美国都是我们对外开放中最大的外部因素**。中美之间的互动多,涉及领域广,相互影响大,不仅限于贸易投资领域,还包括国家治理、文化教育等诸多方面。

当然,这种相互影响也是有差异的。最初美国对中国的影响远大于中国对美国的影响,这是由两国的国情决定的,也是由两国在人类历史上的全球化浪潮中不同的地位决定的。

在从15世纪开始的第一波全球化浪潮中,随着"大航海时代"和"地理大发现",欧洲殖民者到达美洲,由此诞生了美国。第二波全球化浪潮,大约从19世纪开始,美国顺利赶上了,充分享受并利用了第一次工业革命的成果,并在第二次工业革命中脱颖而出,后来逐渐成为全球化的引领者。

第三波全球化浪潮从20世纪70年代开始,改革开放让中国赶上了全球化的潮流,我们追赶的对象是以美国为代表的西方国家。在对外开放、对美开放过程中,我们自主开放,主动开放,积极开放,并且在有些领域呈现后来居上之势。这一波全球化的主要背景和驱动力是以原子能、电子计算机为标志的第三次科技革命和工业革命,这几乎与我们改革开放的进程重叠,我们主要是加速追赶,主动融入,并且在某些方面开始引领。

在这一波全球化进程中,我国积累了很多有利于自身发展的积极因素，积累了不少与美国打交道的经验。

首先，**原则性和灵活性要结合好**。我们能够坚持自己的原则和核心利益，同时能够在该开放的地方开放，在开放过程中灵活处理各种问题，妥善处理各种分歧。这种灵活的处理方式在很大程度上能拉住美国，同时寻求到双方最大化的共同利益。

其次，**把握好开放的度**。中国对于开放的程度和时间节点，都掌握得很好。特别是在开放市场、吸引外资、引进技术方面，以我为主，这既培育了市场经济竞争能力，又最大限度地同国际接轨。尤其是在一些领域的开放，我们主要是以自己的时间表为准，而不是"被牵着鼻子走"。当然我们有时承受的压力很大，因为美国总是在金融、服务、知识产权、农产品等诸多领域提出很高的要求。

最后，**把握好全局与局部的关系**。如果从局部角度考虑，对美国的开放或许会对我国特定产业造成非常大的冲击，甚至极大地影响国内的就业。但是从全局角度来说，对中国一定是利大于弊的。中国加入世贸组织的时候，中美两国之间的谈判最为艰苦。事实证明，虽然中国经济社会经历了不少阵痛，但开放带来了全局的改观，为中国发展注入了强劲动力。

二　当前形势及趋势

美国和中国都是经济全球化最大的受益者和最大的推手。近年来，随着美国国内政治日趋极化以及中美实力对比变化愈加明显，美国对华心态和战略都发生了不小的变化。

首先，**美国国内"反全球化"思想蔓延**，民粹主义得势，排外主义、单边主义、贸易保护主义盛行，给中美经贸关系带来复杂因素。特朗普就是在这样的背景下上台的。美国国内的贫富差距进一步扩大，财富和权力向少数人进一步集中，就业岗位的增加不一定意味着普通收入人群收入的提高。特朗普把美国经济社会面临的结构性问题简单化地归结于对外贸易逆差、工作岗位外流。不少美国人认为，中国加入世贸组织让美国人吃亏了。在他们眼里，美国在全球化中成了最吃亏的一方，中国成了最"占便宜"的一方。这当然不符合实际，却成了特朗普发动对华贸易战的借口，蛊惑了美国很多选民。从这个角度讲，特朗普政府拿中国贸易不平衡问题做文章，很大程度上是出于国内选举政治考虑，是"内病外治"。

其次，**中美实力对比呈现出有利于中国的变化**，美国在对华问题上沮丧、疑虑的一面在上升，牵制和遏制中国的冲动更加强烈。比如，过去中国制造业方面的竞争优势在于中低端制造，美国的优势集中于中高端制造，两国优势重叠不多，互补性为主，竞争范围及强度不大，现在中国更多地往中高端制造发展，被认为动了美国的"奶酪"。另外，特朗普政府不仅要维持中高端产业，也要恢复中低端产业，这就与中国的产业格局发生了矛盾。除此之外，令美国最为沮丧的是，中国几十年来发展变化的走向不符合美国的预期，美国原本期望中国通过改革开放、加入世贸、融入全球化，会向西方的"民主自由"制度靠拢。相反，中国选择的制度、道路、模式呈现出的活力让中国越来越自信，颠覆了美国一厢情愿为中国设计的"路线图"。可以说，中国的崛起和美国影响力相对下降这一趋势，对美国的心理冲击非常大，引发了美国一些人强烈的挫折感以及越来越大的焦虑。

再次，**中美贸易的确存在"不平衡"，但并非不公平**。几乎所有的美国经济学家都认为，美国的贸易逆差不是什么大问题，其形成和持续是美国经济科技创新能力、高端服务业竞争能力以及在国际货币金融中特殊地位的反映，并不是造成美国经济社会问题的症结。此外，美方贸易统计数据并没有完全反映两国经贸关系的实际。特朗普政府选择性、片面性地解释和使用贸易数据，执拗于所谓中国不公平的经贸、知识产权政策,显然罔顾事实。

最后,**美方执意挑起贸易战的原因与目的**:一是"美国优先"政策使然。特朗普奉行单边主义,美国至上,一切以是否符合自己认定的美国利益为标尺来衡量,在这方面是不分盟友、对手,亲疏远近的。中国虽然不是唯一目标,却成了最大目标。二是纠结于贸易逆差,认为美国出口的少,进口的多,贸易战打起来利大于弊,不惜以各种借口挑起贸易争端。三是认定中国是"战略竞争者",在地缘政治、战略安全、经贸科技、意识形态等方面对美形成"威胁"。贸易战成了美国对付中国的政策工具,主要是想一箭三雕:**削减对华逆差,打压中国高科技产业,遏制中国崛起**。这就表明,特朗普政府挑起对华贸易战,既要应对贸易失衡,攫取具体、实在的经贸利益,又出于地缘政治考虑,压制中国崛起。据此可以看出,贸易战是美国对华牵制、遏制战略的第一步,是美国对华政策工具之一,具有长期性、复杂性。

三 战略选择与对策建议

特朗普政府把中国定位为战略竞争者,反映了美国对华政策的共识,这将影响到中国的对外开放,以及中美间的互动。今后能否处理好中美关系,很大程度上会影响到中国的开放与发展。鉴于此,我们宜着重做好以下几点。

第一,**树立正确的国际角色观**。所谓正确角色观,不仅要冷静分析各种国际现象,而且要把自己摆进去,在我国同世界的关系中看问题,弄清楚在世界格局演变中我国的地位和作用,科学制定我国对外方针政策。我国所处的历史方位及实力变化决定了我国的国际角色。我国处于近代以来最好的发展时期,世界处于百年未有之大变局,两者同步交织、相互激荡。一方面,空前的国家发展和社会进步极大地拓展了我国应对国内外问题的手段和能力，和平与发展的时代潮流又助我们一臂之力，但这种手段和能力对内还不足以完全满足民众日益增长的物质文化需求，对外还不足以使我们完全得心应手地应对日益增加的国际挑战，特别是来自美国的挑战。我国对中美关系发展方向的塑造力、影响力在增加，与此同时美国对我国的战略疑虑、牵制甚至遏制也在增加。这一矛盾将伴随我国从"富起来"到"强起来"的全过程。另一方面，我国是当前国际秩序、国际体系的参与者、建设者、改造者。我们与美国同处于这一秩序和体系中，是在体系里面寻求改进。我们要适应自己角色的变化，既要满怀战略自信，又要坚持战略谨慎，还要有战略耐心，既不缩手缩脚，也不战略冒进。

第二，**把握好中美关系的定位**。中美关系是中国对外关系的重中之重，但中美关系并不是中国外交关系的全部，中国的外交是全方位外交，我们的对外开放是全方位的开放。改善和发展中美关系，有助于带动中国与其他国家特别是西方国家的关系，减少第三方在中美紧张中投机。同样，改善和发展与第三方关系有助于对美国形成牵制，压缩美国对我国与第三方关系"挑拨离间"的空间。毕竟，中国同外部世界的关系越紧密，美国要对中国进行牵制甚至遏制的效果就会越差。搞好"一带一路"就是非常好的一个突破口。

第三，**保持对美斗争的战略定力**。我国在经济、军事、科技、软实力等方面同美国仍有着巨大的差距，在扩大开放和融入全球化的过程中肯定也会产生许多新问题。特朗普政府企图靠不可预测性使对手摸不到头脑、失去平衡，从而使自己占据优势，又凭借美国的超级大国地位，认为可以无视国际规则，其他国家会甘拜下风，拱手让渡国家利益。面对这样的对手，我们绝不能让对方"牵着鼻子走"，不跟着美方的步伐起舞。一方面要针锋相对；另一方面要注意底线，坚持自己改革开放的既定路线图和节奏不动摇。我们应扬长避短、化危为机，把美方强加的压力变为我们深化改革、扩大开放的动力，把坏事变好事，可以借助全球伙伴关系网络，依靠主动进取的创新精神，相应调整产业链、价值链布局，形成新的经贸生态，减少被美方挤压的空间。

第四，**紧紧抓住科技创新这一关键点**。每一次工业革命，每一波全球化浪潮，都是以科技革命作为先导和基础的。中美之间的战略竞争，科技是核心竞争力。科技实力决定着世界政治经济力量对比的变化，也决定着各国各民族的前途命运。我们必须具有强大的科技实力和创新能力。与此同时，创新不能关起门来创新，创新是开放中的创新，聚四海之气，借八方之力，包括继续与美国尽可能保持科技教育领域的交流与合作。

第五，**汲取美国在全球化进程中的经验教训**。"成长中的烦恼"也包括成长到一定时期才会出现的问题，比如分配差距加大问题、产业空心化问题、金融风险问题。美国的经济增长、就业增加，并没有解决财富分配不公加剧的问题。美国金融和服务业非常强大，但制造业大批向外转移。美国虽有如此强大的金融体系，却爆发了华尔街金融危机。我国扩大对外开放，也意味着面临的风险与困境有可能增大，受外部风险影响增加。

总而言之，今后美国仍然是我国打交道最多的对手，也是影响我们"强起来"的最大外部因素。同时，中美之间共同利益也非常多。我们扩大对外开放，以及今后更好地融入和引领全球化，都需要把握好、处理好美国因素。

（中国国际问题研究院特聘研究员　贾秀东）

处理中美贸易问题需要更系统性的思考

本文要点：中美经贸关系近来摩擦不断，矛盾加剧。在这背后，当然有特朗普以重商主义和单边主义为导向的理念和风格的影响，这些影响未必具有长期性。但我们应该看到，在经贸领域对华奉行强硬路线，正在成为美国朝野两党的共识，两国经贸关系的基础，正在经历重大和不利的变化。中美关系可能已经进入了"修昔底德陷阱"，如何更好地管理未来的摩擦和冲突，需要系统性的思考。

一 没有永恒的理论,只有永恒的利益

中美关系,包括中美经贸关系,几乎是当今世界最复杂的关系,需要具有足够的高度和深度,需要对情况的全面掌握和丰富的专业知识储备才能去研究。

1945年,在谈判建立布雷顿森林体系时,很多国家都派出了代表团,其中,英国代表团团长是著名经济学家凯恩斯。他当时提出了一条解决国际收支失衡问题的基本原则,即面对严重的国际收支失衡,逆差国和顺差国应该承担同等和对称的调整责任。假设一个国家存在很大逆差,另外一个国家存在很大顺差。那么,不仅逆差国需要进行调整,也应强制要求顺差国承担调整的责任。但这一原则遭到美国代表团的坚决反对,美国要求应该主要由逆差国来承担调整责任。关键在于,在当时和随后比较长的时间里,美国维持了相当规模的经常账户顺差。

进入21世纪以后,随着国际经济形势的巨大变化,美国又开始要求顺差国承担主要的调整责任,中国也成为不断被指责的对象,重要的原因在于,美国当下已经转变成为长期的逆差国。所以,没有永恒的理论,只有永恒的利益。

我们生活在高度全球化的世界,不仅面临着货物和服务贸易的全球化,还面临着生产全球化、金融全球化以及一定程度的人力资源的全球化,这些过去几十年里持续发生的变化推动和加速了全球经济的成长。追溯供应链和生产链,不同环节分布在不同国家,因此,基于双边贸易数据、顺差和逆差数据来评判调整责任,存在非常大的问题。**从多边角度来看,中国的经常账户近年来基本保持平衡**,实际的小幅顺差完全在国际货币基金组织接受范围之内。这说明,如果中国对美国存在巨额顺差,对其他国家一定存在巨额的逆差。在这种情况下,**美国要求中国单边地为中**

美双边逆差承担调整责任，缺乏有力的学理基础。我们应该在学理和道德上占据制高点，尽量把问题放在多边框架下解决。

中美经贸关系近两年变得更加不确定，摩擦更多，更加动荡。动荡的背后有两点因素需要进行分解。中美经贸关系不利的变化，在多大程度上是因为特朗普个人的想法和主张，在多大程度上是因为中美两国经贸关系的政治基础，正在经历不可逆的、系统性的、影响非常深远的变化。这两个方面的变化在过去几年的时间里是同时发生的。

二 中美经贸关系在未来仍是重要的压舱石

特朗普奉行重商主义、单边主义，摒弃多边框架，把贸易视为零和游戏。尽管美国总统在贸易问题上拥有很大的自由裁量权，但笔者猜测他的这些信念和主张未必代表学界和朝野两党的普遍共识。也许几年后，美国更换一位为华盛顿主流学界政界所接受的总统，那时单边主义和重商主义的一系列政策将随之进行调整。如果这样，那就意味着现在美国政府提出的很多政策、主张和做法背离了长期趋势。我们也无须在战略层面上过度重视，只需要见招拆招，假以时日情况就会回归长期趋势，并自动稳定下来。

但是撇开这个问题，我们也需要看到，作为重要的政治基础的两国经贸关系正在经历不可逆的、系统性的、影响深远的变化。在这个层面上，我们需要讨论以下两个问题。

第一，中美关系的压舱石是否产生了变化？笔者的猜测是，1972—1991年的20年里，中美关系最重要的压舱石是苏联的存在。尽管当时两国双边经贸关系迅速增长，但是并不具备战略重要性。1991年苏联解体至2012年的20年里，两国战略关系最基础的压舱石是中国的快速增长，以及美国在此过程中所获得的巨大利益，并且美国希望中国可以在成长过程中变得更加市场化和在政治制度上西方化。毫无疑问,在这个过程中中美关系最为基础的压舱石是两国经贸联系,顶峰的标志是美国接纳中国进入WTO,以及后续的蜜月期。未来面对修昔底德陷阱下潜在的竞争甚至对抗的关系,**中美之间更加需要一个共同的压舱石,而经贸关系无疑仍然是其中最为重要的基础**。在此层面上讨论中美经贸关系的变化、冲突的风险和对抗的处理,具有更为紧迫的现实意义。

笔者认为,**中美经贸正在发生诸多不利的、微妙的变化**。传统上,每当中美在政治、外交关系出现紧张时,就会有美国商会或企业界出面,为中美关系的缓和和迅速走向正常化做很多工作。但是,最近几年这种情况越来越少,甚至美国商会代表的美国企业界开始对中国持有批评意见,立场也不如以往友好。客观原因是中国企业竞争力的提高,对美国企业构成越来越强有力的直接竞争。例如,中国C919飞机已经拿到八百多架订单,对波音公司产生了很大竞争压力。以前,中美关系出现紧张态势时,中国会购买几架波音的飞机,所以波音一定会替中国说话。而现在,中国不会再持续购买波音飞机,未来还会把C919卖到欧洲、日本或者亚非拉国家,成为波音公司的竞争对手,所以这些受到冲击的企业不会再在美国国会进行游说或奉行友好的对华政策立场。此外,中国营商环境的变化以及政府对战略新兴行业的选择性扶持所形成的竞争问题,也越来越引起外资企业的不适。

再以半导体为例,韩国半导体制造行业比美国更具竞争力,但是他们要向美国支付大量专利费,所以韩国获得了大量硬件制造利润,但是又通过服务贸易把一部分钱付给了美国。而中国目前正在投入数以千亿元计的政府补贴和投资,试图在短期内力推中国半导体制造业的大幅度升级和跨越。如果这一策略获得成功,全球半导体制造链条将会被重新洗牌。中美贸易关系曾经具有很强的互补性,所以美国以前强调自由贸易和开放市场准入。但是,随着双边经贸关系直接竞争性越来越强，以及在全球第三方市场上的竞争，如果立足面向未来的战略考量，中美关系的对抗性就日益凸显，所以美国人的话题就从自由贸易转向了所谓的公平贸易。

此外，在相关规划中，中国列出了许多战略新兴行业，这些行业，几乎都触及美国企业界具有核心竞争力的领域，因此引起许多反弹。因此，中美经贸关系作为双边关系的重要压舱石，在很多层面上正在发生扭曲和不利的变化，在此背景下，中美双边贸易顺差才被树立为讨论的靶子。

第二，**WTO无法覆盖的潜在做法和冲突该如何解决**？这是更深层次的问题。例如，中国的C919飞机获得800多架的订单，美国认为这是不公平竞争，但无法在WTO对此进行起诉，因为WTO没有覆盖这一领域。类似的问题还有不少。站在美国的角度，这些行为必须受到管理，否则美国企业将不具备竞争力，但是WTO又无法覆盖这些做法，所以美国就试图通过双边框架解决问题，或协调盟国共同对中国施压。无论如何，这些争端和关切需要找到大家都能接受的规则，这需要比较长的过程，伴随持续的摩擦和不断的讨价还价，还会牵扯和影响到未来的全球经济治理问题。

在这个意义上来讲，笔者认为尽管经贸关系作为中美关系的压舱石，在历史上曾经起到巨大的作用，但是现在这一压舱石正在经历不可逆、具有深远影响的变化。**要管理中美之间的修昔底德陷阱，我们必须继续把经贸关系视为长期最重要的压舱石。**一方面要全力维护好WTO这一多边机制，同时对于WTO无法覆盖的领域，应当通过中美双边谈判来解决，应该就双方共同关切的核心利益、核心关系、核心做法建立准则，以此准则为基础，再进一步覆盖更多国家，从而完善目前的全球经济治理体系，并确立一个更加牢不可破的中美经贸关系压舱石。这可能需要经过一段充满对抗性的过程,需要较长时期的磨合。

如何实现这一前景,无疑需要中美双方的共同努力,需要超越目前贸易争端而面向未来做系统性的思考。

(安信证券首席经济学家　高善文)

中美贸易博弈的后续波次与应对

本文要点：中美经贸关系在过去曾发挥过"压舱石"的作用，随着特朗普政府的政策调整，贸易问题却成了中美关系发展的重要障碍。美国发动针对中国的贸易战，主要是由其政治、经济、制度效率、霸权支柱运转、时机等方面的动机所决定的。美国接下来可能会打出三波进攻牌：征税加码、另立规则与舆论战并行；牵制中国核心利益；扰动中国周边安全。中国的应对策略包括：坚决斗争打出实力，以斗争求和谈；保持信心，打好国际国内的舆论战；积极调整国家宏观经济政策，双轮驱动国内经济发展；主动把握节奏，善于迂回应对；化压力为动力，深化以我为主的改革开放；寻找时机结束贸易战，让中美关系重回正轨。

一　美国发动贸易战的动机分析

美国发动针对中国的贸易战，主要基于以下战略动机。

其一，**政治方面的动机**：随着中国的快速发展，美国对中国的战略定位发生了改变。美国国内的民主党与共和党这两股政治力量，无论是其左翼还是右翼，他们对中国的政治与经济发展走向很"失望"，中国的发展并没有按照他们所预期的方向转变。在此之前，美国一般把中国定位为"有限的合作伙伴"，而**美国目前则将中国视为其主要的战略对手**，这在美国发布的《国家安全战略报告》以及《2018美国国防战略报告》等文件中已经做了表述。对中国定位的变化必然导致对中国战略的改变，这是中美关系自特朗普政府执政以来发生重大转变最主要的原因。

其二，**经济方面的动机**：在中美贸易领域，尽管两国政府相关机构存在统计口径不一致的问题，但现实是，在美国的贸易伙伴中，美国对中国的贸易逆差是最大的，美国认为这是中美贸易不平衡问题所导致的。中美经贸关系在过去曾经发挥过"压舱石"的作用，但一旦某个国家的贸易逆差占到其逆差的一半，就必然会引起美国国内的政治反应。所以，特朗普认为庞大的美中贸易逆差体现了中国不公平的贸易行为，而发动对中国的贸易战就成为"美国优先"政策上的一项可行选项。

其三，**制度效率对比动机**：中国在40年的改革开放中，选择了符合自身国情的发展道路，取得了世界公认的伟大成就。在中国高效的制度指引下，迅速实现了国家的工业化，极大缩短了西方国家在历史上实现工业化的时间。**中国体制的效率令美国感到了巨大的压力**。美国一度对自己所信奉的新自由主义特别自信，但它却发现中国特色社会主义体制效率更高，既能发挥市场经济的优势，又能发挥国家宏观规划与顶层设计的优势，这是美国资本主义体制所不具备的,也是学习不了的。所以,美国的策略就是,迫使我们放弃现有制度的高效率而转向美国体制。

其四,**霸权支柱运转的动机**:美国的霸权支柱包括科技霸权、军事霸权、美元霸权和规则话语权,运作如下:美国大力发展高科技进而统领高端产业谋取超额利润;大力开发现代先进武器装备,在军事领域谋求超越并领先他国至少一代的军事力量;基于美元的霸权地位,操纵美元实现对世界经济的"剪羊毛"从而获得巨额利益。美国的这三项霸权支柱能产生充沛的美元利益,所以其在科技投入、文化投入、教育投入等方面资金充沛,彼此促进进而构成一个良性循环,使得美国在把握规则制定权和舆论话语权方面占据天然优势。但是,随着中国经济高速增长、人民币国际化、军事现代化发展,特别是在科技进步和产业进步方面取得了重大成就,美国认为中国的进步是全方位的且速度特别快,正在迅速缩小与美国的差距,进而也会动摇美国霸权的根本,改变中美力量的对比,美国对此必然会有所动作。

其五,**时机方面的动机**:美国认为,美国现在的经济面比较好,特朗普上台后为美国经济注入了减税等"强心剂",经济增长率、就业指标以及股市恢复明显,经济形势似乎正进入特朗普政府所期待的"繁荣"期;而中国经济增速较过去略有下降,还面临着产业升级、动能转换等严峻问题。美国认为,选择这个时机比较合适。

二 贸易战与特朗普出"牌"的波次

美国发动的贸易战后续可能会有三波进攻牌可打。

第一波:数额加码、另立规则与舆论战并行。在贸易征税额问题上,美国会对中国采取"极限施压"的方式,扩大贸易征税的数额和征税比例。例如,在2018年6月15日,美国政府发布了加征关税的商品清单，将对从中国进口的约500亿美元商品加征25%的关税。9月18日，美国对中国2000亿美元输美商品征收10%的关税，2019年1月1日起加征关税税率提高到25%。截至目前，美国已经对2500亿美元中国商品征收关税，相当于中国输美商品总额一半。按照美国的说法，美国对剩下的约2600亿美元的商品加征关税要根据中美贸易谈判情况而定。

此外，**打另立规则牌**。在贸易领域，特朗普对几乎所有的贸易协定都不满意，从世界贸易组织（WTO）到美欧贸易协定和北美自由贸易协定，他都力图推翻重来。尤其是对WTO持批评态度，认为其需要改革，要求WTO给予其更好的待遇。事实上，美国借着WTO改革的名义正在另立规则，如与欧盟达成零关税协议，与加拿大、墨西哥达成美墨加协议，同时还拟与欧洲、日本、澳大利亚以及北美自由贸易区之间实现零关税、零补贴和零壁垒的三零政策，以便在WTO内部搞一个小圈子而排除中国。

在舆论战上，美方将贸易战的责任推给中国，塑造美国是"受害方"的角色，也确实令一些舆论受美国蒙蔽而对中国横加指责。在一些网络媒体上，诸多谣言沉渣泛起，鼓吹美国胜券在握而中国经济会衰退，进而从心理上深刻影响中国民众。伴随贸易战而出现的不利于中国的负面消息需要引起我们的重视。

第二波：事关中国核心利益牌。一是打"**台湾牌**"，现在看来美国是要打的，而且正在打。在2017年年底，美国通过了包含"评估美台军舰互访的可能性"等涉台条款的《2018财年国防授权法案》，在2018年特朗普又签署了鼓励美台官方交往的所谓"与台湾交往法案"。接下来美国还要向台湾地区出售先进武器，向美国在台协会派驻军事人员等，旨在利用台湾这颗棋子牵制中国的核心利益。

二是打"**南海牌**"。一直以来，美国都把南海作为一张牌与中国博弈。美国副总统彭斯在近期的演讲中，再次老调重弹，拿中国在南海搞"军事化"来做文章。同时，在中国军舰合理驱逐进入南沙群岛有关岛礁邻近海域的美国驱逐舰之后，彭斯将这一行为视为中国的"咄咄逼人"，并将自己视为所谓"正义"的一方。美国总统国家安全事务助理博尔顿也声称，特朗普在南海问题上将以更强硬的手段对付中国。可以预测的是，美国今后还会在中国南海采取骚扰政策，如举办西太平洋军演等，其目的就是在南海显示其存在感，以达到骚扰之目的。

第三波：中国周边安全牌。一是在东北亚地区**打朝鲜半岛牌**。冷战结束后，美国所采取的朝鲜半岛政策不仅是维护它在东北亚的利益所必需，而且也构成其亚太战略的重要一环。美国的朝鲜半岛政策一般会考虑两个基本层面的问题：朝鲜半岛南北双方以及围绕半岛周边如中俄日等国家关系。韩日两国已是美国盟友，如果能在"极限施压"的手段下，以利诱的方式，适度采取柔性的方式把朝鲜从中国身边拉走，这是美国合理的政策选项。当然，如果这项策略失败，东北亚的不稳定则可完全归咎于朝鲜且"甩锅"给中国，这也是美国的如意算盘。

二是**打"东海牌"**。东海问题就中日两国而言，主要包含了三个层面的内容：钓鱼岛主权归属问题、海床资源问题（亦即东海海域中日专属经济区以及毗连区的问题）以及海洋资源问题（不仅包括资源，而且还有制海权等问题）。就钓鱼岛和海洋资源问题而言，美国无可置疑地有其战略利益考虑。在东海问题上，美国可挑动日本在东海与中国进行博弈，进而恶化中日关系，借日本之力牵制中国。

三是**打"印太战略"牌**。美国提出的印太战略其实是过去亚太战略的扩展版。亚太战略是美国将其盟友体系定位在东北亚和澳大利亚。印太战略是在亚太战略的基础上再往西走，把两个地区拉进来：一是拉东南亚，以越南和印度尼西亚为主要抓手；二是往南亚扩展至印度洋，以印度为抓手。美国执行印太战略的重点是抓三个地区：东南亚、南亚和印度洋地区，从而在地缘政治上形成对中国的包围。

四是**打联欧联俄牌**。在"美国优先"的原则下，尽管美国与欧洲盟友存在利益差异，但在遏制中国的目标上是一致的，特别是在遏制中国产业快速崛起，防止中国进入欧美价值链上游高端产业等方面，美国与欧洲存在共同利益。同时，虽然目前的美俄关系很难改善，但特朗普政府一直抱有改善美俄关系的念想，并且在积极创造机会。对中俄关系，美国也采取某种离间的方式，妄图使中俄关系出现裂痕。

五是**阻挠"一带一路"的实施**。从地缘政治来看，"一带一路"倡议的实施需要经过很多重要的地缘节点与地区，由于美国把控着重要的航海通道和战略要地，在诸多关键地区具有重大影响力，如在乌克兰、中东、土耳其、缅甸、巴基斯坦等地区。美国如果想破坏"一带一路"倡议在这些地方的实施和开展，其实是很容易的。在"一带一路"倡议的问题上，美国的破坏性作用不可低估。

三 中国的应对策略

第一，**坚决斗争，展示出实力，以斗争求和谈**。贸易摩擦是美国主动挑起的，美国在道义上并不占上风，对中国来说，在初期和中期阶段应坚决回击，要敢于与美国斗争，防止落入美国"极限施压"的陷阱。在贸易战初期，我们就是要打出实力来，让美国在后续的动作中保持慎重，否则美国会没完没了。

第二，**保持信心，打好国际国内舆论战**。在贸易战爆发后，国外媒体"唱衰"中国经济的杂音很多，认为美国将在贸易战中获胜，中国会被发达国家边缘化而陷入封闭状态。对此，在贸易战中我们要保持信心，有必要在舆论战方面推出一系列措施来应对：对于谣言应迅速辟谣，严格依法惩罚传谣之人；保持国内经济快速发展的信心，一旦经济增速预期达到一个较高水平，国内经济发展的信心就会上涨，股市也会上涨，随之而来的是国际资本流入增加。

第三，积极调整国家宏观经济政策，完善激励机制。中国经济发展的经验之一在于它是市场经济和政府引导"双轮驱动"的结果。我们一方面强调扩大内需，鼓励消费，充分调动和发挥企业的积极性，拓展国内消费市场；另一方面还可以加大对地方政府的激励，制定合理的激励机制，让地方政府这个驱动经济发展的轮子动起来。一旦宏观经济政策调整到位，加之地方政府的积极引导，那么经济发展机制的活力就更加充分了。

第四，主动把握节奏，善于迂回应对。特朗普政府上台后，由于采取了四项经济刺激政策（减税、鼓励海外资金回流、万亿美元基建以及放松金融监管），让美国暂时出现了经济的"繁荣"，因此美国现在发动的贸易战，其"痛感"并不强烈。但是，美国经济的"繁荣"基础并不牢固，上述四项经济刺激政策给美国带来的经济红利，在时间上非常有限，其有效期大致为一年。因此，从明年中期开始，贸易战给美国带来的"痛感"就会显现。此外，特朗普政府在中期选举后面临参众两院分裂的压力，加之受"通俄门""逃税门"困扰，他需要利用中美贸易战来转移国内民众视线和注意力。因此，中国对美政策的出台要把握好节奏，采取迂回的策略应对，如适度扩大美国商品的进口额等措施来适当稳住美国。

第五，化压力为动力，深化以我为主的对外开放与改革。中国这些年来高速发展的一个经验总结就是，坚持以我为主的改革开放。当然，其中一项重要的内容就是对美国开放。在坚持以我为主的条件下，美国要我们多开放一点市场，其实也是可以审慎答应的。例如在电商、金融、保险、医药、健康产业等竞争领域，就可以引入竞争机制，对外资开放，这对国内消费者也是有好处的。总之，在市场开放方面，我们确实可以多做一点文章，让点步虽说是压力，也可以理解为动力，但要坚持以我为主的原则。当然，在对等的条件下，我们可据此要求美国取消其无理要求。

第六，寻找时机结束贸易战，让中美关系重回正轨。 笔者认为，由于中美经贸处于深度的相互依赖状态，中美总有机会达成某种协议结束贸易战。从政治和经济两个角度看，随着美国中期选举的结束、美国经济在"刺激"后归于平淡、特朗普在众议院受到牵制等条件的出现，特朗普就失去了部分贸易战的动力。加之贸易战导致美国经济的负面作用和其"疼痛感"的出现，其国内的反弹声音就会上来，特朗普也会找合适的台阶下。政治和经济方面的原因在2019年中下旬会驱使特朗普冷静下来，如果我们提前做好功课，策划并拿出一个比较吸引人的方案，中美贸易谈判或许就可能谈成。

（中国人民大学国际关系学院副院长　金灿荣
中国社会科学院世界经济与政治研究所副编审　赵远良）

应对美国发动贸易战的思路与对策

本文要点：美国公布的对华"301调查"报告推出了针对中国的诸多贸易限制措施，特朗普政府对华贸易战拉开了序幕。特朗普挑起贸易战，不排除西方政治精英对中国崛起的恐惧和忧虑等因素，但从经济利益角度看，主要原因可以归纳为认知上的差异、利益上的失衡以及面对中国快速发展所产生的阵痛。面对来势凶猛的贸易战，中国既不能怕也不能躲。要保持战略定力，沉着应对，通过采取有限反击、策略性让步、继续扩大开放、加快推进"一带一路"建设等思路进行有效应对，避免落入"特朗普陷阱"，扰乱中国开放发展的大局。

继美方在推出 500 亿美元征税清单之后，又变本加厉，威胁将制定 2000 亿美元征税清单。中国商务部新闻发言人称，这种极限施压的做法，背离双方多次磋商共识，也令国际社会十分失望。如果美方失去理性、出台并扩大清单范围，中方将不得不采取数量型和质量型相结合的综合措施，做出强有力反制。这既是维护和捍卫国家和人民利益的需要，也是维护和捍卫自由贸易体制，维护和捍卫人类共同利益的必要措施。

一　中国面临特朗普贸易战的严峻形势

中美经贸关系的良性发展，不仅实现了中美两国互利共赢，也为世界经济复苏和增长做出了重大贡献。但是，近期伴随着特朗普政府变本加厉的贸易保护措施的相继推出，**中国面临着特朗普对华贸易战的严峻形势**。

特朗普竞选至上任前，向美国选民承诺"美国优先"，将重点保护美国本土产业，扬言将中国列为汇率操纵国并主张将中国进口商品的关税大幅提高至 45%。虽然这一承诺从特朗普就任美国总统至首轮中美全面经济对话期间，尚未在实践层面得以实施，但是从中美首轮全面经济对话以后，"承诺"已在逐步上升到实践层面，特朗普的言论与实际行动的差距正在缩小，且有愈演愈烈之势。2017 年 8 月 18 日莱特希泽宣布正式对中国发起"301 调查"，2017 年 11 月 28 日美国商务部对从中国进口的通用铝合金板自主发起"双反"调查，2018 年 3 月 22 日特朗普正式签署总统备忘录，依据"301 调查"的结果，美国政府于 2018 年 4 月 3 日宣布对中国价值高达 500 亿美元的商品征收惩罚性关税，并限制中国企业对美投资并购。4 月 6 日，特朗普针对中国的报复清单，又下令对中国商品征税拟增加 1000 亿美元。此后经过多次磋商，局面似乎有所控制，但是随后特朗普政府出尔反尔，宣布 500 亿美元征税清单，从 7 月 6 日起实施，这也意味着特朗普拉开了对华贸易战的序幕。

由此可见，美国"内顾倾向"和贸易保护主义思维正在从"论调"层面上升到"实践"层面，特朗普执意挑起对华贸易战，将中美经贸关系推向紧张阶段，贸易战似乎已经在所难免，如果处理不当，贸易战会以全面、激进的形式爆发，贸易战升级进而不断演化和扩大到超过贸易和经济范围的可能性也会大大提高。虽然中方不希望打贸易战，**但面对特朗普挑起的对华贸易战的严峻态势，我们既不能怕也不能躲，而是要做到有策略的应对。**一方面要采取必要的措施维护中国自身的利益，另一方面也要避免事态的扩大化和升级化。毕竟，打贸易战从来没有赢家，结果一定是"斗则俱伤"。且从目前的经济实力以及中美两国各自对对方的依赖程度看，中国受损会更严重。因此，面对特朗普挑起的对华贸易战，我们要保持一定的战略定力，冷静应对贸易战，切勿反应过激，将贸易战控制在一定范围内，避免陷入引发全球经济秩序混乱的"特朗普陷阱"，扰乱我国开放发展的大局，是较为理性的选择。

二 特朗普发起对华贸易战的基本逻辑

特朗普发起对华贸易战的原因是多方面的，其中不排除西方政治精英对中国崛起的恐惧和忧虑等因素。但从经济利益角度看，特朗普发起对华贸易战的基本逻辑可以归纳为认知上的差异、利益上的失衡以及中国成长中的阵痛三个方面。

认知上的差异。特朗普政府认为，当前以全球价值链分工和贸易体系为载体的贸易体系，使得美国的整体利益"受损"，却使中国获得了巨大的发展利益，而导致这一结果的根本原因在于当前的贸易体系对美国是不公平的。特朗普政府认为，美国主要的贸易伙伴在以往与美国的经贸合作中取得了好处，占到了美国的便宜，现在特朗普政府要打破这种情况，因此要挑起"贸易战"。需要指出的是，特朗普式的"公平贸易观"是指其他国家都应像美国对待进口企业一样，实施美国水平的进口壁垒，比如，关税水平要像美国那样低，采取向美国"看齐"的开放标准。特朗普政府无视形成的历史背景和各国差异性，否认现行国际贸易秩序的合理性，认为现有的国际贸易治理秩序越来越不符合美国利益。此外，以巨大的"贸易逆差"为贸易战的口实也反映了其重商主义思维的本质。因此，特朗普扭曲的公平贸易观和不当的重商主义思维，极易使其在挑起贸易战的路上越走越远。

利益上的失衡。以贸易顺差和贸易逆差为表现的所谓贸易利益分配失衡，在全球价值链分工体系下更多是虚假的失衡和有水分的失衡，基本已成共识，美国占据了附加值高端从而获取更多的分工利益。美国虽然在本质上是经济全球化最大的受益者，但国内利益分配失衡，受益的主要是资本所有者，劳动者未能获益甚至成为受损者。特朗普政策之所以有一定的民意基础，原因就在于此。在内部利益分配失衡且缺乏有效治理机制情况下，问题就会被转嫁和归咎于外部因素。这既可以"泄民愤"，又可以获得政治选票和支持，顺带还可以逼迫其他国家让渡更多的贸易分工利益，看似疯狂的举措却具有理性的成分。

中国成长中的阵痛。作为崛起中的新兴大国，中国既是经济全球化的受益者，同时也是全球贸易的贡献者。伴随融入经济全球化进程中角色的转变，中国从贸易小国成长为贸易大国进而向贸易强国迈进，必然引起全球经济贸易格局的巨大转变，其间遭遇贸易摩擦是必然的，而且将会是一种"常态"，是成长过程中必然遭遇的阵痛。作为一个巨型经济体，中国与美国虽然是优势互补、错位发展，但是巨大的经济体量确实对美国低端产业产生了冲击。伴随中国经济结构的转型升级和在全球价值链中地位的攀升,中美经贸关系也会逐步转变为竞争关系。从特朗普此次加税产品涉及的主要都是中高端产品的事实特征看,特朗普挑起的贸易战是互补性贸易摩擦升级为竞争性贸易摩擦的必然结果。从这一意义上看,就像当年的日本,中国经济将在"摩擦中成长"。

三 应对特朗普贸易战的对策思路

面对特朗普挑起的贸易战,既要采取有限的反击策略,以产生必要的威慑作用和维护自身的利益,又要考虑做出策略性的让步,将让利尽可能地控制在最小范围内,更应该考虑如何在扩大开放中,一方面通过寻求双方的利益汇合点,以"共赢"思路探寻贸易战的化解之道;另一方面,要加快开拓更为广泛的市场进而减少对美国市场的过度依赖,做好因贸易摩擦而受损产业、企业的应对预案。

第一,**保持战略定力,避免落入"特朗普陷阱"**。特朗普政府挑起贸易战的本质,是对贸易自由化体制和规则的践踏,而备忘录签署所引发的全球股市大跌等表明,这一挑衅是不得人心的,是全球经济的一种灾难。中国是世界上最大的发展中国家,美国是世界上最大的发达国家。因此,作为世界上两个巨型经济体,一旦中美贸易战开打,必然对全球经济带来严重冲击乃至引发全球经济秩序混乱,跌入"特朗普陷阱",全球化进程也会因此而遭遇更多波折,中国开放发展的外部环境可能会恶化。因此,我们必须保持战略定力,以避免落入"特朗普陷阱"。

第二,**进行适度的反击,维护自身利益**。贸易战的本质是利益之争,其本身不是目的而只是一种手段。因此,贸易战实际上是为了争取更多利益而进行的一个博弈过程。因此,面对贸易战,要进行必要的有限反击。需要"反击",因为这是产生威慑作用进而进行讨价还价的必要,在对方已经挑起贸易战的情形下,一味地躲避和忍让只能让对方得寸进尺；需要进行有限的反击，这是避免贸易战态势扩大化和升级化的必要，是将贸易战限定在有限商品范围内、限定在经济范围内而不至于向其他领域扩大和延伸的需要。如果反击的措施完全对等甚至过度，不仅不能够有效解决利益分歧问题，反而会使状况更加恶化，双赢的结果更是无从谈起。因此，针对特朗普发起的对华贸易战，我们要根据其具体举措，做好有限反击的准备，既要让特朗普政府意识到其发动贸易战并非没有成本，也要让其看到寻求双赢结果存在的谈判空间，如此才能更好维护我们自身利益。

第三，**保持谈判与接触，尽量减少损失**。采取有限反击措施时，要注意做出适当的策略性让步，尤其是在产品选择上，切忌避免为了达到所谓的"蛇打七寸"用力过度而伤及自己。因为在当前全球价值链分工体系下，国与国之间早已形成"你中有我，我中有你"的相互依赖格局和共生关系。打击了别人的产品生产和出口，在价值链的作用下可能会严重波及自身生产企业的利益。因此，反制措施涉及的产品选择，要根据我国企业融入价值链的实际情况，而做出必要的策略性让步，不能一味地根据对方出口产品的重要性而进行反击。实际上，策略性让步不仅是因为在价值链分工体系下，为了避免对方受损而对我国企业造成连带受损效应的需要，也是避免因打击过度而招致对方更为严厉的反制措施的需要。因为如果要是真正击中了对方的"致命处"，对方一定也不会善罢甘休。

第四，**继续扩大开放，寻求利益汇合点**。拓展开放的领域和深化开放的层次，是在扩大向美国开放市场过程中夯实"双赢"基础的重要举措，也是据此化解贸易战的重要举措。由于经济发展水平的差距，中美存在互补性互利共赢的贸易分工基础，这一点没有变。从产业结构上看，先进制造业和金融等服务业是美国的优势产业，扩大向美国市场开放，可以给美国创造更多的利益空间，同时也有利于中国通过开放倒逼改革释放制度红利。中国已经从融入全球化转向推动全球化和引领全球化的阶段。在美国发动贸易战、高举保护大旗之际，中国选择坚定不移地扩大市场开放，高举贸易自由化的大旗，更能展示中国负责任大国形象，更能显示出中国坚决倡导和拥护贸易和投资自由化的一贯主张和态度，也更加有利于中国占据道义制高点，有利于中国在全球经济治理中赢得更多话语权。

第五，**加强中美经贸故事"双赢"本质的宣传**。美国对华发起贸易战在其国内有这种政策需求，政策措施有一定民意基础。而这种需求和民意很大一部分是源于对中美经贸事实的误解或故意曲解。为此，需要加强中美经贸故事即"双赢"本质的宣传。比如从附加值角度看，美国在中美贸易中仍是最大的受益方；从微观角度看，中国对美出口中包括许多美资企业产品；从贸易失衡角度看，美国限制对华高技术产品出口仍是重要促成因素，等等。这种宣传不仅要在面对贸易战的应诉庭上讲，更应该注重平时向美国州政府、美国企业和美国民众宣讲，向国际组织和机构宣讲，尽可能地弱化美国挑起贸易战的民意基础和扭曲的需求，拆除其"师出有名"的道德制高点，我们被迫反制也"有理有据"。

第六，**坚定不移推进"一带一路"建设，分散外部空间依赖风险**。在贸易战中所受到的损害无疑取决于两个方面的因素，一是贸易战爆发的程度；二是对贸易战挑起国的依赖程度。美国是中国开放发展的三大传统市场之一，长期以来对其依赖程度一直较高。而拓展外部发展空间，弱化对单一市场的依赖，无疑是避免包括贸易战等外部冲击的有效举措。因此，大力推进"一带一路"建设，不仅是中国向世界表明秉持"人类命运共同体"理念，本着"共商、共建、共享"的开放原则为全球化做出更大、更多贡献，显示出坚定维护多边贸易体制的决心和态度，而且在此过程中也能够不断扩大"朋友圈",拓展更广阔的发展空间,在减弱对美国市场依赖程度的同时,削弱特朗普挑起贸易战的力量,尤其是来自其可能盟友的力量,进而起到分散外部空间依赖风险的作用。

(南京大学教授　张二震
南京审计大学教授　戴翔)

特朗普政府的政治特征透析

本文要点：特朗普个人明确地标榜反体制、反精英。他的权力基础是对传统的两党之争感到极大不满的那部分美国选民。正是因为这种"超越性"，特朗普才感到自己可以和其传统体制对抗。从这种内部紧张态势来看，特朗普确实是美国历史上少有的强硬派。而在特朗普的忠实支持者眼里，种族平等、多元文化等进步主义价值观和国际社会对美国的压制不谋而合，其最终的目的都是压缩"真正的美国人"的生存空间，后者需要一个政治上的强人去领导，这正是特朗普给自己的明确定位。

理解美国特朗普时代的权力与政治，不能仅仅从民主党和共和党两党之争或左右之争中寻找线索。特朗普明确地标榜反体制、反精英，他的权力基础是对传统的两党之争感到极大不满的那部分美国选民。正是因为这种"超越性"，特朗普才感到自己可以和体制对抗，不用在乎那些"腐朽"政客的喋喋不休。

一 利用"沉默大多数"改造共和党并争取民意

特朗普与体制和精英对抗的底气来自他对"沉默大多数"的代表。所谓"沉默大多数"只是一个虚拟对象，在正式总统大选前没有人能知道那些尚未发出声音的人是不是他口中的"大多数"；而在总统选举之后，也很难说特朗普就真正代表了"大多数"，毕竟他事实上并没有得到美国选民的多数选票，仅获得选举人团的多数。这一虚拟的"沉默大多数"却仍然十分有影响力，因为它在政治空间中创造了这样一种截然的对立：一边是体制和精英，他们有着国际视野和进步主义的政治观，支持全球化、产业升级、多元文化和宽松的移民政策；另一边则是普通的美国人，他们大多数是白人，不能算美国的最底层，但在经济上不宽裕，受全球化的冲击严重。这种截然的二分，其起到的效果就是将政治选择特别是总统选举的性质转化和提升到另一层次，并为其赋予额外的道德色彩：一边是道德上自私自利、邪恶的精英，另一边则是美国传统精神和文明的承载者。应该选择哪一边，答案昭然若揭。

第一次在政治上使用"沉默大多数"这一话语的是美国前总统尼克松，他在1969年的著名演讲中用"沉默的大多数"来指那些没有在反对越南战争的抗议浪潮中发出声音的美国人。特朗普在更大规模上效法使用"沉默大多数"这一政治话语。如果说尼克松本人就是体制内精英的话，特朗普则完全来自体制外，在就任总统前没有担任过任何公职。但他却成功地将这一"劣势"转变成了他的优势:因为来自体制外,所以他更能体会和认识普通美国人的利益诉求和价值取向。当政治精英们在试图将美国带向"更好的"未来,即更清洁的能源、更高端的科技、更宽容的文化的时候,很多美国人感到被时代落下,仿佛拖着时代前进的后腿。更糟糕的是,传统的两党政治根本没有能够回应这些人的问题,仿佛他们无足轻重。而正是这些人,最后成了特朗普最坚实的选民基础。我们之所以可以在一定程度上**称特朗普为政治上的强人,主要就在于他可以绕开政党这一选举机器,直接获得相当多的这类选民的支持**。共和党从一开始不待见特朗普,到最后不得不"尊重"这一民意,一路支持他到当选总统,这说明不是特朗普接受了共和党的支持,而是特朗普改造了共和党。

从根本上说,政治强人是一个现代社会的现象。古代的君主们除了受到来自分封领主和自己盟友的限制之外,还受到宗教的约束,最明显的莫过于欧洲古代的王权和教权的二分。君主动辄得咎,远不如现代社会的政治领袖施展手脚的空间大。随着托克维尔所说的身份平等的时代到来,人民成为唯一合法的权力来源,但这同时也意味着从"人民"那里导出的权力也不再受到限制。只有在这一大背景之下,我们才能理解现代社会中政治强人现象的根源,今日的美国也不例外。**特朗普从"沉默大多数"中获取的权力实际上是"美国的民主"在当下难以避免的拓展版**。换句话说,只需时机成熟,即便没有特朗普,也会有另外一个万众瞩目的民众领袖出现。特朗普上任一年来在施政方面受到诸多掣肘,但他始终可以动用"沉默大多数"这样的话语,将对手解释为"真正的人民"的对立面,从而攫取显著的民意支持。

美国的总统由民众直接选举产生,而非像其他很多国家那样由议会产生,这本身就使得它带有很强的民粹特征。从制度角度看,美国的建国之父们对这种来自"人民"的力量早有忌惮,并刻意设置了诸多限制。《联邦党人文集》第十篇明确表示，共和与民主是不一样的，关键在于共和要求有代议制，而民主则不要求。代议制的一个直接后果是将人们区别为参与立法的"精英"和普通民众，以至于早期的联邦党人直接将这种制度想象为一种"自然贵族"体制。另外，因为总统是由民众直接选举产生，所以总统其实比较接近"国王"这一欧洲传统中的制度设定。"王"应该受到贵族的限制，这其实是美国宪法最原始的初衷。再者，最高法院具有独立性，大法官终身任职并与立法和行政部门分离，这也起到限制总统的制度效果。因此，美国宪制虽然与欧洲古代的封建制不可同日而语，但实际上**带有很强烈的"封建"特征**，以至于沃林（Sheldon Wolin）在解释托克维尔对美国的观察时将19世纪的美国称为"新封建"。

在美国，"新封建"的宪制安排使得总统只是多个关键国家职位中的一个，尽管它非常重要，但仍然不能超越这一宪制安排之上。但在21世纪的今天，这种宪制安排能否跟上时代发展的步伐，或者它能否应对新的社会状况带来的挑战，是可以打上一个大大的问号的。一方面，今日的美国在国际舞台上扮演着举足轻重的角色，从而在外交和国防方面负主要责任的总统也获得比以前大得多的权力。另一方面，与此相关，美国国内的社会构成也日益复杂，分裂的程度也日益加剧，穷人与富人、白人与黑人及其他有色人种、支持持枪权的人与反对者、堕胎权与反堕胎、异性恋与非异性恋者（LGBT）……所有这些带着死结的冲突都推动着美国社会的泛政治化，犹如时刻在上演多场迷你内战。当人们发现相互之间难以就上述这些问题达成起码的共识时，他们自然会希望出现一个悬置于社会之上的最高权力，期待这个权力能给他们带来某种权利的伸张和利益的实现。这一逻辑和法国大革命之后拿破仑的出现在本质上是一致的。但它带来的后果可能也值得人们深思，如果政治斗争的标的水涨船高，出现"赢者通吃"

的局面。

当然，上述"揣测"离成为美国社会的现实还十分遥远，但它显然应该成为我们观察现代西方政治，包括美国政治的参照。在这方面，**一个典型的谬误是认为特朗普的上台是美国向其"传统精神和价值观"的回归**。美国20世纪60年代平权运动之所以获得巨大成功，或至少没有演变为另一场内战，是因为极大数量的白人在权衡之后最终选择了站在黑人一边，当时很多白人想必也怀念他们祖辈所拥有的种族地位，就像今天很多人将多元文化斥为"政治正确病"一样。假如大多数白人当时没有站在黑人一边，那么今天的美国必将是完全另一番样子，或者有没有一个统一的美国也未可知，恐怕更谈不上美国在当今世界的霸权。而在今天的美国，类似的"思乡"情结以另一种形式展开，并且取得巨大的政治上的成功，从而也为接下来其内部的政治斗争准备了更酷烈的战场。

二 将美国放在一个"弱者"的自我定位

在对外关系中，特朗普确如其竞选中所承诺的那样，贯彻着"美国第一"的原则，从跨太平洋伙伴关系协定到北美自由贸易协定，到美国与中国、欧洲的经贸往来，特朗普政府都试图重新审视之前的关系，强调该退出的退出，该重新谈判的重新谈判。在对外关系中认清真正的朋友和敌人，其实和国内政治中围绕"**什么才是真正的美国人民的利益**"和"**谁才是真正的美国人**"这两个问题的斗争有关。前者其实是分配问题，而后者则是认同问题，二者相互区别但也有所交织。从分配上讲，特朗普希望通过对外经济民族主义、对内减税等方式将传统制造业留在美国国内，并且为企业减负，这既符合企业主的利益，也迎合很多普通选民对传统制造业的依恋。这些措施的效果如何，现在言之尚早，但它

特朗普政府的政治特征透析

们起码表明了特朗普在分配问题上的敌我决断。在认同方面,**特朗普上台执政无疑标志着保守力量的强势崛起**,有一种誓将美国从其敌人手里夺回、重新交还给"真正的美国人"的态势。但到底谁才是"真正的美国人"?有公民身份的公民?白人?五月花号的后裔?并不十分清楚。但从特朗普自己的话来看,墨西哥人可能不是,或者那些来自南美洲的非法移民以及从伊拉克、叙利亚等战乱地区逃离的难民等,都很难算是真正的美国人。

特朗普需要这种简单明了的敌我区分,他的政治运动在必要的时候会不断地回到这一主题。与几乎所有前任美国总统不一样的是,**他所传递出来的信号是"美国受屈辱后的再兴"**。美国在其并不长的历史上并没有受过什么来自其他国家的压迫或屈辱,自从其积极投入国际政治中以来,美国更多地扮演支配者或压迫者的角色。从总体上来说,美国总统在其国内政治中发出的信号是积极的、充满着希望的,他们并没有那么大的必要去想象一个迫近的敌人,并从对敌人的打击和征服中获得自信。而**特朗普现象的一个特别之处就在于,它第一次明确地将美国放在一个"弱者"的自我定位之中,将美国描述为被中国和俄罗斯压制、被欧洲、日本甚或加拿大等盟友"利用"的受害者**。因此,美国应该放弃国际社会的领导者,同时也是"冤大头"的角色,奉行"美国第一"的原则。毫无疑问,这种弱者的心态和危机感在其国内社会中也明显存在,与其在国际社会中新的自我认知形成对照。我们很难说特朗普的上台就是黑人做总统之后来自白人社会的反弹,毕竟反对特朗普的白人不在少数。但我们知道的是,特朗普在种族问题以及其他很多问题上的"政治不正确"不仅没有使他遭遇不可克服的困难,反而令他在其众多支持者眼里声望大增,成为"敢说实话""敢于和政治正确斗争"的英雄,说特朗普乘这些"不可言说之事"所造就的风头入主白宫并不为过。在特朗普的忠实支持者眼里,种族平等、多元文化、环境保护这样的进步主义价值观和国际社会对美国的压制不谋而合，其最终的目的都是压缩"真正的美国人"的生存空间。

弱者的心态更容易明确"敌人"，因为它迫使人们去寻找或想象"压迫"或"屈辱"的施加者。在这个过程中，人们显然需要一个政治上的强人去领导。特朗普十分清楚这一点，这也正是他给自己的明确定位。有意思的是，在21世纪的今天，拥有世界霸权的美国居然也会落入这种窠臼之中。不得不说，**全球化时代给人们造成的冲击是全方位的**，它既给人们带来巨大的便利，也会无差别地带来巨大的不确定性，以至于像美国这样高度发达的社会中也有很大一批人感到深深的挫折。

（北京大学政府管理学院政治学系副教授　段德敏）

与美博弈须有效控制成本

本文要点：当前，美国积极强化在南海的军事部署和行动，通过了所谓的"与台湾交往法案"，发动对华贸易战，中美两国之间的战略竞争越来越激烈。为了应对日趋下行的中美关系，我国需要处理好战略上的轻重缓急，通过自身建设和自身示范为世界做榜样，从而控制我国的竞争成本。为了控制战略竞争的成本，我国需要做到：进一步整合外交决策体系；在军事技术发展和外交行为方面，控制战略竞争的成本；通过塑造和规劝两种方式改变美国行为偏好；强化与周边国家的关系；处理好与俄罗斯、朝鲜和伊朗等国家的关系；避免在冲突频频的动荡地区和国家的深层次介入，避免承担过多的成本。

2017年年底以来，美国相继公布了《国家安全战略报告》和《国防战略报告》等一系列战略文件，其主题非常明确：国际社会进入了一个竞争的时代，美国将与中国、俄罗斯展开战略竞争。随后，美国做出了一系列动作，积极强化在南海的军事部署和行动，通过了"与台湾交往法案"，发动对华贸易战，向我国强力施压。可以预见，中美关系在一定时期内将持续下行，我国将面对美国日趋激烈的战略竞争。

一 战略竞争时代的中美关系发展趋势

特朗普政府已经将中美关系的基调明确为战略竞争。那么，在战略竞争的时代，判定未来中美关系的几个前提，对把握中美关系的发展趋向大有裨益。

首先，**随着我国实力日益接近美国，中美关系将面临更大的压力**。在理论上，当崛起国实力接近霸权国时，二者的关系会持续紧张，并有可能走向冲突。在现实中，近年来的中美关系变化趋势同样表现得非常明显。美国《时代周刊》关于"中国赢了"的封面文章，也体现出美国社会普遍认同过去几十年中国获利更多、美国获利不够的认知。在美国国内，政府、智库和社会舆论将中国视为竞争对手，对华强硬也已经成为战略共识。当前，美国战略界还出现了一种声音，即在过去十年，中国和俄罗斯花费了数十亿美元，通过人文交流、各类文化活动、教育项目以及传媒和信息项目，在世界各地营造公共舆论及其认知，这种日益上升的影响力被美国视为"锐权力"。在美国战略精英看来，中国的"锐权力"正在严重威胁着美国的软权力。

其次，**中美关系的发展态势不是线性的，也不能用线性思维来看待中美关系**。也就是说，中美两国的力量消长不是线性的，中美两国的外交政策也不是线性的。我国当前处于相对弱势，更是不应该僵化自身战略思维。美国最新的《国家安全战略报告》和《国防战略报告》发布以后，国内学术界和媒体的一些分析家惊呼中美要重回冷战，在一定程度上体现了这种线性思维。我国应该意识到这种竞争带来的压力，但是也不能过度拔高、渲染。外交政策更多是一种选择，而非一种宿命。我国应该按照既有的战略设定，积极塑造有利的外部环境。

再次，**中美关系的最大风险不在两国的直接冲突，而在于第三方问题，甚至在两国关系之外**。尽管当前中美关系整体下行，但是中国和美国都是大国，彼此行为基本是可预测的。除了经贸问题，当前中美关系中有可能会产生冲突的安全议题，大多集中在第三方议题上。随着我国力量日益上升和外交政策更加进取，美国将会扩大战略伙伴的范围，在更宏大的视野上来应对中国。美国提出"自由开放的印度—太平洋地区"概念，就体现了这一诉求，同时反映了亚洲地缘政治变化的新局面。根据历史上大国命运的启示，大国的危机往往发生在不被关注的边缘地带，而非权力中心。因此，在中美关系之外的地区和议题同样值得中国重视，谨防两国被牵连其中。

最后，**经贸已经成为中美两国关系的冲突领域**。在理论上，自由主义理论普遍认为，经贸关系是可以作为国家关系中的黏合剂和压舱石的。在中美建交以后，经贸关系一直是两国关系的压舱石。然而，从目前特朗普的政策来看，经贸关系逐渐成为中美冲突和竞争的领域。中美经贸关系的内在矛盾在未来一段时间恐怕难以改变，我们需要对中美经贸关系的地位进行再评估。

二 我国应对中美战略竞争的基本原则

当前美国试图跟我国进行战略竞争，这是对它过去十余年的大战略进行调整。某种意义上，美国提出战略竞争，反映了其对战略优势和主导权逐渐被侵蚀的深度忧虑。由此观之，美国的战略意图是求胜，旨在维持主导地位和战略优势。对此，我国应该拥有战略定力，有两个原则需要坚持。

第一，**处理好战略上的轻重缓急**。如果美国持续与我国展开竞争，那么这个竞争是长期的，长期的战略竞争需要搞好自己的事情，维持国内经济繁荣。因此，应该明确经济、政治和军事的优先次序，始终将经济发展置于高度地位。一是在经济上，发展经济应该始终是国家战略的基础。当前中美贸易战本质上反映了经济的重要性，美国的目标就是遏制我国的高科技发展。二是在政治上，我国要避免中美模式之争和意识形态之争，因为一旦介入意识形态竞争后，就有可能会滑向全面竞争。三是在军事上，我国要按照自己的节奏进行军事现代化，但同时应该避免中美两国的军事竞赛。

第二，**通过自身建设和自身示范，为世界做榜样**。特朗普政府要与我国进行战略竞争，这从另一个方面肯定了我国取得的辉煌成就，毕竟中国已非40年前的中国，要拥有战略信心。不过必须看到的是，我国仍处于现代化的过程当中，在对美外交政策上还是要与我国的国家实力相匹配，这要求我国做到以下方面：一是在奋发有为的时期，我国还是应该继续韬光养晦，延长战略机遇期。回顾历史，美国早在1894年就成为世界第一工业强国，然而它真正登上世界历史舞台中央却是在1945年以后，这给我们的启示是，战略滞后于实力是比较稳健的选择，继续推进国家建设是首要选择。二是通过自我建设和自我克制，为其他国家树立良好的榜样。在中美战略竞争的态势下，树立榜样而非输出模式可能是当前我国的最优选择。三是大国需"阳谋"，我国应该注重外交行为方式，树立中国气派。

三 我国应对中美战略竞争的对策建议

与美国的战略竞争涉及我国大战略的设计与实施，是一个系统工程。

第一，**进一步整合外交决策体系，维持外交决策的自主性**。首先，在制度设计上成立一个小而精的战略规划小组，小组成员可包括相关政府官员、学者和企业家，为应对中美战略提供政策咨询。其次，进一步整合外交决策体系。党的十八大以来，我国外交决策体系有了很大的改革。然而，目前外交工作涉及中央外事工作委员会、国家安全委员会、外交部、中联部和商务部等诸多部门，决策体系仍然显得有些臃肿，需要进一步整合。最后，处理好外交工作和外交宣传工作的关系。在外交宣传上，宣传部门要调整自己的策略，处理好内宣工作与外宣工作的不同逻辑，建议在外宣上理顺自己的组织工作体系，形成自己明确的战略战术。

第二，**在军事技术发展和外交行为方面，控制战略竞争的成本**。在军事上，我国相对于美国是一个弱国，可预期时间内的指导原则是以弱竞强，因此控制战略竞争的成本是至关重要的。一是要发展一些核心的技术和平台，用来带动美国战略投入，进而拉动并抬高其战略成本。二是对于美国的新军事技术和新军事平台，不能盲目跟风，应该先进行认真评估，然后确定自身合适的发展路径，要避免和杜绝浪费战略资源。三是要同时发展一批新技术和新平台，以技术抵消技术的策略替代美国的技术抵消数量策略，通过技术提升的方式来抵消美国的技术优势。

第三，**塑造和规劝，改变美国行为偏好**。我国改变美国的行为偏好，可以通过两种途径：一是塑造，更多是通过施加成本和给予奖励来改变美国的行为方式，其内在逻辑是改变美国对成本和收益的算计；二是规劝，主要是基于中美两国的互动规则，通过自我规范来规劝美国行为的转变。也就是说，对美外交应该软硬兼施。

第四，**强化与周边国家的关系**。特朗普上台以后，坚持"美国优先"的外交理念，重视双边关系而非多边关系，在一定程度上减少了对我国周边国家的承诺与关注。特朗普截然不同的行为模式使得周边国家调低了对美国的预期，它们试图规避风险，有一些国家选择两面下注，寻求提升与我国的关系，这是我国的重大历史机遇。我国应该抓住机会，按照亲诚惠容理念和与邻为善、以邻为伴周边外交方针深化同周边国家关系。一是夯实与柬埔寨、泰国、缅甸和巴基斯坦等对华友好国家的双边关系，使之成为我国周边外交的基石；二是改善与越南、印度和新加坡等对我国具有防范意识和存在利益冲突的国家的双边关系，这有助于缓和中美关系下行时的冲击；三是改善与美国亚太盟友的关系，最大程度上扩大对我国友好国家的数量。

第五，**处理好与俄罗斯、朝鲜和伊朗等国家的关系**。特朗普政府将中国和俄罗斯定位为战略竞争对手，敌视朝鲜和伊朗。上述四个国家都被美国视为外部威胁。如果仔细思考，美国的大战略规划与在具体外交议题上的战略是存在内在矛盾的。在美国的大战略设计中，中国、俄罗斯、朝鲜和伊朗都是其外部威胁，然而美国在朝鲜核问题上却要求中国配合美国，试图迫使中国制裁朝鲜。一旦中美竞争烈度增加，那么美国解决朝鲜核问题的难度将上升。在中美战略竞争的时代，中国需要重新统筹大战略：一方面，中国应该积极强化中俄关系，以应对美国的战略压力；另一方面，中国需要重新思考朝鲜和伊朗在中国战略格局中的位置，重新评估一旦美国解决了朝鲜核问题和伊朗核问题中任何一个问题后的地缘政治后果，以有备无患。

第六，**支持世界落后地区的发展，但是应该减少在一些持续**

动乱地区的介入，避免承担过多的成本。中美两国在第三世界国家，尤其是一些冲突持续发生的地区和国家开展竞争时，我国应该遵循的原则是：要注意介入的程度，避免在冲突的领域承担过多的成本，以减轻战略负担。

（中国人民大学国家发展与战略研究院副教授　左希迎）

对美外交应保持战略定力

本文要点：当前，中美关系进入困难与重大转折时期。一方面，美国对华战略认知极为负面，这种认知已成为包括两党在内的美国战略界的一种共识。另一方面，推进中美关系发展的动力与维持两国关系稳定的机制受到重大挑战，两国赖以合作的领域与平台明显缩窄。不仅如此，美国正有意构建一个针对中国的、由西方主要国家组成的国际压力集团。鉴于美国的实力地位以及中国的发展阶段与目标等因素考量，对美外交具有战略意义与核心地位，加之中美在发展双边关系中的作用与诉求存在不对称性，维持中美大局稳定符合中国利益。为此，中国在保持战略定力的同时也要积极地发展实力、有所作为。

对美外交应保持战略定力

2018年以来，中美贸易摩擦不断升温。2018年3月22日，美国总统特朗普签署总统备忘录，依据"301调查"结果，将对从中国进口的价值约600亿美元的商品大规模征收关税，并限制中国企业对美投资并购。4月4日，美国政府发布了加征关税的商品清单，将对中国输美的1333项500亿美元的商品加征25%的关税。4月5日，特朗普更是表示要求美国贸易代表考虑在"301条款"下对1000亿美元的中国商品加征关税的可行性。面对美方的步步紧逼，中国国内就如何应对美国的贸易保护措施掀起了一轮热议，但决策尤需谨慎、理性，这离不开对当前中美关系的形势与状态、对美外交的战略重要性、中美在塑造双边关系中的角色与地位做出冷静、客观的分析与评估。

一 中美关系面临重大挑战

当前，**中美关系进入一个严峻困难与重大转折时期**。

第一，**美国对华战略认知极为负面**。特朗普政府首份《国家安全战略报告》将中国定位为"竞争者""挑战者""对手"，声称"中国寻求在印太区域取代美国，扩展其国家驱动经济模式的范围，并以有利于中国的方式重构该地区秩序"，同时深刻检讨既往对华"接触"战略并宣告其彻底失败，美国必须改弦易张，直面与正视来自中国的挑战。五角大楼《国防战略报告》表示美国安全的首要关切不再是恐怖主义，而是大国间的战略竞争，中俄首当其冲，强调"与中国和俄罗斯的长期战略竞争，是国防部的重点优先事项"。美国发布的《核态势评估》报告则将中国同俄罗斯等并列，视为美国核安全的主要威胁，并宣称"中国军事现代化和寻求地区主导地位已经成为美国亚洲利益的一个主要挑战"。与此同时，美国国会相继通过《2018财年国防授权法案》与"台湾旅行法"，其中涉及美"台"联合军演、美国军舰经停台湾地区、美"台"高级别官员互访等挑战"一个中国"原则的条款。可见，将中国视为战略竞争对手不仅是美国行政部门的一种认知，也是美国两党形成的一种共识。在两党极化现象严重的美国政治中出现这样一种共识，其意义非同一般。

第二，**推进中美关系发展的动力与维持两国关系稳定的机制受到重大挑战，两国赖以合作的领域与平台明显缩窄**。奥巴马政府时期中美合作的基础与领域较为广泛，议题也更为多元，不仅体现在如朝核、伊核等传统安全问题，还包括应对气候变化等非传统安全。奥巴马政府将气候变化列为美国必须应对的主要安全挑战之一，《巴黎协定》的达成被视为中美合作的成功典范。但现如今，中美安全合作的空间大幅缩小，在非传统安全领域的合作仍未能建立起有效共识。而原先在中美关系中发挥稳定器作用的经贸关系也一波三折，甚至成为两国矛盾与冲突的焦点。

第三，**美国正有意构建一个针对中国的、由西方主要国家组成的国际压力集团**。据美国媒体报道，美国贸易代表莱特希泽设置了豁免钢铝进口关税的五项条件，即对美钢铝出口不得超过2017年的水平；积极处理中国各种扭曲贸易的政策；在二十国集团（G20）全球钢铁论坛上采取更果断态度，并积极配合美国；在世界贸易组织与美国联手，对中国的行为提出控诉；加强与美国的安全合作。目前，欧盟、英国、澳大利亚、日本、韩国等正在积极寻求或已经获得关税豁免。

此外，随着国务卿蒂勒森与总统国家安全事务助理麦克马斯特先后去职，蓬佩奥与博尔顿取而代之，特朗普政府鹰派色彩更加浓厚，温和派遭到严重打压，新保守主义再次成为主流意识形态。尽管特朗普政府具体对华政策仍难以预料，但就目前情势而言，**其大方向和总基调应是更为强硬且不易妥协**。

二 中美关系的不对称依赖

客观评估对美外交的战略重要性以及中美在塑造双边关系发展中的角色定位，是中国在当前中美关系发展困境背景下制定应对之策的基本前提。

第一，**对美外交具有战略意义与核心地位**。一方面，美国是一个全球性大国，在军事、经济、科技、文化等诸多领域拥有巨大竞争力与明显优势，同时也是对中国和平发展构成最主要影响的外部环境因素，在一定程度上会加速或阻滞中国的现代化进程。另一方面，对外开放是中国的一项基本国策，是实现"两个一百年"奋斗目标、实现中华民族伟大复兴的中国梦的关键之招。推动形成全面开放新格局离不开包括美国在内的西方发达国家的先进技术、经营理念、管理经验与市场机会，离不开和平的国际环境。20世纪70年代末，中美建交及其后与西方世界关系的全面改善为改革开放战略的实施提供了必需的外部环境；现如今，新一轮对内改革与对外开放的大幕已经拉开，中国对于有利外部环境的需求一点也没有减弱。

此外，当前国际形势复杂多变，经济全球化遇到波折，贸易保护主义抬头，民粹主义盛行，和平赤字、发展赤字、治理赤字是摆在全人类面前的严峻挑战。作为一个有着世界情怀与全球责任担当的大国，中国应当表现出足够睿智、理性与韧劲，在风云激荡的国际环境中发挥如北斗星一样的定向功能，为维护世界和平、促进共同发展、推进构建新型国际关系与构建人类命运共同体做出新的更大贡献。显然，这一切都离不开中美关系的稳定。可见，**对美外交仍应是中国外交的重中之重**。党的十九大报告指出要构建总体稳定、均衡发展的大国关系框架，这并不意味着对美外交在整个中国外交体系中地位与重要性的减弱。

第二，**中美对发展双边关系的考量与需求并不对称**。就中方而言，中国致力于与美国本着"相互尊重、互利互惠、聚焦合作、妥处分歧"的原则推进与发展双边关系，其目的在于保持中美关系的稳定、有序、可持续性与可预期性。然而，美国在这方面却有着不尽相同的考量。从根本上来说，美国对华政策是要服从并服务于其整体的国家战略。再确切一点，就是要维持它在全球的首要地位。基于这种考量，当发展对华关系有利于美国增强国家力量与增进国际利益之时，美国便会采取较为积极的对华政策。反之，美国则会表现消极，甚至于反方向发力，给中美关系发展制造难题与障碍。应该说，这种不对称需求也清晰展现了中美在发展双边关系中地位与影响力的非对等性。

三　对美外交应保持战略定力

既然中国对中美关系稳定发展的需求更为急迫，故维持中美大局稳定便是中国必须要坚持的战略目标。要做到这一点，**中国需保持战略定力，抵制与美战略摊牌的冲动与诱惑**。目前，特朗普政府强硬派势力坐大，他们一定程度上希望看到一个将美国视为对手或敌人的中国。另外，国际上一些反华势力也乘机兴风作浪，意图让中美迎头相撞而坐收渔利。因而，越是在风险挑战日增、矛盾冲突频发的时期，越是考验中国走和平发展道路的战略定力之时。

从历史上看，美国在军事上击败对手、意识形态上打垮对手、经济上拖垮对手方面有着丰富经验。但对于一个不寻求霸权与扩张、不挑战当前国际秩序、不对外输出发展模式、不做损人利己之事而力推共商共建共享的全球治理模式的中国，美国那一套应对传统大国崛起的战略与政策却是有力使不上或不好使力。从这个角度而言，一个和平、繁荣、稳定、负责任的中国符合中国的战略利益，同时也是应对美国对华战略认知与政策选项的关键所在。当下，**中国尤其要注意应避免成为美国或西方眼中的另一个"苏联"**。一旦此种意象形成，中美关系转圜空间将会被严重压缩。

然而，**保持战略定力并非无所作为，而是要积极有为**。首先，针对当前中美关系面临的迫切挑战，**中国在原则问题上要守住底线，在策略问题上则要足够灵活**。特朗普政府在台湾问题、贸易问题上不断对华施压，其目的主要是"探底"与"求利"。台湾问题涉及中国的主权、安全与发展等核心利益，在这一问题上，中国没有任何空间和余地做出妥协，必须旗帜鲜明表明立场，坚决果断地予以反制，如中断与美方的安全对话机制、进一步压缩台湾地区的国际空间等，一则震慑"台独"势力，二则树立大国威信。在经贸等软性议题上，中国在表明原则立场的同时，可采取更为灵活的方式应对，继续与美国保持沟通，协商谈判，留有余地，以继续发挥润滑剂、减震器、排压阀的作用。

此外，中国对美外交要有所调整，即美国对华负面战略定位这一意象的形成与中国自身外交行为之间的关系，并在此基础上做出对美外交的适当调整。要给予美国足够尊重以安抚美国的霸权焦虑，但应该避免天真与幻想，应建立起对美国的合理预期。特朗普对华政策具有明显的机会主义色彩，但根本上来说，他对华是警惕的、忧虑的，乃至于敌视的。**中美关系不要变得更坏应是我们当前追求的目标**。从历史上来看，对美外交始终要以两手对两手，既要与美展开有理、有利、有节的斗争，又要力促互利共赢的合作，以斗争促合作，斗而不破。

其次，**中国应继续推进与周边国家关系的回暖与发展，塑造有利于我的周边态势**。从地缘上来看，周边对我国具有极为重要的战略意义。于中美关系而言，周边也具有不容忽视的影响，美国往往利用中国与周边国家关系的嫌隙打入"楔子"。因而，稳定、经略、塑造周边也是展开对美外交不可或缺的重要组成部分。

这至少可以发挥以下三种功能：一是减少美国对华安全上的压力，虽然美国是一个全球性大国，但它毕竟处于西半球，其在西太平洋地区的力量投射仍需前沿基地，中国与周边国家关系的稳定向好就使得美国在本地区的力量投入受到重要制约；二是有利于中国集中更多外交资源，与美国展开博弈与较量；三是通过推进与美国在本地区盟友或伙伴之间的关系，间接促动中美关系朝着有利于我的方向发展。

最后，更为重要的一点，**中国应加强国内各领域建设，增强国家综合实力**。在国际政治领域，实力是"硬通货"，建立在实力基础上的中国对美外交才更具有影响力、塑造力，也才能从根本上扭转中美关系的不对称性。美国是一个崇尚实力的国家，尤其在特朗普治下的美国，更是喊出了"以实力求和平"的口号。从历史上看，当中国处于积贫积弱之时，美国将中国视为无足轻重的存在；当中国发展壮大之后，美国才开始日益重视并尊重中国，尽管带有明显的警惕心理。因此，中国应坚定不移地按照党的十九大的战略谋划与决策部署，统筹推进"五位一体"总体布局和协调推进"四个全面"的战略布局，脚踏实地、心无旁骛、稳扎稳打地做好中国自己的事情，不断增强综合国力与国际影响力，唯有如此才能做到"任凭风浪起，稳坐钓鱼台"。

（中共中央党校国际战略研究院副研究员　陈积敏）

中美能源合作前景分析

本文要点：美国原油天然气产量在技术革命和特朗普政府的政策支持下继续大幅提升，同时吸引了大量的投资，使美国出口导向的能源主导战略逐步得以实施。中国经济的转型对原油天然气的需求进一步增加，对外依存度不断提升。未来中国和美国的原油天然气贸易具有良好的发展前景。但需要关注能源价格、美国国内需求及政策变动对能源贸易的影响，中国需做好应对中美能源贸易争端的长期准备，加强原油和天然气储气库的建设，深化中美能源合作，提高中国的技术能力。

2018年3月22日，美国总统特朗普启动"301调查"，决定对中国出口美国的500亿美元的商品额外增加25%的关税。此举遭到中国的严正抗议，商务部马上拟定了同等规模的美国出口中国商品的税收反制，贸易争端进一步升级。仔细分析这次美国挑起贸易争端的缘由，一个是关于知识产权，另一个就是与中国不断扩大的贸易逆差。关于知识产权问题，中美的争议由来已久，中国并不认同美方的指责。各国都会为了自己国家的利益和安全做出相关的规定，这无可厚非。同时，关于知识产权侵权的争议，可以提交世界贸易组织裁定，也可以通过中美之间的谈判加以解决。如果真的付诸贸易战，对中美双方则是两败俱伤。关于美国对中国贸易逆差的问题，其实也可以通过增加美国向中国出口原油、天然气等能源而得到极大的缓解。

一　美国的能源主导战略使能源出口成为趋势

2017年6月，特朗普总统提出了美国"能源主导"战略，期望在实现能源独立的同时，力主开拓国际能源市场，使美国成为世界能源市场上的主导力量之一。从目前的发展势头看，美国具有这方面的潜力。

其一，**美国油气产量的持续提升为能源主导奠定基础**。

以水平井和水力压裂为代表的技术创新，是美国页岩气和致密油产量大幅飙升的关键因素。2008—2017年，美国原油产量从平均500万桶/天增加到930万桶/天，天然气产量由600亿立方米/天增加到736亿立方米/天。国际能源署（IEA）预计2023年美国原油生产将达到1210万桶/天，全球原油新增产量的60%集中在美国，其原油出口将达到490万桶/天，成为最大的原油出口国家之一。美国天然气产量也会大幅增长。在现有条件下，预测到2040年，其天然气产量将达到1000亿立方英尺/天，在低油价情况下也会在 2040 年增加到 900 亿立方英尺/天的水平。如果在高油价和技术支撑到位的情况下，到 2050 年最高产量可达 1500 亿立方英尺/天。**油气产量的大幅提升，不但使美国的能源独立成为可能，也为其以出口为导向的能源主导战略的实施奠定了坚实基础。**

其二，**特朗普政府的政策使原油和天然气产业获益最多。**

特朗普政府上任后，推出"美国优先能源战略"，签署"促进能源独立和经济增长"的行政命令，废除限制能源发展不必要的规制，最大限度开发美国本土化石能源。重新评估清洁电力计划相关法律，放宽对空气和水污染的限制，同时取消了奥巴马政府的多项与气候变化相关的政策，重新开启基石 XL 和达科他准入两条输油管道建设，考虑开放美国近海几乎所有海上原油钻探区域。其目的是要通过页岩油气革命及发展清洁煤为数百万美国人带来就业和繁荣，减少外部原油依赖，实现能源独立。特朗普政府认为此举将开启新的能源革命，即在美国的土地上生产能源，同时还期望通过能源的出口实现"能源主导"。

在 2017 年的税收改革，更使原油和天然气产业成为最大的赢家。公司税率从 35% 降到 20%，对能源领域更加有利，因为在过去的 11 年中，该领域的中位税率一直是 36.8%，比标普 500 公司的平均税率高 30%。15% 的税率降低将为原油和天然气生产和勘探公司增加约 10 亿美元的利润，相当于每桶原油成本降低 1 美元。炼化行业平均收益将会增加 16%—23%。新的税改有利于减少独立生产者的损耗扣除额大约 10 亿美元，同时还有提高采收率 15% 的税收减免等，这些措施都将极大地促进美国油气的生产。

其三，**需求和价格的拉动吸引能源投资。**

2000—2014 年，对原油和天然气上游的投资由 1390 亿美元增加到 9030 亿美元。2011—2014 年，不断增长的全球需求和每桶约 100 美元的高价格促进了对致密油、油砂、近海深水油田等大规模、相对昂贵非常规油田项目的投资。尽管此后原油价格下降，但2017年全球油气行业上游投资仍有4130亿美元，其中90%的上游投资增长集中在以美国为主的北美页岩油领域，该地区的水平钻机数量大幅增加。随着技术的进步和成本的不断降低，美国的页岩油气的竞争力将不断增强。预计美国将占2017—2040年全球致密油产量增长的近60%。

美国也吸引了海外大量资金投资于其天然气行业，天然气上游投资的增长主要集中在为液化天然气（LNG）出口供应原料气的项目上。根据美国化学理事会的统计，2011—2016年，美国天然气累计投资总额为1790亿美元，共实施了294个化工行业项目，创造了约665000个直接或间接的就业岗位。鉴于新的液化天然气项目不断开发，维持现有产量也需要增加投资，2018年以后液化天然气项目上游部分的投资仍将会继续增加，加上供应美国国内市场和管道出口项目的投资，预计可达2000亿美元。2025年以后，美国仍将继续成为全球最大的天然气上游投资接收国，但投资也会有部分转向南美、东南亚、澳大利亚、俄罗斯和中东地区。

其四，美国原油、天然气出口急剧增加。

由于原油产量增加和基础设施扩张，2017年美国原油出口增至110万桶/天，这是自2015年美国取消原油出口限制以来的第二个完整年度，2017年原油出口量几乎是2016年出口量的两倍，原油出口目的地国家达到37个，比2016年增加了10个。加拿大仍然是美国原油出口的最大目的地国，但加拿大在美国原油出口中的份额持续下降，从2015年的61%降至2017年的29%。美国对中国的原油出口量为20.2万桶/天（约1000万吨/年），占美国原油总出口额的20%，中国已超过英国和荷兰成为美国第二大原油出口目的地国。美国预测在取消原油出口限制的情况下，未来西得克萨斯轻质原油（WTI）与布伦特原油现货价格相比仍然具有6—8美元/桶的折价，会进一步提高美国原油在国际市场上的竞争力，推动美国原油出口的持续增加。

美国的天然气贸易以前主要是通过加拿大和墨西哥的管道运输进行的，但随着页岩气革命的发酵，天然气产量大幅提升，美国液化天然气出口能力剧增。2017年，美国液化天然气实际出口量达到19.4亿立方英尺/天，几乎是2016年的5亿立方英尺/天的4倍。进口美国液化天然气的国家也增加到25个，中国是美国液化天然气出口第三大目的地国，仅次于墨西哥和韩国，占美国出口总额的15%。未来美国液化天然气出口潜力合计将达到436亿立方英尺/天，约合4500亿立方米/年。

二 中国的能源需求与进口多元化

其一，**中国原油天然气的对外依存度仍在上升**。

40年的改革开放，伴随着经济的快速发展，中国的能源消费也同步增加。近几年，中国经济由高速增长转向高质量增长，能源也面临着向低碳清洁化的转型。事实上，自1993年成为原油净进口国以及2006年开始进口天然气以来，**中国原油和天然气的进口持续增加，对外依存度不断提高**。根据国际能源署《2018原油市场报告》的估算，到2023年中国原油进口量将达到900万桶/天，可能是美国净进口量的2倍，原油对外依存度将达到85%。2017年，中国进口4.2亿吨原油，超过美国成为全球最大的原油进口国。同一年，中国液化天然气进口3789万吨，已经超过韩国，成为全球第二大液化天然气进口国，未来超过日本成为最大液化天然气进口国也可以预期。特别需要强调的是作为相对清洁的化石能源，天然气在我国能源转型中将发挥巨大的作用。我国2017年印发的《加快推进天然气利用的意见》提出，到2020年，力争使天然气在一次能源消费结构中的占比达到10%，2030年提高到15%左右。这相当于2030年天然气需求将达7000亿立方米，与2017年2373亿立方米的消费水平相比，将增加近2倍。根据国际能源署的预测，到2020年和2030年，我国天然气的产量将分别达到1800亿和3300亿立方米，届时将有超过一半的天然气消费缺口需要进口弥补。

其二，**能源进口多元化程度不断加深**。

能源进口多元化是我国能源安全战略的重要组成部分。随着原油和天然气进口的增加，我国的能源进口来源国也相应增多。原油进口来源国已经从1993年的24个增加到2016年的47个，增加了近一倍。2006年我国液化天然气进口来源国家12个，2016年增加到17个，油气进口多元化日趋明显。2017年，中国原油进口约56%来自原油输出国组织（欧佩克）国家，从欧佩克国家进口的中国原油进口份额已经从2012年的67%的高峰下降，俄罗斯和巴西的比例则不断攀升，分别从2012年的9%和2%，上升到目前的14%和5%，来自美国的原油占中国原油进口总额的2%。随着欧佩克国家和俄罗斯在2018年继续限产，为美国等国家增加在中国的市场份额提供了一个机会。其实从2016年开始，美国对中国的原油、天然气出口逐年大幅飙升，发展势头迅猛。根据海关的统计数据，2018年1月我国从美国进口原油200万吨，比2017年同期增加6.8倍，价值近10亿美元，增加近7倍。2018年1—2月，我国从美国进口液化天然气76.6万吨，比2017年增加2.8倍。目前中国依然是油气进口大国，美国正向油气出口大国转变，二者在能源领域存在着天然的互补性，加强合作是双方共赢的选择。

其三，**我国液化天然气接收能力逐步提高**。

与进口原油不同，液化天然气还需要接收站再气化等设施，因此，接收站接收能力的大小是我国进口液化天然气的关键环节。从2006年开始，我国液化天然气接收站相继建成和投产。《2017

年国内外油气行业发展报告》显示，截至2017年年底，我国液化天然气接收站总接卸周转能力达到5640万吨/年。其中中海油接收能力为2980万吨/年，占全国总能力的52.8%，中石油占比33.7%，中石化占比10.6%，这三大公司控制了中国液化天然气进口的绝大部分。但这种情况正在发生变化，目前国家发改委已经核准了九丰集团、新奥燃气、广汇能源等民营接收站的建设，合计接收能力450万吨，液化天然气进口环节将逐步改变垄断的格局。如果我国目前24个在建的液化天然气接收站全部投产，接收能力将达到10660万吨（近1500亿立方米），即相对于目前仍有50%的接收能力有待释放，这也为我国大规模接收国外液化天然气打下了良好的基础。

其四，**中美油气贸易额有望达到600亿—1000亿美元规模**。

根据预测，2025—2030年，美国的原油出口可能达到500万桶/天，以目前的增长趋势来看，出口到中国的份额有望达到30%—40%，即150万—200万桶/天，按每桶80—90美元计算，则中国从美国进口的原油价值可能达到430亿—650亿美元的总量。根据中国进口液化天然气的价格推算，近期美国出口到我国的液化天然气价格应该维持在10美元/百万英制热量单位左右。液化天然气出口终端从做出投资决定到形成出口，一般需要3—8年的时间，理论上到2025—2030年美国的液化天然气出口能力有望达到1500亿—1800亿立方米/年，如果中国能够从美国进口600亿—800亿立方米/年，按未来12美元/百万英热单位的价格计算，价值为250亿—336亿美元。

以此推算，到2025—2030年，在可以预见的条件下，中国从美国进口的原油和天然气价值有望增加到600亿—1000亿美元的水平，可以相对缓解中美之间的商品贸易的逆差。

三 存在问题及对策

从理论上,我国可以大规模从美国进口原油和液化天然气,不仅可以满足我国能源的需求,还可以适当降低中美的贸易逆差,但在实际运行过程中,有几个问题需要注意。

其一,**价格仍然是核心要素**。决定美国原油天然气出口的关键因素不是出口禁令的解除,而是原油天然气价格以及技术进步带来的成本下降。尽管解除出口禁令,但在低油价或者低天然气价格下,出口量将会受到一定的影响。

其二,**出口规模受制于美国国内需求**。美国油气出口是建立在不影响国内需求的基础之上。如果出口规模过大,造成美国国内原油和天然气价格大幅上涨,美国可能会对原油和天然气出口进行限制。

其三,**美国政策的不确定性大**。能源出口需要多个部门的批准,地方政府也有相应的决定权。油气出口终端及港口、网络的建设需要经过能源部的批准和联邦能源管理委员会的审查,周期长,变数大。

这些无疑都增加了中美能源贸易的复杂性和不确定性,对于可能出现的一些问题,中国应予以充分重视,及早做出应对,相关对策建议有如下几点。

第一,**对中美贸易问题解决应有长期的准备**。贸易战并不能解决问题,大范围的加税不仅损害美国及贸易伙伴的企业和消费者利益,更重要的是对全球贸易体系的破坏。因此,从长期看,中美贸易问题需要建立有效的工作机制通过反复磋商达成共识,最终取得双赢的结果。尽管中国扩大从美国进口原油天然气充当中美贸易的"压舱石"为时尚早,但我们需要及早规划。

第二,**加强原油和天然气储备的建设**。原油储备和天然气储气库的建设，对我国能源安全都有着重要的现实意义。美国的液化天然气出口和中国的液化天然气进口都表现出一定的季节性，2013—2016年，我国沿海17个液化天然气进口码头的接收站年平均利用率约为50%，2017年也只上升到69%。美国的天然气出口终端夏季由于检修及出口减少，利用率也只有50%左右，冬季的利用率则可以提高到90%。我们应该保持全年持续进口液化天然气，淡季进口的天然气可存入天然气储气库中，到冬季天然气需求旺季时使用，全面提高天然气接收站的使用效率。

第三，**进一步细化中美能源合作协议**。中美两国在能源领域合作愿望强烈，但2017年以来达成的协议并不具法律约束力。中美两国需要进一步细化合作的内容，签署最终的合同并尽早执行。我国要充分利用美国能源主导战略中强化能源出口，亟须建设配套港口、油气管网等契机，加强与美国在能源贸易、能源出口基础设施建设等方面的投资与合作。

第四，**加大科研投入提高技术创新能力**。从中美这次贸易摩擦来看，其实质是创新能力和产业竞争力的比拼。在能源领域，我国只有通过不断的技术积累和创新，才能在未来贸易竞争中取得主动。美国页岩气革命的技术创新，也是经历了长时间的探索才得以成功。我国的页岩油气储量丰富，但开采的难度较大。我国应加强与美国在页岩油气开发领域的技术合作，逐步掌握页岩油气开发的技术诀窍，为我国页岩油气开发提供技术储备。

（中国社会科学院世界经济与政治研究所副研究员　魏蔚）

美中贸易逆差应重新审视

本文要点：长期以来，美国以贸易逆差为借口频频发起针对中国的贸易措施，但贸易逆差这个"借口"是否成立还有待商榷。一是美国官方统计的对华贸易逆差被高估，与中国的统计存在差异；二是没有考虑美国对中国的服务贸易顺差；三是中国的贸易顺差究其本质，实际上是整个东亚对美国的顺差；四是贸易逆差的根源在于美国自身；五是中美两国分处全球价值链的高、低两端，美国逆差大而增加值高，中国顺差大而增加值低；六是美中贸易逆差并不能说明美国利益受损，相反，为美国带来了就业增加和国民福利的上升。

2018年3月23日，美国总统特朗普签署总统备忘录，宣布将对从中国进口的600亿美元商品加征关税，并限制中国企业对美投资并购。表面来看，美国挑起此次贸易争端的原因是长期以来中美贸易不平衡，美国对中国贸易逆差巨大。从1985年起，美国对中国开始有贸易逆差，当年超过6000万美元，占美国对外贸易逆差总额的0.3%；到2016年美国对中国的逆差已经达到3470亿美元，占总额的44%；而2017年更是高达3752亿美元。似乎中国正是美国贸易逆差的来源，这也为特朗普发起贸易战提供了所谓的"口实"。

长期以来，尤其是特朗普执政后，美国频频以美中巨额贸易逆差为借口，发起针对中国的带有浓厚单边主义色彩的贸易调查，但美国依据的所谓贸易逆差这个"借口"却值得探讨。

一 统计方法问题

（一）美方统计被高估

"中美贸易统计是存在差异的。"中国商务部部长钟山此前透露，据中国和美国统计工作组测算，**美国官方统计的对华贸易逆差被严重高估**。2017年，美方的统计是3752亿美元，而据中国海关统计，中美货物贸易顺差为2758亿美元，与美方统计数据相差了近1000亿美元。美国学者计算的版本更低。耶鲁大学高级研究员史蒂芬·罗奇就认为，特朗普号称美国对华贸易逆差有5000亿美元之多，但事实上真正的数字是3750亿美元。这（3750亿美元）是基于在中国的附加值算出来的，实际情况可能只有2500亿美元。

（二）贸易逆差中未计算服务贸易

在货物贸易上，美国对中国的确有比较大的逆差，但**美方坚持的贸易逆差却没有包括服务贸易，无视了美国在服务贸易上对**

中国有超过 500 亿美元的顺差。中美贸易不仅要看货物贸易,也要看服务贸易。美国在服务贸易方面有很大的优势,如果看中国跟美国的服务贸易逆差,事实上增长得非常快,在过去十年每年增长 20%,2017 年中国对美国的服务贸易逆差超过了 380 亿美元。随着金融服务业开放和服务的开放,美国将会在未来的服务贸易当中有更大的优势。国家外汇管理局数据显示,2017 年,我国经常账户顺差 1720 亿美元,其中货物贸易顺差 4761 亿美元,较上年下降 179.8 亿美元;服务贸易逆差 2612 亿美元,较上年扩大 170.4 亿美元。而美国是中国服务贸易逆差最大来源国。

(三)中国的贸易顺差实际上代表了整个东亚对美国的顺差

中国对美国相当一部分货物贸易的顺差是由中国对韩国、日本、德国等产业链高端经济体的逆差转化的,本质上是美国对这些国家的逆差,只是统计在中国的名义下。中国在价值增值链的末端,顺差主要来自加工贸易。据中国商务部发布的《关于中美经贸关系的研究报告》,2017 年,中国货物贸易顺差的 59% 来自加工贸易。在加工贸易中,中国大陆进口日本、韩国以及中国台湾地区生产的中间产品,然后再加工卖给美国,在统计数据当中显示出来是中国对美国的贸易顺差,但事实上中国跟日本、韩国以及中国大陆与台湾地区都有贸易逆差。例如,2017 年韩国对中国的贸易顺差就接近 750 亿美元。

二 美国国内自身问题

美国和全球一百多个国家之间都存在着贸易逆差,所以它的贸易逆差问题由来已久,而且也不是一个国家可以带来的,根源在于其自身。

(一)制造业发展空洞化

近年,**美国国内工业发展出现空洞化,大量制造业向新兴市场国家转移，特别是相较于服务贸易、技术贸易比重的增加，制造业在美国产业结构中的地位相对萎缩。美国制造业占比仅为11.7%，而服务业占比高达80%左右。中美巨大的劳动力成本差异，决定了中国在中低端制造业存在比较优势。美国的产业结构决定了其生产难以满足国内民众需求，大量制造业产品需要依赖进口。

（二）国内储蓄严重不足

美国巨额贸易赤字并不是问题的本质，贸易赤字实际上反映出来美国经济严重的内部症结，即国内储蓄严重不足。目前美国的国民储蓄占国民收入的比重（净储蓄率）处于历史较低水平，2017年前三个季度，美国净储蓄率分别为1.9%、1.7%、2.2%。在缺乏储蓄的同时要想拉动消费和经济增长，美国就必须从国外进口"剩余储蓄"。正是因为这一根本性原因，美国与其他国家的贸易赤字广泛存在。2017年美国与高达102个国家存在商品贸易逆差，而不仅仅是中国。

（三）美元的国际储备货币地位

美元的国际储备货币地位，必然要求其保持贸易逆差以对外输出美元，提供国际清偿能力。美元的特权地位相当于向世界各国征收铸币税，以维持其霸权体系。美元的国际储备货币地位赋予了美国一种特权，即可以依靠大量印制美元、发行美债的方式获取其他国家的商品和资源，这必然导致贸易项下巨额逆差和资本金融项下巨额顺差。美国之所以能够保持常年的贸易逆差，并且相对所有的贸易伙伴都是贸易逆差，就是因为可以通过美元支付一切。

（四）美国限制对华高科技出口

美国对其他国家高科技出口均为顺差，但却封锁了对中国的高技术产品出口。该领域的贸易逆差占美国对华逆差的比重接近40%，但美国却执意限制对华高科技产品的出口，这毫无疑问是美国政府的政策造成的。2018年4月16日，美国商务部下令禁止美国公司向中国中兴通讯出口电信零部件产品且期限为7年，这是美国限制对华高科技出口的又一记"重拳"。美国研究机构的报告显示，如果美国放开对华高科技产品的出口，那么中国对美商品贸易的顺差会下降至少35%。

三 中美两国在全球价值链中分工不同

中国是"世界工厂"，从其他国家进口中间品，加工后再出口到美国等发达国家。在这种模式下，按总额算，中国贸易顺差不小，但增加值其实并不高。

（一）中美经贸不平衡同供应链扭曲有关

中国在美国商品贸易总体逆差中所占比例确实很大，但**这种不平衡很大程度上是供应链扭曲导致的**，这是跨国企业构建全球产业链的一个结果。全球价值链的形成使货物在实现最终消费之前，大量以中间产品形式在全球各地流转。目前以最终出货量为基础的贸易流量计算方法并不能客观反映出中美两国的真实贸易状况。以"世界工厂"著称的中国是世界上许多产品的最终组装地。这些在中国组装的最终产品，许多构成部件使用的却是从其他国家，尤其是美国等发达国家进口的元器件。

德银此前发布的一份研究报告认为，**在中国对美货物出口额中，约37%来源于全球供应链上从其他国家进口的中间品价值**。而当这些最终产品出口到美国时，其全部价值都会被视为中国进口，远远高于中国获得的实际增加值。以苹果手机为例，从中国出口到美国的苹果iPhone X，其在中国生产过程仅占其制造成本的3%—6%。按照经济合作与发展组织和世界贸易组织（WTO）的贸易增加值计算方法，美国对中国贸易逆差至少要减少1/3左右。

(二)"中国制造"中的"美国含量"

在全球价值链生产体系分工中,美国价值增值幅度非常高,如果考虑价值投资和价值增值,那么美中贸易逆差将非常小。在中美制造业贸易中,**人们看到的通常仅仅是"中国制造",而忽略了"中国制造"中的"美国含量"**。这些"美国含量"既包括"中国制造"的最终产品所含的美国中间产品,也包括产品在美国最初的设计环节、最终的销售物流环节,以及由此引发的相关产业升级等。出口到美国的"中国制造"产品从生产、流通及研发等多渠道为美国创造了更多的就业机会,然而这些往往被人们所忽略。

四 贸易逆差并没有损害美国利益

贸易逆差并不能说明美国利益受损。中美建交 40 年来,双边贸易规模增长了 232 倍。如果长期以来都是一方吃亏、另一方占便宜,绝不可能达到这样的水平。

WTO 前总干事拉米认为,美国政府认为出口是好事、进口是坏事的想法是"自私的",也与贸易的本质相矛盾。贸易的受益对象包括生产者、消费者和政府收入。如果仅盯着贸易逆差,回避或忽视大部分企业和消费者的利益,有失公允。

(一)美国就业增加

对贸易逆差最严厉的指责来自夺走了美国的就业岗位,但**实际上经历了多年的贸易逆差后,美国的失业率持续走低**。美国当下几乎处于历史上最低的失业水平,就业人数已经创下历史新高。据美国劳工部数据,2016 年 12 月,美国就业人数为 1.51 亿,整体失业率仅为 4.7%,而大西洋彼岸的欧元区失业率则高达 9.6%。

(二) 美国国民福利上升

中国产品物美价廉，几十年来**美国消费者从中国制造、中国出口中享受巨大福利**，这将美国通货膨胀率压得很低。但是美国政府当然不会计算这一问题。美国只想着从国家角度来讲，中国公司、中国企业都发展了，中国国家实力越来越强，中美贸易逆差是造成美国国内经济问题的根源，而不会顾及真正会丢失工作、会增加日常消费支出的美国民众利益。

五 建议

由此可见，美国借以对中国发动贸易战的贸易逆差这一"借口"根本站不住脚。对此，我们可以从以下几个方面做出应对。

第一，**可与美方在贸易统计方式上统一口径，将服务贸易包含其中**。我国与贸易、统计等相关的智库、研究机构可以加强与美方相关研究机构、学者的合作，通过共同的研究课题与交流统一两国间贸易数据的统计口径，争取将二者间的统计差距降到最低，并逐步推动统一口径的贸易统计方式官方化。可以以同样的方式通过研究合作推动服务贸易也纳入美国对华贸易统计数据中，从而中和货物贸易的巨额逆差。

第二，**应对贸易战应在 WTO 框架下据理力争，敦促美国解除对华高科技产品的出口限制**。作为 WTO 成员，美国和中国都应该将世贸争端解决机制作为解决两国贸易摩擦的第一道防线，而不是诉诸贸易战。贸易战不仅损害双方利益，而且会给世界多边主义体系带来不利影响。美方的行为违反了世界贸易组织相关规则，侵犯了中方根据世界贸易组织规则享有的合法权益。中国应在 WTO 框架下据理力争，通过 WTO 解决贸易争端，并敦促美国放开对华高科技产品出口。

第三，**加快推动国内产业升级，提升在全球价值链中的地位**。

目前我国国内产业总体仍处于全球价值链的中低端,增加值低,与发达经济体相比尚有较大差距。为此,我们要以创新发展为核心,进行发展动力的转换,推动上下游产业联动发展,推进产业转型升级;要鼓励企业加强国际合作,积极融入全球产业分工合作,参与全球创新资源配置,提高自主创新能力,为提高全球价值链地位奠定基础;在全球价值链分工特征明显的信息技术等产业领域,以及我国具有优势的服务贸易领域,稳步提升我国单位出口的增加值比重,逐步缩小与发达经济体的差距;推动产业合作由加工制造环节向研发设计、市场营销、品牌培育等高端环节延伸,逐步提升我国在全球产业链和价值链中的地位。

(中国社会科学院世界经济与政治研究所助理研究员　张淼)

对美国政治文化不确定性的评估

本文要点：进入 21 世纪特别是自 2008 年金融危机以来，一方面由于强烈的霸权衰落危机意识，另一方面由于高涨的"使美国再度伟大"的使命意识，美国政治文化在当代转型的大幕已经拉开。特朗普当选及其执政理念，标志着美国政治文化转型进入关键时期，呈现出重大不确定性和极端性，可能催生更多极端政治思潮的涌现。这将加剧其政治制度的扭曲，并使其政治行为的极端对抗性进一步上升。美国政治文化的当代转型不仅将对美国内部发展产生深远影响，也可能产生重大的外溢性影响，既包括潜在的国际示范效应及相应阻击努力，也包括美国在全球治理中的"退缩"及特朗普政府的"反外交"倾向所导致的外交冲击。

对美国政治文化不确定性的评估

特朗普在竞选期间和执政初期的种种言行，均展示出美国在面临复杂挑战时产生的危机意识和"使美国再度伟大"的使命意识，其背后是美国历史性的国运变化，即从持续长达200余年的上升态势而掉转向下的重大可能。特朗普政府对内、对外战略的重大不确定性和高度极端性，很大程度上意味着美国政治文化的当代转型正进入一个关键时期；这一转型不仅会在国内产生深远的影响，也会产生重大的外溢效应，这其中既包括对美国外交的直接影响，也包括对他国政治的潜在示范效应，值得我们持续密切跟踪。

一 美国政治文化当代转型的根源

随着特朗普在2016年美国大选中异军突起，人们逐渐开始关注其崛起背后的政治文化意蕴。需要指出的是，美国政治文化的当代转型并非始于特朗普或2016年总统大选，而是由冷战结束后特别是进入21世纪以来的一系列事件所共同塑造的，具体可从安全、经济、人口结构、国际权势转移等方面加以分析。

首先，2001年"9·11"恐怖主义事件及其导致的美国向警察国家（police state）方向的发展，从根本上动摇了美国建国200余年来的地理安全心理。

冷战结束后，美国虽然丧失了安全或军事意义上的明确竞争对手，但这并不表明美国更加安全了。2001年"9·11"恐怖袭击事件不仅激发了小布什政府的黑白二分法，更刺激了美国逐渐朝向警察国家的发展。具体表现为以下五个方面：一是政府对自身公民的间谍活动，这意味着对公民自由的大幅挤压；二是警察军事化，特别是警察装备向军队靠拢，甚至可能使警察成为军队的外围组织；三是警察行动自主裁量权大幅增加，特别是可能针对手无寸铁的公民开枪；四是个人隐私被全面监控，如通过无人机、电话窃听、网络账户监控等手段；五是司法执法的自由度大幅提升，甚至出现长期无理由拘押且不审讯的情况。尽管如此，美国人并没有觉得更安全。民意调查显示，有超过半数的美国人认为美国面对恐怖主义时会更不安全。

其次，美国长时间未能走出 2008 年国际金融危机，对其经济安全心理产生了深远影响，进而可能通过选举政治的形式扩散并产生更为深远的社会政治后果。

对比历史上的多次经济危机，2008 年国际金融危机后美国及其盟友的经济复苏步伐明显较慢，欧美国家一直没有找到新的经济增长动力。危机更为长期的影响是对美国人的社会心理和经济安全心理的影响：经济上，美国深度贫困人口的比重大幅增长，大量人口不得不依赖社会保险，美国历史上 130 余年来首次有超过 1/3 的年轻人成为事实上的"啃老族"；政治上，美国社会的不满持续上升，各种愤怒情绪持续积累发酵：美国人的社会不满度在 2001—2017 年增长了 30 个百分点。经济危机长期持续，进而可能对美国选举政治的周期起伏产生影响，并在 2016 年大选中开始显现。这与美国人口结构的中长期变化相结合，形成"白人重新翻身做主人"的奇怪现象。

最后，新兴大国特别是中国快速持续崛起，使美国面临着全然不同的国际政治环境，也加剧了其"霸权衰落"的危机意识。

尽管美国的绝对实力仍处于稳步上升之中，但全球权势的相对增长态势仍让美国感到焦虑甚至悲观：非西方世界在组织社会、生产财富、积累财产等方面较西方表现得更好，美国统治的时代正在终结。这一此消彼长态势，进一步放大了美国自身的问题，使美国眼中的"中国威胁"正变得日益"真实"，这也进一步凸显了美国霸权衰落的危机感。

二 转型的基本方向

美国政治文化的当代转型是一个逐渐展开的进程。到特朗普政府时期,日益增加的危机意识和持续上涨的使命意识相结合,推动美国政治文化的当代转型进入一个关键时期:一方面是转型迫在眉睫,另一方面则是历史经验的严重匮乏。由此导致的结果是,美国政治文化的当代转型极易陷入迷惘、慌张和混乱,极端化和不确定性将是这一关键时期的重要特征。

首先,**政治价值观层面,可能出现大量的极端政治思潮**。一是美国人对"成为美国人"这一核心理念的自豪感正在下降:在进入21世纪前,这一指标始终保持在90%以上;在2001—2016年,仍保持在80%以上;特朗普当选后,该指标进一步下跌,到2017年仅为75%。

二是团结美国社会的因素似乎正发生深层次变化。多重焦虑相互交织,团结美国社会的核心力量似乎正变得消极和负面,导致美国正发展成为一个"恐惧合众国"(United States of Fear)。

三是各种极端化思潮不断发展,甚至出现诸多尽管可能是昙花一现的政治运动。仅在国际金融危机爆发后,"茶党""珍视黑人生命"或"珍视白人生命""占领华尔街""我们的沃尔玛""为15美元而奋斗""白人至上主义"等政治运动轮番上演。

四是特朗普总统本身及其政府是各种极端思潮的"集大成"者。反精英主义或反建制主义、"白人至上"等都是"特朗普现象"的重要特征;特朗普在"占领华尔街"运动、"茶党"运动等失败的地方均取得了成功。

其次,**政治制度层面,美国在延续政治制度僵化与极化问题的同时,可能有诸多"创新",从而塑造出新的政治制度生态**。一是政治制度的僵化与极化将进一步加剧;二是诸多新旧政治体制

"创新"可能推动美国政治体制的重大转变,包括延续小布什时期启动的"警察治国",退出气候变化《巴黎协定》而重新激发"地方治国",反建制主义推动"推特治国""商人治国""家庭治国"等"创新";三是美国社会对美国政治制度的信心大幅下降,可能进一步推动前述两个方面的发展。2001年,有超过70%的美国人认为"国家方向是正确的",但到2017年仅有21%的人持这一观点;自2009年以来,美国公众对民主党和共和党的支持度都在下降,反对声音却在同步上升;截至2017年,美国对国会的总体信任度仅有13%;美国人对自身司法体系的支持度也从2000年的62%下降为2017年的45%。

最后,**政治行为层面,美国政治的极端化和对抗性都将进一步强化**。一是特朗普领导的行政部门与国会、媒体及美国联邦与地方的相互对抗;二是特朗普执政团队内部的种种矛盾和纷争,特朗普对团队成员的更换表现出大规模、高频率和难预测三个典型特征;三是美国族群冲突明显加剧,美国正从"种族熔炉"演变为"族裔战场"。美国长期的"共识政治"正在被"对抗政治"所取代。

三 转型的国际政治效应

由于美国在当前国际体系中的特殊地位,加上国际体系转型逐渐加速,美国政治文化转型已经并将继续产生重大的国际政治效应。

首先,**美国民粹主义的上升引发大范围的担忧,欧洲乃至全球都试图全面阻击民粹主义的全球扩散**。特朗普当选和英国脱欧两起"黑天鹅"事件,让欧洲人相当担心,这一趋势可能首先在欧美文化圈内部积聚并扩散,并通过选举政治等方式得以体现。因此,欧洲在2017年围绕荷兰、法国和德国大选,展开了全面阻击努力。尽管过程相对曲折，但最终结果令人欣慰，在"荷兰叫停了错误的民粹主义"之后，法国马克龙获胜和德国默克尔连任，最终使国际社会如释重负。尽管如此，民粹力量仍在持续增长，国际社会仍需持续警惕。

其次，**特朗普总统"退出主义"可能对全球治理的继续推进产生重大影响**。特朗普政府"退出全球治理"的努力主要从两个方面展开：一是基于"美国优先"战略退出各种全球治理努力，主要表现为就任之初退出跨太平洋伙伴关系协定（TPP），2016年6月退出气候变化《巴黎协定》，同年10月宣布退出联合国教科文组织。作为支持，特朗普总统也大幅削减美国对全球治理的预算支持，特别是对联合国的会费承担额度。二是基于"成本分摊"原则退出或威胁退出各种双边、多边安排，如重新谈判北美自由贸易协定（NAFTA），督促北约成员国足额承担防务预算等。

最后，**特朗普总统的大量"反外交"行为对国际关系产生了重大冲击**。其一，特朗普"推特外交"（twitter diplomacy）给国际社会带来严峻挑战：一是推特外交的使用大大地改变了外交政策议题的舆论塑造方法，由于"粉丝"盲目支持，推特外交极易形成压倒性立场，排斥理性辩论。二是推特外交形成的单一舆论，可能压缩外交官或谈判人员的居间（协调/沟通）角色，使传统的双层博弈效用大大降低，甚至可能通过提前暴露自身或对手的外交底线，置谈判对手于不利地位，将双层博弈简化为单层博弈。三是推特外交可能放大少数利益集团对特定外交议题的垄断性影响。

其二，特朗普对外交礼仪、外交人员、外交传统不够尊重，既易引发外交纠纷或外交矛盾，也会给美国外交人员严重的挫败感，对美国外交质量形成重大破坏。

四 健全中美关系保障机制的建议

政治文化转型导致美国外交的重大不确定性,中美关系正步入一个战略不确定时期。中国长久以来拥有成熟、持久的政治文化传统和外交战略思想,既不应选择"针尖对麦芒"的对抗性战略,也无须利用美国的战略虚弱,而应大力推进并创新中美合作关系,与美国共同构建美国战略不确定期的中美关系保障机制。

短期工作重点是建立有效的早期预警和危机管理机制,确保中美关系总体稳定、避免出现体系性危机。一是对既有中美合作的进展评估,强化对其未来发展的预警能力;二是设计覆盖整个中美关系的早期预警指标体系,全方位监测中美关系发展;三是发展危机预防、处理及长期性解决的能力;四是发展针对危机根源的解决机制和能力培养,从根源上消除或缓解中美关系中的潜在危机。

中期工作重点是实现中美合作关系的早期收获,巩固和夯实既有成就。主要措施有:一是进一步优化中美关系的项目设计,建立完整和系统的项目库——包括开工库、预备库和储备库;二是建立健全中美关系早期收获的系统评估机制;三是强化中美关系早期收获的能力建设,特别是提高对安全化/去安全化逻辑的灵活运用能力,以促使中美双方向早期收获努力的同向努力。

长期工作重点是推进人文交流,培育和提高战略互信水平。主要包括两个重点:一是强化中美人文交流的战略性与前瞻性,二是推动中美人文交流的大众化和平民化。

(复旦大学美国研究中心副研究员　潘亚玲)

"一带一路"研究

在非洲推进"一带一路"建设的思考与建议

本文要点： 当前中美战略博弈进入一个新的历史时期，非洲对我国战略意义非常重要：政治上，非洲国家是我国传统、天然的合作伙伴；经济上，非洲具有丰富资源、能源，也是未来潜在的巨大市场，是中国资源和市场的重要依赖。虽然非洲已经纳入"一带一路"建设框架，但目前中非"一带一路"合作处于初始阶段，我国在非建设还存在一些障碍和问题，这大大影响了在非洲推进"一带一路"建设和中非合作的成效。当前，我们与非洲合作还未形成一个清晰的、可操作的整体战略，在非推行"一带一路"建设缺少顶层设计和统一布局，在此可以尝试让中国模式在其中发挥一定的指引作用。

一 在非"一带一路"建设需要顶层设计和统一布局

目前,我国有大量中资企业进入非洲,特别是近年来更呈井喷发展之势。但其中也存在许多问题:在非中资企业都各自为战,以自寻机会抓单个项目为主,处于零散、混乱阶段,缺少对非建设的长远考虑和统一布局,这带来了建设的短期效益、投资风险高、内部恶性竞争和无序发展的问题。因此,为在非洲有效推进"一带一路"建设,需要有一个顶层设计和统一布局,按照一个总体设计和路线,逐步推进在非洲的"一带一路"建设。

在非洲推进"一带一路"建设,应着眼于非洲的丰富资源和广阔市场,以政治共识和发展战略对接为引领,首先从帮助非洲建设急需的交通和电网等基础设施开始,再帮助非洲建设工业园、经济特区等,为其建立基本经济结构,并带动非洲的城镇化发展,促进非洲的经济发展和民生改善。而这正是西方国家殖民非洲百年以来没有做并且极力避免的,也是非洲一直贫穷落后的主因。由此,一方面非洲因为"一带一路"的实施,其经济社会面貌将有一个彻底改观,从而获得阶跃性发展;另一方面,也可以为我国解决资源难题,实现有序、有效的开发,并随着非洲经济发展开拓出广阔市场。最终将真正获得中国与非洲的双赢格局。

二 在非实施"一带一路"建设的原则

(一)政治引领,基建先行

非洲发展的最大问题和瓶颈就是基础设施如交通运输、电力等十分落后。没有基础设施,其他的所有经济发展问题就无从谈起,而基础设施建设正是中国优势之所在。为此,应首先解决其基础设施建设问题，这不仅是非洲国家的需要，也是中国在非洲长期经营的需要，而且是中国的产业优势所在。

(二)"由边入内"原则

先从沿海建设，再逐步推向内陆，这主要是从资源运输的角度考虑。由于非洲绝大多数国家交通、电力等基础设施十分落后，若不考虑地域差别而盲目投资建设，则内陆资源开发因运输不畅且无电力保障而难有成效。而沿海有港口做保障，基建、运输相对难度较小，若从沿海开始建设基础设施，将互联互通逐步推至内陆，则效费比高且可实现有序、持续发展。

(三)"先易后难"原则

先选取容易实施"一带一路"建设的国家和容易成功的项目做起，这样可做到事半功倍和产生示范效应。非洲各国在政治形势、经济基础、地理位置和地区影响及与中国关系等方面存在千差万别，对中国推进"一带一路"建设的适宜性和重要性也存在较大差别，我们可根据上述条件将非洲国家分为三个层次来有重点地推进在非"一带一路"建设。第一层次为重点国家，亦为"一带一路"倡议支点国家；第二层次为重要国家；第三层次为一般国家。这样可以确定在非洲实施"一带一路"建设的优先度，相应在政治外交、投资建设方面可以因国施策、突出重点、有序推进。

(四)"长短效益兼顾"原则

对非"一带一路"建设和项目要从全局和长期利益考虑，而不仅仅着眼于短期利益。例如，某国资源丰富特别是有中国需要的战略资源，但该国交通设施太差，即使开采也无法运出（如中国水电建设集团国际工程有限公司投资建设加蓬"布巴哈"水电站，因没有相应电力网输运，其所发大量电力无法输出而陷入长期亏损），这就需要中国通盘考虑、长远规划，与该国就交通、电力等基础设施建设与资源开发一并统筹考虑、达成协议。这样，既可解决其基础设施建设问题，改善其民生，又能使其在资源上有所收益。对中国而言，则解决了资源的长期开发获取问题。

（五）建运并举，注重长效

目前，我国在非洲开展的建设主要是一些工程项目，大都是一次性建设行为，这些建设基本都能获得利润，但利润较少。由于完成这些项目建设后我方并没能参与其后续运营，而后续运营可获得长期丰厚利益，这就造成了"为他人作嫁衣"的局面，即中国先把"累活、脏活"干完而获利较少，他人则获大利、长利。比如，中国港湾工程责任有限公司承包了科特迪瓦"阿比让港口扩建工程"项目，承包额为9.3亿美元，但后续港口营运权为法国掌握，此港口每年运营产值占科特迪瓦GDP的50%以上，达百亿美元。不仅基建工程项目如此，其他项目如电力、电信等，也应在承包建设时努力争取获得运营权。获得运营权除可获得长期巨大经济利益外，还可保持对该国政治、社会的长期影响力。

（六）协同共赢，集团效应

在一些领域的产能过剩和企业的蜂拥而至，造成了在非洲工程项目国际招标时我国内部恶性竞争的局面，这大大影响了中国在非投资建设的利润，甚至一些企业为了实现"走出去"的目的，在参与竞标时不惜相互压价而出现负利润情况。为此，需协调统一我国在非参与国际竞标问题。首先，在竞标前应在行业内部进行协调，内部确定牵头行业单位，由其参与国际竞标；其次，完成国际竞标后再按照国内行业标准进行内部招标。如此，可实现中国以最强实力参与竞标、获得最大利润空间和国内各企业利益共享的最佳结果。

三 加蓬发展与中国模式

党的十九大报告提出，中国的发展道路给那些既希望加快发展又希望保持自身独立性的民族和国家提供了全新选择，为解决人类问题贡献了中国智慧和中国方案。目前，我们在政治外交上与发展中国家就发展经验、模式等交流较多，但并没有在实际中推动落实，也就没有现实版成功案例。根据非洲国家的发展意愿，若我国能选取一两个国家对其进行重点帮扶，以中国发展模式为参考，参与其经济发展规划和实施，将会极大提高其发展速度和效率，可望在短时间内实现阶跃性提升，这将创造非洲国家参照中国模式成功发展的先例，对非洲国家和其他广大发展中国家带来示范效应，中国的软实力也将获得空前提高，这对我国具有重大战略意义。

参照加蓬在政治、经济、国情等方面的条件和发展意愿及与中国关系，可以将加蓬选取为重点帮扶的非洲国家，尝试参照中国发展模式促进其经济社会发展。

（一）加蓬的国情条件与中加关系

第一，**政治、经济、国情条件**。自1960年8月17日脱离法国统治独立以来，加蓬共经历了3任总统的统治。几十年来，加蓬政治平稳、社会稳定，经济稳定发展，人均GDP近1万美元，在非洲国家中名列前茅。

加蓬拥有27万平方公里的国土面积，自然资源十分丰厚，享有"资源宝库"美誉，主要有石油、锰矿、木材和其他稀有金属，特别是金属矿储量大而且品位高。其可开采的石油储量约4亿吨；锰矿蕴藏量2亿吨，占全球已探明储量的1/4；森林面积占国土面积的85%，原木储量约4亿立方米，居非洲第三位；铌矿储量约40万吨，占世界总储量的5%；铁矿储量8亿—10亿吨，品位在60%以上；其他矿藏有磷酸盐、黄金、重晶石、镍、铬、锌等。据加蓬基建与矿业部部长介绍，目前只有20%的矿藏被勘探，而在这20%的矿藏中，只有10%的矿藏被开采。可见，目前加蓬的丰厚矿产资源大都未被开采。

加蓬人口较少，只有区区180万，但拥有巨量资源，只要政策、措施得当，很容易在短时间内将人均GDP翻倍达到2万美元水平，还可将基建、经济结构、民生提升到一个新水平，从而实现国家整体飞跃性发展。这是加蓬发展的有利条件。

第二，**地理、区位优势**。加蓬位于非洲中部西海岸，东、南与刚果相连，北与喀麦隆接壤，西北与赤道几内亚毗邻，西濒大西洋，海岸线长800公里。加蓬拥有天然良港，海港水深达数十米，完全可以停泊万吨级大型船舶。加蓬的地理位置不仅使其能与外部保持直接通顺的连接，还使其对非洲内陆具有较好的辐射能力。若从加蓬开始建设包括交通、电力等非洲所急需的基础设施，就可从沿海逐步推向内陆，合理有序地推进互联互通建设。由此可以将加蓬建设成"一带一路"的战略支点。

第三，**发展意愿与中加关系**。加蓬历任总统都对华十分友好，与我国领导人建立了深厚的友谊，并且对中国发展成就和发展模式表达出羡慕与向往。在2016年年底访华时，加蓬总统阿里·邦戈与习近平主席一道将中加关系提升为全面合作伙伴关系，并表示愿意引进1万名中国人参与加蓬的建设和管理，希望中国人来加蓬按中国的成功经验、方式帮助加蓬发展，以实现中国那样的发展成就。

此外，中国现在对加蓬具有特别的影响力。总统的特别顾问是一位中国女士，她还兼任加蓬"国家发展战略规划委员会"副主任，提出建议并参与包括财政与金融政策、基础设施建设、工业园区和自贸港规划与创立等在内的加蓬经济发展计划，正在将中国的成功发展经验和方式搬到加蓬，以期在短时间内推动加蓬实现发展目标。

（二）加蓬发展与中国模式

第一，**政治引导和理念嵌入**。在政治上与加方达成共识。基于加蓬愿意按中国模式实现发展的意愿，可就中国帮助支持其发展、实现发展目标进行参与设计,将中国发展理念、发展模式引入加蓬总体发展战略。

第二,**国家发展的总体设计与规划**。根据加蓬国情,帮助加蓬制定总体经济发展目标和规划,并提出包括基础设施建设(公路、铁路、港口、航空、电网等)、经济产业发展(产业规划和工业区、经济特区、自贸港等建设)、城市化建设、民生建设(教育、住房、医疗、就业、环保)等具体发展计划、方案和路径。

第三,**交通网络和经济产业的建设**。"要致富先修路"。按照制定的规划、计划,首先以中国的巨大产能帮助加蓬进行基础设施建设,完成制约非洲国家发展的交通、电力网络建设。同时,根据加蓬资源优势特点帮助加蓬建设相应工业园区、经济特区等,并引入中国优势产业、产能,帮助其建立产业体系。在此基础上,帮助加蓬实施民生改善工程,提升其教育、住房、医疗、就业、环保等水平,推动实现加蓬国家的整体发展。

第四,**管理与技术人员的输出**。鉴于加蓬愿与我国加强合作的意愿,为有效推进加蓬参照中国模式实施发展计划,可考虑派出若干名管理和工程技术人员,参与到加蓬的经济发展计划与管理中,促进各项重大项目的实施。

(中国社会科学院世界经济与
政治研究所副所长、研究员 邹治波)

关于"一带一路"规则制定权的战略思考

本文要点："一带一路"倡议是中国走进新时代的对外开放举措，体现了中国对新型地区合作机制和中国塑造国际规则体系的追求。对"一带一路"倡议的质疑却常常与国际规则制定权相联系，西方一些国家将之视为中国试图改变秩序规则、获得地区和全球主导权的国家战略，"规则威胁论"成为"中国威胁论"的新版本。本文建议，中国应以"一带一路"为抓手，推动具有中国元素、彰显中国智慧的新一轮全球化，提炼和丰富中国国际合作理论，继续保持理念创新和战略引领；以国际规则协商制定为切入口，妥善应对各种风险，积极进行制度建设，为打造命运共同体而努力；以战略对接为切入点，妥善处理好大国关系，争取与一些关键大国所主导的战略计划相对接，通过对接找到彼此的利益契合点，有效减小"一带一路"的多边阻力和政治风险；牢牢把握规则制定的话语权，讲好中国故事，引导对"一带一路"的客观认识与理性支持。

关于"一带一路"规则制定权的战略思考

"一带一路"倡议是中国面临新的国际经贸规则重塑形势的现实选择,它为中国对外经贸交往提供了更多合作伙伴,也为增强中国对外经济影响力创造了可能,更为参与重塑适合中国利益的国际经贸规则提供了具体路径。与此同时,"一带一路"横跨亚欧非大陆,涉及地域与国家广泛,唯有塑造相对稳定的行为标准和共有规范,才能实现真正的"互联互通"。作为"一带一路"倡导国,中国与沿线国家成功开展经济合作的新范式无疑将在未来全球经济规则制定中占有一席之地,有利于掌握规则制定的话语权与主动权。可以说,"一带一路"倡议体现了中国塑造国际规则体系的追求。

当前国际规则重构最突出的特点是美国、欧盟和中国这三个当今世界最大的经济体和贸易伙伴成为规则制定的最重要的主体。美国作为第二次世界大战后国际经贸规则的主导者,仍然在尽最大的努力维持其主导地位;欧盟通过集中统一管辖各成员国对外投资的立法权,与美国、中国分别开展包括投资在内的国际经贸规则谈判;中国开始崭露头角,主导成立亚投行、金砖国家新开发银行,提出"一带一路"倡议,渐进削弱欧美在国际经贸规则制定中的主导权,并尝试在新的全球治理理念的指导下,形成新的国际经贸规则制定模式。

随着"一带一路"倡议的深入落实和全面铺展,其国际规则制定权成为所涉各国越来越密切关注的重大议题,被视为"一带一路"能否长期成功的试金石。

一 "一带一路"建设与中国国际规则制定权

"一带一路"倡议赋予中国参与国际经济规则重塑的重大机遇,作为"一带一路"倡导国,中国与沿线国家成功开展经济合作的新范式无疑将在未来全球经济规则制定中占有一席之地,有利于掌握规则制定的话语权与主动权。"一带一路"是推动国际规则建设的重要抓手,其核心内容均与国际规则的重塑有关。

"一带一路"倡议秉承共商、共建、共享的原则,以亚洲国家为重点,以构建陆上和海上经济合作走廊为主要形式,以运输通道为纽带,以互联互通为基础,以多元化合作机制为特征,以打造命运共同体为目标,体现了中国建立全球市场机制的长远战略目标。中国引领和主导推动着相关国际规则的制定,这主要体现在以下几方面。

第一,**积极利用现有的多边国际合作机制,体现出对全球性国际规则体系的倚重**。一方面,以对联合国体系倚重和支持为基础推动具体经贸领域的国际规则创新;另一方面,"一带一路"背景下的国际合作模式与此前有着较大的不同,既有的国际规则体系遭受着以西方国家为主导的现实挑战,我们更强调对传统国际规则体系的创新性采用。

第二,**在基础设施建设、金融等中国有一定优势的领域主导筹建新的多边开发机制,致力于国际规则创新**。"一带一路"倡议的国际规则建设在基础设施建设、融资领域不断发展,初步形成具有系统性的国际制度体系;亚投行、金砖国家新开发银行、丝路基金、上海合作组织开发银行等均可作为推动"一带一路"倡议的金融合作机制;加上能源发展基金、中国—东盟投资合作基金、中国—中东欧投资合作基金等的侧翼支持,初步形成了在基础设施建设和融资领域的系统性制度安排。

第三,**在南北国家共同关心的自贸区领域积极探索**。"一带一路"倡议实施以来,中国抓紧与相关国家修订和完善自由贸易协定(FTA)规则,尤其是《中国—东盟自由贸易协定》升级版取得实质性进展,区域全面经济伙伴关系协定(RCEP)谈判深化了区域合作关系。当前,"一带一路"沿线国家之间的贸易安排整体水平较低,构建"一带一路"自由贸易区网络具有重要意义。"一带一路"倡议以经济议题为主,但涉及政治、文化等众多议题,超出了传统FTA的内容,如何推动相关整体性谈判已成各方关注的重要议题。

第四,**加强国内保障机制建设,夯实积极参与国际规则制定的国内基础**。中国通过成立推进"一带一路"建设工作领导小组、设立商务部欧亚司和"一带一路"PPP(政府和社会资本合作)工作机制、推动出台"一带一路"对接方案等,完善了国内保障机制建设。上海、天津、福建、广东等自贸试验区着力制度创新,为积极参与国际规则谈判进行了扎实的理论与实践储备。

上述举措和努力为中国积极参与国际规则制定、把握国际规则制定权奠定了较为坚实的基础。但另一方面,"一带一路"建设没有形成统一的制度化安排,没有统一的常设机构进行管理,涉及的经济规则范围有限,规则标准和执行力较低。当"一带一路"推进到需要加强国际规则建设以保障功能合作的成果时,经济规则低标准和软约束的特征将成为重要障碍。

二 "一带一路"倡议面临的质疑与挑战

关于对中国"一带一路"倡议的质疑,可概括为不同版本的"中国威胁论"。其中,"中国扩张论""中国挑战论"与"中国霸权论"最有市场。有的西方国家将"一带一路"视为中国试图改变秩序规则、获得地区和全球主导权的国家战略,认为中国通过改写国际规则谋求霸权。一些国家将经济问题政治化,认为"一带一路"是中国对外扩张的国家战略,是中国谋求过剩产能倾销、为中国企业寻求新市场新需求的重要载体,是挑衅西方主导的国际秩序的重要手段。有的美国学者将"一带一路"倡议与"马歇尔计划"相提并论,认为二者都是获取世界大国地位的手段与途径。印度则把中国"一带一路"倡议视为战略挑战，认为这是中国将印度洋沿岸国家纳入其势力范围的战略举措，对印度在南亚的霸权地位和印度洋地区安全提供者的地位构成了直接挑战。有的西方人士认为，中国推行"一带一路"意在重构中国为"宗主国"、周边国家为"朝贡国"的现代版朝贡体系，是通过构建地区霸权寻求世界主导地位的跳板。这一说法在日本最有市场。很多西方人士认为中国建设"一带一路"的主要目的是获取相关国家的能源资源、追求利润最大化，而不顾当地的环境保护和民众福利，威胁相关国家的生态安全和社会稳定，是推行"新殖民主义"。

可见，"中国威胁论"有了诸多新说法和新版本，经济威胁、军事威胁、战略威胁等不一而足，而其中**国际规则威胁论最为引人注目**。

三 抓好"一带一路"规则制定权的政策建议

"一带一路"建设与中国的国际规则制定权密切相关。在推进"一带一路"国际规则体系建设的过程中，中国应强调公正合理、包容透明、开放共赢的原则，在规则制定过程中扮演倡议者、引领者的角色，潜在或显在地发挥主动和主导作用，抓好国际规则的制定权和话语权。具体地说：

第一，**提炼和丰富中国国际合作理论，保持理念创新和战略引领**。"一带一路"体现了中国国际合作理论诉求。中国国际合作理论以命运共同体为指向、以共同利益为前提、以共赢为目标、以积极承担大国责任为重要条件。中国一直申明走和平发展道路的坚定意愿，提出欢迎其他国家搭乘中国发展列车的倡议，致力于与世界各国发展友好合作关系，强调合作者的地位平等，并致力于分享发展红利，适当让渡非战略性利益，积极承担大国责任。

关于"一带一路"规则制定权的战略思考

"一带一路"建设是中国提出的推进国际合作、实现互利共赢的重大倡议,以各国政策与规划的对接实现发展的国际协同,以合作路径与方式的创新推进经济全球化,要注重将中国特色的发展理念纳入其中,推动"一带一路"治理体系建设,形成中国特色的"一带一路"话语体系。

第二,**以国际规则协商制定为切入口,妥善应对各种风险,积极进行制度建设,为打造命运共同体而努力**。"一带一路"国际规则的协商制定,以风险应对为起点,以制度建设为路径,以打造命运共同体为目标。我们必须关注一系列显在或潜在的风险,必须未雨绸缪,通过创新合作机制,化解可能出现的风险,夯实合作的基础。探索建立以发展为导向的国际规则体系,是"一带一路"的重要使命。我们不否认发展中国家在"一带一路"的主体地位,但其规则走向却必须基于具有普遍共识,秉持开放包容的品质,加强沟通和协调,照顾彼此利益关切,共商规则,共建机制,共迎挑战。

中国可通过**突破自贸区建设点对点的局限**,构建与"一带一路"沿线国家双边、多边和区域、次区域高标准自贸区网络,有效减少双多边贸易投资壁垒,并由点到线、由线到面扩大利益汇合点,探索制定符合发展中国家利益的经贸合作规则,取得参与全球经贸规则制定的制度权力。

与此同时,以金融规则重塑为突破口,逐步实现"一带一路"域内规则统一。亚投行确立兼顾中国影响力和成员方发言权的投票机制和"协商一致"的谈判方式,其决策规则相比国际货币基金组织(IMF)的美国"一票否决权"规则更显公平性,极大增强了中国在国际金融规则制定中的影响力和话语权。中国应以此为契机,继续**推进亚投行在多边金融治理规则上的创新**,为未来新兴国家参与和发达国家竞争国际金融规则重塑主导权打下基础。

此外，还要致力于**确立适应新兴国家实际需求的争端解决机制**。重点筹建"一带一路"规则争端仲裁机构，确定统一的争端解决机制及规则，为"一带一路"经贸规则的制定和实施保驾护航。

第三，**牢牢把握规则制定的话语权，讲好中国故事，引导对"一带一路"的客观认识与理性支持**。"一带一路"是我国塑造国际话语权的重要平台。讲好中国故事，主动回应国际社会的质疑与挑战，帮助国际社会认识"一带一路"的价值，促使国际社会积极回应"一带一路"的诉求，是中国把握"一带一路"话语权的重要内容，也是中国抓好"一带一路"规则制定权的重要条件。中国不仅要恰如其分地讲好中国故事、合适得体地发出中国声音，有所侧重地阐明"一带一路"倡议的内涵与实质、目标与价值，从互利共生的角度引导沿线各国正确理解"一带一路"倡议的深远意义；积极回应沿线国家对"一带一路"倡议的疑虑，主动澄清国际社会对"一带一路"倡议的误解与误读，强化国际传播过程中的良性互动，压缩国际社会对"一带一路"倡议误读和猜测的空间，破解国际舆论中对"一带一路"倡议的成见、偏见，让沿线国家和国际社会真正能读懂"一带一路"的中国故事、理解"一带一路"的中国方略、接纳"一带一路"的中国方案。

关于"一带一路"的国际话语权，不能只靠中国自身的努力，而要**联合在"一带一路"建设过程中有着重要利益的相关国家去共同争取**，对"一带一路"进行多主体、多维度的表述和阐释，避免过于政治化的解读。中国"一带一路"话语体系的构建，要超越对自身利益的关注，而着眼于沿线国家的利益关切和理念认同，面向21世纪的全球关切，以此为基础制定客观理性的"一带一路"传播方案，全面把握"一带一路"的话语权，积极应对"中国威胁论""中国霸权论""中国扩张论"，着力诠释"中国机遇论""中国贡献论""中国责任论",通过寻求对中国提出的开放、包容、合作、共赢等价值理念的认同,引导对中国方案的正确理解,引导对"一带一路"的深入研究和理性支持。

(同济大学政治与国际关系学院院长　门洪华)

抓住新业态发展机遇
推动"一带一路"持续发展

本文要点："一带一路"倡议提出五年来，取得了丰硕的成果。2018年，"一带一路"建设的方略布局再次被写入了政府工作报告。以跨境电商为代表的新业态，在"一带一路"建设乃至国民经济发展过程中的地位和作用日趋显著。新业态中蕴含的创新驱动力将成为服务"一带一路"倡议的新抓手。要充分抓住新业态发展带来的"弯道超车"机遇，着力支持和打造一批新业态品牌，发挥集团优势和品牌效应，鼓励更多产品和品牌"走出去"，加强对新业态背后技术基础的支持，强化平台的作用，从而更好地发挥新业态对"一带一路"建设的驱动作用。

回顾"一带一路"倡议提出的五年时间,推进"一带一路"建设经历了从顶层设计到政策落地再到多点开花全面落实的阶段演进。随着信息技术、贸易技术、物流技术的进步,"一带一路"的推进将呈现出与时俱进的新面貌,将更加依赖代表先进生产力水平的新动力。

一 "一带一路"建设成果斐然,新业态异军突起

2017年1月18日,中国国家主席习近平应邀造访联合国日内瓦总部,发表了题为《共同构建人类命运共同体》的主旨演讲,系统阐发了全球发展的"中国方案",旨在构建人类命运共同体,实现各国间的共赢共享。习近平主席的演讲顺应和平、发展、合作、共赢的时代潮流,高瞻远瞩地提出构建人类命运共同体的重要思想,为促进世界和平与发展、解决人类社会共同面临的问题贡献了中国智慧和中国方案。2017年5月,首届"一带一路"国际合作高峰论坛在北京成功举办。2017年,新加坡、蒙古国、巴基斯坦等国与我国签署政府间"一带一路"合作谅解备忘录或其他形式合作文件。中国与格鲁吉亚、马尔代夫签订了自由贸易协定,亚投行三次扩容后成员数达到84个,海上合作构想等一系列新合作构想顺利推进。

多个重大项目取得阶段性进展。肯尼亚的"世纪工程",使用中国技术、中国标准、中国装备、中国运营管理的国际干线铁路——蒙内铁路顺利交付使用,标志着"一带一路"在联结全球各国人民发展梦想上取得了标志性成果。被称为巴基斯坦电力建设史上的奇迹的萨希瓦尔电站正式投产,这一迄今为止中巴经济走廊建设中建造速度最快、装机容量最大、技术领先、节能环保的高效清洁燃煤电站将为巴基斯坦人民提供清洁高效的能源保障。全球最大的北极LNG(液化天然气)项目、"一带一路"倡议提

出后实施的首个海外特大型项目中俄亚马尔液化天然气项目于2017年年底实现首条生产线投产。

新业态方面，**跨境电子商务、市场采购贸易等新业态快速增长**。2017年我国进出口总额同比增长14.2%，金砖国家和"一带一路"沿线国家出口实现快速增长。跨境电子商务综合试验区进出口增长一倍以上，市场采购贸易出口增长超过三成。一大批外贸企业持续创新，从供给侧发力，转型升级，不断提升国际竞争力。在第四届世界互联网大会上，中国、老挝、沙特阿拉伯、塞尔维亚、泰国、土耳其、阿联酋等国家相关部门共同发起《"一带一路"数字经济国际合作倡议》，将致力于实现互联互通的"数字丝绸之路"，打造互利共赢的"利益共同体"和共同发展繁荣的"命运共同体"。这标志着**"一带一路"数字经济合作开启了新篇章**。

根据达沃斯论坛2018年的数据，中国对于全球经济增长的贡献值达到近35%，这意味着中国经济已经在事实上承担起对于全球经济发展的引领作用。尤其是随着以阿里巴巴为代表的中国电商对全球电子商务的推进，中国的消费市场正在成为全球中小企业的巨大商机。**以跨境电子商务为代表的新业态在其中发挥了重要作用**。从2015年到2017年，电商平台之一的天猫国际消费人数增长三倍，且购买频次不断上升。这对于目前处于全球化逆潮中的全球贸易无疑是极为重要的增长点。

二 新业态根植于创新土壤，驱动发展作用强劲

以阿里巴巴为代表的跨境电商新业态的领军者，已经成为全球贸易的模式提供者、规则推动者。中国的跨境电商起步较晚，但发展迅速。尤其是党的十八大以来，我国先后在郑州等10个城市开展跨境电商试点工作，并积极推动杭州等13个跨境电子商务

综合试验区建设，面向全球开创了"直购进口、网购保税进口、一般出口、特殊区域出口"四种新型监管模式。2018年2月，首届世界海关跨境电商大会在北京顺利召开，完善了全球第一份跨境电商行业标准《跨境电商标准框架》，并发布了《北京宣言》，确立了世界海关跨境电商大会机制。"中国电商时代"已经到来。

以天猫国际为代表的跨境电商已经在把全世界的需求和供给快速地连接起来，将世界推向一个新贸易时代——轻点键盘之间，消费者和中小微企业就能直接参与到全球供应链发展中。相比于传统贸易中更多地依靠大型跨国企业、垄断企业，以跨境电商为核心推动力的新型全球贸易体系，是一条建立在互联网基础上的"空中贸易通道"，它以中小微企业为主角，通过全球物流要素等链接为全世界消费者提供更为细致、精准、个性化的产品和服务。这对于许多"一带一路"沿线国家的小企业、小商家更是重要的福音。

得益于跨境电商的迅速发展，中国产品迅速走出国门、走向世界，同时，**中国品牌的整体形象在逐步提升**。数据显示，2017年中国的谷歌搜索指数同比增长了6%，品牌力得分提升了5%；中国与国际品牌的搜索指数差距在逐年递减，相比2013年缩小了29%。事实上，几乎所有的全球商界精英都发现了这股支持中国经济增长的"新动力"。正如全球最大传播集团WPP集团的欧洲、中东、非洲及亚洲区首席执行官大卫·罗斯（David Roth）谈及中国品牌的影响力时所说的，在目前的国际舞台上，中国品牌背后的公司正发挥着更加积极的作用。它们逐渐在行业层面掌握话语权，并以多种方式支持发展中国家的经济增长，特别是通过投资基础设施建设。中国出海品牌不仅改变世人对品牌的看法，更让人们对中国品牌有了更加深刻的认识。

中国的跨境电商新业态生长于新时代，服务于新时代。"一带一路"倡议已成为新型全球化进程中，实现全球贸易互通共享最

重要的新通道。中国发起的"一带一路"全球贸易之路,绝不是西方式的单向输出,而是双向共赢的贸易体系,其最终目的是构建全球命运共同体。可以说,没有什么贸易网络比中国的跨境电商更能够体现"两会"报告中提出的"共商、共建、共享"的中国思路。这种"共商、共建、共享"不仅仅意味着国家间的贸易平衡,而且意味着中小企业与大企业在全球化中的平衡。跨境电商的主体更多的是中小企业,产品则可以囊括各种生活和生产资料,甚至服务,通过移动互联网,实现销售的全球化和普惠化。天猫国际目前已经囊括包括美国、德国、法国、英国、意大利、日本、韩国等发达国家在内的68个国家和地区的商品、3700个品类、16400个品牌,其中80%以上都是通过跨境电商的方式进入中国市场。

对于有意加入"一带一路"倡议的国家,**链接中国跨境电商网络,已经成为进入"一带一路"的快捷方式**。2016年,跨境电商阿里巴巴提出了e-WTP(电子世界贸易平台)倡议,立志打造"数字自由贸易区",致力于实现电子商务的全球化和普惠化。一开始,阿里巴巴的布局似乎仅仅局限于中国周边的亚洲国家以及部分欧美国家,然而,2017年9月,墨西哥总统恩里克·培尼亚·涅托造访阿里巴巴集团杭州总部,并见证了双方战略合作协议签署仪式。这标志着远离六大走廊的拉美地区通过中国的电商网络,成功地对接了21世纪海上丝绸之路。

三 鼓励新业态在"一带一路"建设中发挥更大作用

跨境电商这一新业态的跨越式发展,一方面源自于"一带一路"倡议的前期实践,在政策沟通、设施联通、贸易畅通、资金融通与民心相通的五大发展方向之下凝聚的坚实成果,为跨境电商的蓬勃发展提供了现实条件；更为重要的是，这一全新的商业模式，暗含着在全球化进程频频遭遇逆流之下，源自中国受益全球化并反哺全球化的一种新合作模式与新增长理念。这种开创性意义，是跨境电商未来助力"一带一路"持续稳步推进的内生性因素，也是跨境电商有望成为推动"一带一路"市场对接的新动力的根本原因。

人类的历史早已证明，技术的革命最终将改变权力的格局与利益的分配。源自中国的创新力量，正在让今天的全球化呈现出不同于西方中心式全球化的特征。依靠互联网、物联网打破地理隔绝，消解欠发达地区经济地理区位的致命弱势，已经成为解决全球发展不平衡的新方式，电子商务也正在为发展中国家、年轻人和中小企业带来前所未有的发展机会。

正因如此，下阶段"一带一路"建设宜更重视新业态的重要作用。一是要**着力支持和打造一批新业态品牌，发挥集团优势和品牌效应**。如在平台建设上取得一定成果的阿里巴巴和天猫国际，在技术建设上布局广阔的阿里云计算等，形成一批有规模有特色有话语权的国际符号。

二是**鼓励更多产品和品牌"走出去"**。如电子消费、网络游戏、手机游戏、中国快时尚、家电、互联网服务等产业中的特色产业和特色品牌，改变劳动密集型产品等于中国产品的陈规陋见。

三是**加强对新业态背后技术基础的支持**。如鼓励中国企业在云计算、大数据、物联网等底层技术领域提前布局，主动研发，打造更多阿里云这样能够布局多国、技术领先的新业态企业。

四是要**强化平台作用**。以跨境电商为依托，开展线上与线下国际电商人才培训，建立夏令营、商学院、线上企业家联盟等机制，梳理人脉、发展对华友好力量。

（国际关系学院教授　储殷）

中欧班列的突出问题与发展抓手

本文要点：中欧班列是"一带一路"建设的重要抓手。经过近几年的发展，中欧班列已经从分散探索阶段向优化结构阶段转型。中欧班列在过去的发展过程中存在的突出问题主要包括：基本功能错位、市场定位不清、协调机制低效、境外设施落后等。这四方面问题是阻碍中欧班列发展的根本性问题，在一定程度上导致了众多其他问题。为克服中欧班列面临的上述障碍，国内相关部门可结合现实情况，从强化协调机制、优化线路结构、对接产能合作、参与基建合作等方面入手，从完善中欧班列的布局、结构和机制的角度去推动中欧班列的稳健发展。

中欧班列的突出问题与发展抓手

中欧班列作为中欧货物运输新方式，其出现的标志是 2011 年 3 月 19 日"渝新欧"集装箱货运班列的开通。截至 2017 年，中欧班列共开行 6637 列；其中，仅 2017 年一年，中欧班列就开行 3673 列，安排运行线 57 条，国内开行城市 38 个，连接欧洲 13 个国家的 36 个城市（参见图 1）。截至 2018 年 4 月，国内除北京、西藏、海南，以及港澳台地区外，其他所有省、自治区和直辖市都已开行中欧班列。客观地看，中欧班列的积极探索和快速发展对"一带一路"建设具有重要意义，但发展过程中也显现出一些问题，如得不到及时解决，很可能会阻碍"一带一路"的进一步发展。

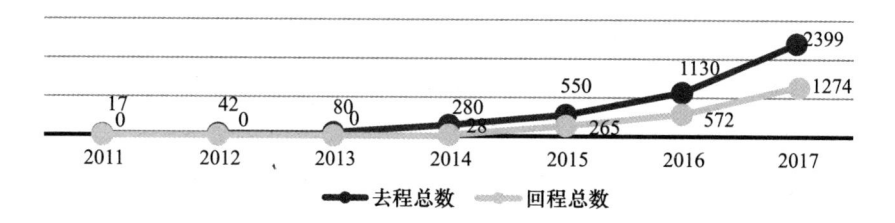

图 1 中欧班列开行总数（2011—2017 年）
资料来源：作者根据中铁集装箱公司的数据制作。

一 中欧班列的突出问题

关于中欧班列发展过程中存在的问题，学界和舆论界的讨论多集中在财政补贴、回程货源、线路竞争等方面，认为补贴过多或过少且发放不及时，回程货少、回程班列少，各线路为抢货源进行恶性竞争等是阻碍和损害中欧班列发展的重要问题。实际上，此类问题的确涉及了中欧班列发展中不尽如人意之处，但并未真正触及中欧班列发展遇到的问题的实质和痛点。简单来看，中欧班列发展过程中存在的突出问题可分为四点。

(一) 中欧班列基本功能存在错位

基本功能错位是指不同的**地方政府在推动中欧班列发展时出发点偏离了其基本功能**。铁路运输作为中欧之间的货运方式在中欧班列开通之前就已存在,中欧班列与此前的铁路运输相比,差异主要在于"五定"。实际上,各地方政府开通和运营中欧班列看中的是班列延伸功能,而非货运这一基本功能。在早期,部分地方政府将中欧班列作为突破地理区位限制,改善经济发展环境,主要是招商引资环境的重要手段;后来,很多地方政府把中欧班列当作对接"一带一路"倡议的重要抓手;再后来,部分地方政府将中欧班列作为在国家规划中抢夺先机的手段,希望由此获得中央政府的政策倾斜。这些意图使得部分地方政府忽略货物运输这一基本功能的问题而提出脱离实际的发展目标。当然,地方政府看中班列的延伸功能其实存在合理的地方,因为中欧班列的确能从多方位影响地方发展;但是,不少地方政府脱离本地实际,盲目追求班列数量扩张这种"重形式、轻实质"的做法,不仅挤占和浪费了地方本就有限的发展资源,而且可能会损害"一带一路"建设大局。实际上,部分省份由于缺乏充足本地货源,只能采取低价方式争夺外省货源,已经影响和干扰了中欧班列市场的健康发展。

(二) 中欧班列存在市场定位不清的问题

市场定位不清是指**中欧班列在运营过程中没有确定应服务的细分目标市场**。铁路运输是中欧之间货物运输的重要方式之一,它与海运、空运和公路运输共同组成了中欧货物运输体系。通常情况下,铁、海、空等是依据各自优势、缺点确定合适的运输服务对象。附加值低、规模大、时间要求低的商品通常采取海运方式;附加值高、规模小、时间要求高的商品通常采取空运方式。铁路运输与海运相比的优势是速度快,缺点是运输规模小、价格高;与空运相比的优势是运输规模大、价格低,缺点是速度慢。

因此，中欧班列所服务的细分目标市场应是具有较高附加值但不足以支持空运、具有一定时间要求但不需要空运，且具有一定规模的商品。然而，中欧班列在过去几年的发展过程中并未根据成本、时间等因素确定细分目标市场，而是为了维持或增加车次不加选择地运输所有技术上可行的货物，比如，附加值较低的服装、鞋帽以及各种小商品，这拉低了中欧班列的运营质量，形成了中欧班列虚假繁荣的"泡沫"。

（三）中欧班列存在协调机制低效的问题

中欧班列运营直接涉及地方政府、线路平台公司、境内承运公司三类国内主体。其中，地方政府主要是为班列开行提供政策、财政等支持；线路平台公司在地方政府支持下从境内外承运公司购买运输服务，并将之提供给货运市场，虽然线路公司均以企业形式出现，但实质上是地方政府运营本地班列线路的基本平台；国内承运商具体是指中铁公司及其下属公司，它不参与班列运营，主要功能是向线路平台公司出售铁路运输服务。对于中欧班列的业务，各国内主体的基本看法、政策倾向存在很大差异，地方政府和线路平台主要从地方利益角度考虑中欧班列，希望主导本线路运营，并在与其他线路的竞争中占据优势；中铁公司作为央企，则主要从铁路运输业务的角度来考虑中欧班列，希望统一管理班列业务。面对这种差异以及由此带来的后果，**现有的协调机制功效有限**。起初，中铁公司与各主要线路平台公司共同制定了暂行的中欧班列管理办法、集结办法等；后来，它们又一起成立了中欧班列国内运输协调委员会等机制。在这个过程中，中铁公司发言权和影响力在增大，但它既不愿意也无能力像地方政府那样给班列提供各项资源，故班列各线路仍按照地方意愿开展具体运营。国家层面建立专题协调机制是中欧班列机制建设的最新进展，但该机制目前在解决相关地方利益与行业利益、政治利益和经济利益之间的冲突过程中发挥的作用有限，以至于线路之间的恶性竞争、线路平台公司与中铁总公司的价格斗争仍在持续。

（四）中欧班列境外设施落后

中欧班列沿线的蒙古国、哈萨克斯坦、俄罗斯、乌克兰、白俄罗斯、波兰等国家不同程度地存在运输基础设施落后的情况。这些国家或者是由于铁路老化、失修等使得班列运行速度低，或者是由于列车车辆不足、换装设备少、线路铺画少等导致班列运力比较低。实际上，不管基础设施落后问题出现在哪个沿线国家，它导致的结果就是中欧班列运行效率大打折扣。从2016年开始，我国最早通行中欧班列的阿拉山口口岸基本实现满负荷运转，于是，经由满洲里、二连浩特、霍尔果斯等口岸出入境的班列量开始大幅增加。与此同时，国内各口岸也在不断加强软硬件建设，目的是满足近几年班列快速增长的过境需要。然而，自2017年开始，中欧班列境外段基础设施落后及配套能力不足问题对班列发展的制约日益明显。一方面，与我国阿拉山口、满洲里、二连浩特等边境口岸对应的俄罗斯、蒙古国和哈萨克斯坦三国边境口岸的换装、仓储能力不足，以及俄铁、哈铁等境外承运商不能调配充足的车辆等基础设施瓶颈导致境外每天接车数量有限，大量班列只能沿出境线路暂停在国内不同路段，形成国内堵车；另一方面，波兰作为班列进入欧盟市场的第一站，它的换装、仓储能力有限，不能将班列从宽轨段快速转至标轨段，导致境外堵车，并进一步限制了国内班列的发车。尽管境外段已开展基础设施改善工作，但仍然不能满足班列快速发展的需要。因此，**境外段基础设施配套不足在近两年对中欧班列发展的制约问题日渐明显**。

总之，中欧班列发展面临的根本问题目前主要包括基本功能错位、市场定位不清、协调机制低效和境外基础设施落后四个方面，被外部广泛讨论的低价竞争、补贴依赖、线路重复、运行拥挤等主要由上述根本问题衍生而来，是上述根本问题在现实中的具体表象。

二　中欧班列的发展抓手

实事求是地讲，中欧班列在发展过程中遇到的主要问题，并非全部源自中欧班列自身，要把克服中欧班列发展瓶颈与我国全面深化改革的时代大背景相联系，才能为中欧班列发展提供全景式思考。从中欧班列自身角度来看，当前要推动中欧班列发展具有以下四个抓手。

（一）强化协调机制

以"一带一路"推进框架内的专题协调机制为核心，协调地方政府之间、地方与中央之间、地方平台公司与中铁公司之间在中欧班列问题上的矛盾。其重点是，引导地方政府将关注焦点放在中欧班列的基础功能——运输上，推动地方平台公司依据各地实际条件明确所服务的细分目标市场，促使中铁公司从整体发展而不仅仅是利润角度考虑班列运输。同时，协调过程中还应强调，中欧班列需放弃单纯追求规模扩张的发展道路，而着重根据成本、时间、体量等要素挑选出适合铁路运输的货物，并安全、高效地完成运输。毕竟，中欧班列作为一种补充方式，它的最终目标不是要将由海运输往欧洲的货物全部改由铁路运输。

（二）优化线路结构

优化线路结构包括国内和国外两部分。在国内，**通过线路撤销、合并等方式优化中欧班列结构是当务之急**。开通中欧班列的国内地方省市至少应满足货源充足和交通便利这两项条件。如果某地区经济依赖对欧商品出口，那么就意味着该地区具有中欧班列的潜在细分市场；如果某地区属于国内交通枢纽，那么就意味着该地区可以依赖来自其他地区的货物达到规模效应。目前不满足上述两项条件的国内部分班列线路，就属于需要优化的对象。合理的中欧班列布局应是围绕中西部地区的交通枢纽打造中欧班列的货物集结中心，形成东中部出口基地 + 中西部集结中心的模式；对于存在恶性竞争的部分相邻线路，可对其进行合并。在国外，针对目前中欧班列主要经波兰进入欧盟市场而导致波兰口岸线路拥堵和较高运价的问题，**可以考虑开通途经斯洛伐克、匈牙利、罗马尼亚等国的中南部通道**，从而降低对波兰线路的过度依赖。

（三）对接产能合作

中欧班列的长期发展前景依赖于其运输基本功能的强化。作为一种货运方式，中欧班列当前主要运输中欧之间的贸易商品，而且以中国与欧盟国家之间的最终消费品和半成品贸易为主。随着"一带一路"建设的推进，中欧班列还可以尝试将其运输服务对象向中国与沿线国家的科技园、产业园等扩展，成为中国与沿线国家产业园区对接的依托，进而推动"一带一路"沿线国家的产能合作。与欧盟地区相比，受到地理位置约束而不能便捷使用海运的中国和亚欧大陆腹地更适合使用铁路运输，因此，中国与这些地区的产能合作可以成为中欧班列的潜在目标市场，中欧班列也能成为"一带一路"沿线价值链条不同环节之间货物流通的经济高效方式。当前，中欧班列与"一带一路"产能合作可能的对接点是以中哈、中白等产业园合作为试点，总结利用中欧班列培育和加强产业链的合理方式，从而将中欧班列的中长期重心拓展到服务于中国与"一带一路"沿线国家地区的产能合作。

（四）参与基建合作

参与中欧班列相关的基建合作是解决中欧班列发展瓶颈、推动中欧班列发展的关键步骤。如前所述，中欧班列部分沿线国家相关铁路基础设施落后直接制约着班列发展。简单地看，中国可借助产业基金、亚投行等平台参与到沿线国家的线路改造、口岸扩建和完善、硬件供应等方面。此前，中国曾向白俄罗斯提供电气化火车头，有效地解决了白俄罗斯相关路段车头动力不足带来的运行低效问题。当前，中国应把推动俄罗斯、哈萨克斯坦、白俄罗斯、乌克兰、波兰等边境口岸的基础设施建设当作推动中欧班列发展的优先举措，特别是换装设备的更新和增补、仓储堆场的新修和扩建等能够有效缓解当前中欧班列面临的境内外堵车问题的举措，提升班列运行效率。

总之，中欧班列在过去几年的发展过程中取得了引人瞩目的成绩，但是，它也面临着相对突出的问题，其中，基本功能错位、市场定位不清、协调机制缺乏和境外设施落后是根本性问题。当然，本文提出的四项措施主要是推动中欧班列发展目前就可以利用的抓手。

（复旦大学国际问题研究院副教授　马斌）

"一带一路"综合自然灾害风险评估：
重要意义、风险排名、政策建议

本文要点： "一带一路"建设事关我国长远发展战略，但沿线国家和地区基本都面临着严峻的自然灾害风险挑战。各界对此尚未形成全面、科学、系统的认识。本文通过综合自然灾害风险评估，对"一带一路"沿线的 61 个国家和地区进行了综合灾害风险排名，发现"一带一路"沿线国家和地区的综合自然灾害死亡人口、影响人口、GDP 损失率年期望明显高于全球。建议对"一带一路"沿线国家和地区自然灾害状况开展全面的摸底调查，系统开展自然灾害风险评估；规划和建设"一带一路"沿线地区重大自然灾害监测系统和预警体系，统一和集成现有各国的灾害治理技术、标准和规范；大力提升沿线国家和地区防灾减灾综合能力；同时，加强沟通，在互相尊重的条件下开展恰当的防灾减灾互助。

"一带一路"综合自然灾害风险评估：重要意义、风险排名、政策建议

"一带一路"倡议聚焦国内、国外两个大局，涵盖沿线亚非欧100多个国家、地区以及国际组织，承载着实现中华民族伟大复兴中国梦和构建"人类命运共同体"的重要期望。自然灾害是影响和制约区域可持续发展的重要因素。开展"一带一路"建设，必须对沿线国家和地区的自然灾害情况有一清晰认识。本文结合"一带一路"沿线国家和地区的自然灾害历史灾情，评估了沿线主要国家和地区的自然灾害风险状况，并进一步提出了政策建议。

一 "一带一路"灾害风险评估的现实需求和重要意义

第一，"一带一路"灾害风险评估是国家战略需要。"一带一路"倡议作为中国率先提出的宏大发展构想，在总体框架之下各方面都还需要进一步深入研究和细化。其中，目前对沿线国家自然灾害风险的关注还很不够，没有形成全面科学系统的认识，对沿线国家和地区的自然灾害情况还很不了解，不利于防灾减灾工作的开展。党中央、国务院对自然灾害防御十分重视，近年来多次就相关方面做出重要部署。防范自然灾害风险是构建"一带一路"安全保障的重要内容，对"一带一路"建设意义重大。此外，针对国内严重自然灾害，党中央、国务院于2016年12月先后下发了《关于推进防灾减灾救灾体制机制改革的意见》和《国家综合防灾减灾规划（2016—2020年）》，要求推动综合减灾，全面提升防灾减灾救灾综合能力。显然，深入学习习近平总书记讲话和党中央、国务院文件精神，对"一带一路"沿线国家和地区的综合自然灾害风险进行综合研究和评价具有十分重要的意义。

第二，"一带一路"建设应重视自然灾害风险。"一带一路"建设贯穿亚、欧、非三大洲，沿线不同国家和地区的自然环境差异很大，跨越高寒、高陡、高地震烈度区及太平洋和印度洋季风

区，孕灾环境脆弱、灾害影响因素多样、成灾机制复杂。"一带一路"建设涉及大量基础设施和交通、通信、能源等重大工程项目，初步估算仅基础设施建设领域的投资需求就高达8万亿美元，未来10年中国在"一带一路"地区的投资总额预计高达1.6万亿美元。大量的境外投资与交通、通信、能源等重大工程将受自然灾害严重影响，面临巨大的灾害风险，严重威胁域内国家社会经济发展和我国境外投资安全。据EM-DAT灾害数据库记录，1990—2010年全球发生7200余次自然灾害，而"一带一路"地区就发生了3003次，其中有2333次与气象相关，造成了严重的人员伤亡和损失。因此，科学认识"一带一路"沿线国家和地区自然灾害风险，科学防范自然灾害，是保障我国境外投资与建设工程安全的必然要求。

第三，**防灾减灾是"一带一路"民心相通的重要切入点**。"一带一路"沿线大多数国家和地区社会政治环境复杂、经济发展相对滞后，综合抵御自然灾害的能力比较弱，频繁发生的自然灾害事件成为社会经济发展缓慢、民生艰难，甚至政局不稳的重要原因。防灾减灾救灾是沿线国家共同面对的重大民生问题，是各国间的"最大公约数"之一，也是各国取得共识的重要基础之一。科学防灾减灾救灾，既可保障我国境外投资与工程的安全，又可促进沿线国家和地区可持续发展，赢得沿线国家民心，是"一带一路"民心相通的重要切入点。

二 "一带一路"建设综合自然灾害风险预估及意义

为提高对"一带一路"沿线国家和地区综合自然灾害风险评估的全面性和科学性，本文首先依据地震、滑坡、火山、洪水、风暴潮、台风、沙尘暴、干旱、热害、冷害、野火这11种自然灾

"一带一路"综合自然灾害风险评估：重要意义、风险排名、政策建议

害灾种的致灾因子强度，建立了年期望综合致灾因子强度指数，利用该指数表达各致灾因子的危险度。其次，为了定量评价沿线国家和地区的自然灾害风险，本文建立了基于自然因素（致灾因子强度指数）及人文因素（灾害应对能力）的综合自然灾害脆弱性模型，特别关注了沿线国家地区因自然灾害死亡人口、GDP损失两大影响因素，实现了对致灾强度和抗灾能力的综合考虑，使灾害风险评估的模型和结论更具科学性。

根据上述评估模型的思路，本文对"一带一路"沿线的61个国家和地区的综合灾害风险进行了评估和排名，基本结论如下。

第一，**评估结果表明"一带一路"沿线地区是全球自然灾害高风险区**。基于上述致灾因子强度和脆弱性模型得到"一带一路"沿线的死亡人口率、影响人口率及GDP损失率。结果表明，"一带一路"沿线覆盖了全球强震频发的地震带、多种地表灾害的高发区，相关风险指标明显高于全球平均风险；"一带一路"沿线区域包括地震、滑坡、火山、洪水、风暴潮、台风、沙尘暴、干旱、热害、冷害、野火这11种自然灾害在内的综合自然灾害死亡人口、影响人口、GDP损失率年期望明显高于全球；台风、洪水、风暴潮、沙尘暴、干旱、热害、冷害、野火等综合气象灾害年期望也明显高于全球。

第二，**中国及周边国家和地区综合自然灾害风险水平在"一带一路"区域中排名靠前**。"一带一路"沿线国家和地区的综合自然灾害风险排名涉及的61个国家和地区中，中国综合自然灾害年期望死亡人口率暂居第15位（3.27人/百万人·年），中国周边的菲律宾（25.02人/百万人·年）、孟加拉国（22.81人/百万人·年）、越南（15.73人/百万人·年）分别排在前三位。中国综合自然灾害年期望受影响人口率暂居第10位（1378人/10万人·年），中国周边的菲律宾（6079人/10万人·年）、孟加拉国（5430人/10万人·年）、越南（3615人/10万人·年）排在前三

位。中国综合自然灾害年期望 GDP 损失率暂居第 20 位（1.01%/年），中国周边的老挝（2.45%/年）、缅甸（2.34%/年）、吉尔吉斯斯坦（1.96%/年）排在前三位。

第三，**严峻的自然灾害风险将对"一带一路"区域内未来重大工程建设安全产生重大影响**。"一带一路"沿线山地灾害类型多样，沿线山系年轻，降雨丰沛和有冰雪消融，地形落差大和坡度陡，是山地灾害集中区和高风险区。气候变化背景下，极端天气气候事件频度和强度趋于增加，升温导致的冰雪消融会增大滑坡、泥石流和冰湖溃决风险；加之强地震趋于活跃，集中高强度激发山地灾害的概率增大；此外，大规模工程建设也很可能会改变当地原有孕灾环境并诱发灾害。"一带一路"北部地区寒冷气候造成的地基土层反复冻融变形过程，对高速铁（公）路的施工、运营危害严重。中亚地区由于气候干旱和土壤荒漠化，面临广泛分布的盐碱土、砾石戈壁、沙漠、流动沙丘等地质灾害，高铁和油气管线建设也面临强风、强降雨、大温差等气候灾害。对水电工程而言，气候恶劣、昼夜温差大、冻融交替循环，且饱受崩塌、滑坡、泥石流等地质灾害的影响，给水电工程的建设带来巨大的困难。如果不进行有效防范，在多种因素的共同作用下，未来"一带一路"沿线的自然灾害风险，特别是重大工程自然灾害风险的提升将会是大概率事件。

三 "一带一路"沿线综合自然灾害风险防范相关思考与建议

针对"一带一路"沿线国家和地区可能存在的自然灾害风险，中国在大力推进沿线国家重要发展规划、重大工程建设过程中，需要及时调整自然灾害风险防范对策。具体包括以下六个方面。

一是对沿线国家和地区自然灾害状况开展全面的摸底调查。

建立"一带一路"沿线国家和地区的孕灾背景和灾害数据库,建设信息共享服务的重大自然灾害风险数据库和服务平台,为大规模的经济建设和基础设施建设提供科学可靠的数据和信息。

二是**系统开展沿线国家和地区自然灾害风险评估**。在充分掌握"一带一路"沿线国家和地区自然灾害孕灾背景、分布规律等要素的基础上,对现有和即将进行的重大规划和建设工程开展全面的灾害风险评估。开展跨越国界的防灾减灾基础研究工作,通过基础物理模型、模式的建立,以及地球内外动力过程演化与重大自然灾害发生演化过程的研究,探索"一带一路"区域重大自然灾害孕育发生机制,完善重大自然灾害综合防范的技术系统。

三是**系统规划和建设"一带一路"沿线地区重大自然灾害监测系统,合理布局监测预警体系**。统一规划并加强沿线各国的监测预警能力,完善和拓展我国境内的观测能力和物理建模能力,建立若干监测技术及其数据分析建模人才培训基地,提高区域性监测系统的可靠性和稳定性,提升"一带一路"沿线地区数据共享的能力。

四是**统一和集成现有各国的灾害治理技术、标准和规范**。"一带一路"沿线受自然灾害威胁的区域面积广阔,灾害点比较分散,亟须发展空—天—地立体、全天候的监测预警方法。建议通过系统的防灾减灾关键技术转移和示范项目建设带动,将我国成熟的防灾减灾技术移植、推广到"一带一路"沿线国家,既保障"一带一路"工程建设安全,也提升我国国际地位和影响力。

五是**大力提升沿线地区防灾减灾综合能力**。"一带一路"沿线大多数国家面临共同的区域自然灾害风险。尤其是在发生跨国巨灾时,以一国之力难以处置。因此,亟须在风险管理、治理方面建立多国综合防灾减灾的协调和信息共享机制,通过各国间的互相借鉴,提升沿线国家综合防灾减灾能力。比如,定期组织开展沿线国家综合防灾减灾培训和区域性灾害风险治理会议,定期开展跨国救灾演练，及时制定适合本区域的综合防灾减灾救灾预案，开发巨灾保险、灾害基金等。

六是**加强沟通，在互相尊重的条件下开展恰当的防灾减灾互助**。防灾减灾国际合作的特殊性在于，在特定情况下可能需要军事资源参与救援。这种特殊性增加了许多国家参与防灾减灾国际合作的顾虑。推进"一带一路"沿线防灾减灾国际合作，还需要进一步增强各国之间的政治互信，尊重沿线不同国家和地区的社会、经济、文化、宗教信仰，强调防灾减灾的人道主义救援民事性质，规范各国在合作过程中遵守国际法，在尊重受灾国意愿的基础上开展各项工作。通过防灾减灾上的沟通互助，促进沿线国家和地区间的人文交流，实现"一带一路"人心相通。

（清华大学公共管理学院　孔锋
中国气象局发展研究中心　吕丽莉）

加快建设粤港澳大湾区推动全面开放的新局面

本文要点：粤港澳大湾区是指由广州、深圳、珠海、佛山等广东九市和香港、澳门两个特别行政区形成的城市群。世界上目前已有三大经济发展得比较成功的大湾区，分别是纽约湾区、旧金山湾区以及日本的东京—横滨湾区城市群。美日这三大湾区都是通过发展大湾区经济来实现其产业集聚的。与这三大湾区城市群相比，粤港澳地区发展成大湾区条件相对比较成熟，但也存在经贸制度不统一、要素自由流动程度低、区域内协调合作机制不强等现实挑战。对此，我们宜从顶层规划设计、培植各城核心竞争力和加强区内要素自由流动三个方面采取相关措施，进而促进粤港澳大湾区建设，这对于现阶段推动我国全面开放新格局的发展具有十分重要的意义。

一 大力发展粤港澳大湾区时不我待

仔细研究一下目前作为世界最大经济体（美国）和第三大经济体（日本）的经济发展历程，我们不难发现，城市群的协同发展和产业集聚都是美日经济发展的共有特征。这个特征对美日的三大湾区经济更为明显，都是通过发展大湾区经济，实现产业集聚，达到市场规模经济递增，减低企业个体固定成本，实现区内优势互补。

（一）美国的两个大湾区经济。 纽约大湾区城市化水平达到九成以上，人口占美国总人口的两成以上，制造业产值占美国总制造业产值的三成左右。纽约大湾区不仅国际贸易发达，其核心城市纽约更是世界最大的六大金融中心之一。旧金山大湾区则是全球最重要的高科技研发中心硅谷所在地，区内聚集了斯坦福、伯克利等国际一流名校。可以说，纽约大湾区与旧金山大湾区是拉动美国经济发展的两大"火车头"，其重要地位不言而喻。

（二）日本的东京大湾区。 东京大湾区是东京、横滨两大超级港口城市连在一起，以东京市区为中心，半径达80公里，人口占全国人口的1/3以上，城市化水平同样达到九成以上，经济总量更是占到日本的一半。事实上，美日三大湾区经济的发展都是城市化、工业化、信息化"三化"并进的过程，三者是相辅相成的。

发展新时代下的中国经济，自然也离不开城镇化、工业化和信息化。目前**中国经济已初步呈现五大城市群**：京津冀城市群、长江中游城市群、成渝城市群、长三角城市群和粤港澳大湾区。而发展五大城市群，做好产业集群则是城镇化发展的核心所在。中国的五大城市群，虽说只占了全国面积的一成，但占有大约四成的人口、六成的国内生产总值（GDP），聚集了七成的高校，而且长三角城市群和粤港澳大湾区是我国经济开放度最高的两个地区。抓住了五大城市群的发展，就抓住了城镇化的"牛鼻子"。我国五大城市群经济的发展是推动中国经济发展、促成全面开放经济新格局的重要内容。

发展五大城市群，**宜优先发展粤港澳大湾区经济**。五大城市群中，粤港澳大湾区内的发展也是相对最充分最平衡的。仔细评点一下五大城市群，不难发现：京津冀城市群，目前实际上是被分成北京和天津两大超大城市，京津之间的河北三县、廊坊发展还比较落后。雄安新区自是千年大计，但目前还处于规划论证阶段。长江中游城市群其实目前只有武汉、长沙、南昌三个孤立的大城市。成渝城市群中的成都和重庆尚未连成一片。

真正可以跟粤港澳大湾区媲美的是长三角城市群，论经济发展、地区联动、发展潜力都是跟粤港澳大湾区不分伯仲的。但细看之下，其实大湾区九市还是有长三角所不具备的优势，那就是毗邻港澳地区。香港地区成熟的市场经济和国际金融中心地位，不仅可以给大湾区九市带来大市场的规模效应，还可以利用其先进的市场经济运作与管理，给大湾区九市的进一步发展提供借鉴。从这个角度看，粤港澳大湾区的确在五大城市群中具有独特的地位，其未来发展不可小觑。

二 发展大湾区城市群的挑战

不过，应该看到，粤港澳大湾区要建设成为世界级城市群，还面临着不少现实的挑战。这些挑战至少有以下三方面。

第一，**经贸制度的挑战**。美日的三大湾区城市群内部的各个城市经济发展程度都非常接近，经济制度更是完全一致。但中国的粤港澳大湾区目前内部存在三个相互独立的关税区：广东九市、香港地区和澳门地区。这一点不仅远远落后于美日的三大湾区，就是从更广义的世界经济一体化区域比较来看，也是大为逊色的。比如与欧元区的合作水平相比较，欧元区作为全球最大的关税同盟，内部之间免关税，对外也是统一征收相同关税，而中国的粤港澳大湾区不具备这方面条件。

第二，**要素自由流动的挑战**。目前各种要素自由流动程度较低，这里的要素主要包括人员和资本。首先是人员的流动，内地和港澳地区并未做到真正的人员自由流动。内地居民不要说到港澳工作就业，就是旅游度假，也需要办理一定手续。深圳居民原来可以自由出入香港地区，但由于两年前的奶粉购物事件，目前此便利措施也被限制。内地九市人员的流动，因为有户口的限制，各地区居民或外来居民短期打工可以，长期落户定居却困难。

其次，资本的自由流动也是一个挑战。港澳地区居民投资内地，原来可享受"超国民待遇"而实行"免二减三"，即前两年免征所得税，再下来三年减半征收。但由于民企在买地、贷款方面比国企要付出更高的成本，事实上就形成了外资、国企、民企的阶梯式差别待遇，而粤港澳大湾区企业多以民企为主，这就形成了外资和民企倒挂的现象。又因为目前内地各种税费较高，哪怕"免二减三"之后，所得税水平相对于港澳企业也没太大吸引力，这又是另一弊端。

第三，**区域内协调合作机制不强**。目前发展粤港澳大湾区，九市二区各有各的"小算盘"，在产业发展、交通规划、资源共享、生态保护上并没有很好协调发展。各地为拉升本地经济，都比较重视短期利益，有些时候也不排除出现画地为牢、以邻为壑的现象。在基础设施建设方面，交通枢纽功能不明显，我国的粤港澳大湾区东西岸之间的连接比较薄弱，跨界交通衔接不够通畅，这相对于美日三大湾区的交通便利水平还有一定距离。

三 发展好大湾区城市群的三个要点

要解决粤港澳大湾区的发展瓶颈,关键要做好以下三件事。

第一,**大湾区建设重在顶层合理规划设计**。粤港澳大湾区的建设,重中之重在于有科学合理的顶层设计、统筹规划。未来成功的粤港澳大湾区,不应停留在过去常提的"前店后厂"模式,即把香港地区和深圳作为产品销售地,而广州、东莞作为商品制造地。如果这样,就无法做到城市之间城镇化和工业化之间相互融合、相辅相成。广州和东莞的劳工成本已比较高,蓝领工人平均月工资达三四千元。一个可能的方法是制造业特别是劳动力密集型产业应继续向粤北的清远、韶关迁移,或者是向粤东的惠州、揭阳转移。

要做到这一点,政策的顶层规划就显得非常重要了。其一,**香港地区**。作为目前全球最成功的自由贸易港和全球六大金融中心之一,其比较优势非常明显。政府自**不必制定过多的政策**,"看不见的手"调节市场在该地区已经做得很成功了。

其二,**深圳**。深圳前海自贸试验区下一步该怎么走?一种选择是萧规曹随,原来怎么样,现在还怎么样;另外一种思路是**升级发展成开放度更大的自由贸易港**。事实上,深圳作为全国最成功的研发中心,又毗邻香港地区,在贸易、金融、服务、投资各方面,无疑是全国开放度最高的城市之一,也是市场经济培养发展最健康的城市之一,完全具有条件建成全国最早的自由贸易港之一。

其三,**广州**。一种可能的方案是把目前的广州港,比如说黄埔港,考虑**升级为自由贸易港**。这种设计的好处是穗、深、港三地的发展能呈鼎立之势,互为犄角、互为依托。

其四,**东莞和惠州**。国家目前已允许东莞**探索开放经济新体**

制,这两年以来,允许"八仙过海,各显神通"。虽说试点工作已接近收尾,但改革永远只有"进行时"。而东莞、惠州两地产业结构比较接近,东莞这两年所积累的成功经验,其实很大程度可以在惠州推广和复制。

第二,**宜强调地区异质性,培植各城核心竞争力**。发展粤港澳大湾区,"存同"固然重要,但贵在"求异"。未来发展应突出地区产业差异性,强调培植九大城市之间的核心竞争力。可能跟日本东京—横滨、大阪—神户—名古屋的发展不同,应避免横向、无差异性的"摊大饼",而考虑垂直、纵向发展,在各地现有比较优势产业的基础上,因地制宜,培植发展各地的核心竞争产业,避免无序竞争和可能的重复建设。

具体而言,应继续发挥香港地区金融、物流、会计、离岸贸易的优势,让其在制度设计、管理运作方面作为湾区九个内地城市的窗口。而对于东莞、惠州,则重在加工贸易的"腾笼换鸟"和转型升级。深圳则应努力培植成全国乃至亚洲最先进的科技创新中心。正如今天的美国硅谷,之所以比原来的底特律汽车城有活力,不在于具体产业的异同,而在于硅谷是全球创新的中心,其经济地位无可取代。

需要指出的是,粤港澳大湾区的发展,应避免"亮了东岸,暗了西岸"这种态势。位于珠江西岸的佛山、珠海、中山、江门四市宜抓住时机大力发展白色家电及其他高端制造业。而广州,作为广东省省会,则应在贸易和文化发展方面多下功夫。肇庆地处大湾区最内陆,旅游资源丰富,"绿水青山就是金山银山",可以继续大力发展旅游业,并打造成先进的农业基地,成为大湾区的后花园。

当然,要做到这点,当务之急就是**加强大湾区东西岸之间的交通设施的连接**,做到跨界交通衔接通畅。不过,发展大湾区经济,看得见的基础设施建设固然是应有之义,但更**应注意信息化建设**。要尽快完善"看不见"的信息高速公路建设,真正实现

《中国制造2025》提到的工业化和信息化的高度融合。

第三，**自由的要素流动是大湾区建设成败的关键**。要想把粤港澳大湾区发展成有类似"自由贸易区""关税同盟"等具有世界影响力的高端贸易体系安排，政策的另一关键是打通条块限制，允许各种要素区内自由流动。目前，粤港澳大湾区已经基本实现了产品市场的自由流动，但接下来的改革攻坚之处应在于允许各种生产要素的自由流动。

其一，**人才的自由流动**。目前，港澳两地人才到内地工作，手续相对以前是便利不少，但生活方面，比如小孩上学等具体问题，还待进一步落实。反过来，区内居民到港澳旅游工作仍很不方便。未来的发展应该考虑给大湾区内地居民到港澳发展"开绿灯"，比如可以考虑实施更便利的签注政策。

其二，**在资本流动方面，可以考虑给大湾区的区内企业贸易和投资提供更大便利**。如在符合国家规定的前提下，可以给区内企业更多外汇留存，在具体制定安排上更加灵活方便。

其三，**在贸易方面，应进一步提供贸易便利化**。努力提供"一站式""零跑腿"服务，边检、海关等各职能部门应该进一步做到数据共享，避免各自为政，重复建设。

其四，**在引进外资方面，全面实施负面清单管理模式和准入前国民待遇**。在制定"国民待遇"相关具体规定方面，如境内对不同企业类型，目前政策有所差异的，则门槛宜对低不对高。

总之，把粤港澳大湾区打造成经贸高度一体化区域，是推动目前中国工业化、城镇化、信息化"三化融合"的重头戏，也是全面深化改革的重要抓手。统筹规划、合理设计粤港澳大湾区，可以说是一项关系到能否顺利构建全面开放新格局的关键举措。

（北京大学国家发展研究院副院长　余淼杰）

构建全面开放新格局须重视境外合作区的建设

本文要点：为引导企业海外投资行为、推动国内产业转移集聚和提升国内企业的全球竞争力，2006年国家正式将海外建立和运营境外经贸合作区（简称为境外合作区）作为实施"走出去"战略的重要举措。根据境外合作区的规模、潜在盈利能力、产业特征等，我国政府先后审核批准了近20个国家级境外合作区。但这些园区发展至今，大部分都未能实现盈利，占用了大量资源。基于境外合作区所承载的海外开放布局、产业转移等重要平台功能，未来我国应将境外合作区的推动提升到战略高度进行功能规划，并结合国家对外开放战略，做出有区别、有力度的政策和财政支持。

构建全面开放新格局须重视境外合作区的建设

我国境外经贸合作区建设十余年来,其成效并不显著,考核通过的20个国家级境外合作区大部分尚未开始盈利。政府通过考核并给予资金补贴的方式,赋予了境外合作区国内(产能)产业转移的使命,推动其提供相关公共服务功能,但是也存在一些问题:一方面,政府的奖励不足以支撑境外合作区公共功能建设;另一方面,牵头企业遵循市场原则考核短期利润指标,运营难以长期做大规模投入,导致目前发展理念和发展模式遇到前所未有的困境。我国境外合作区的主管部门商务部相关司局,甚至撤销了专门对接的处室。

我国新时期的对外开放提出了"推动全面开放新格局"总要求,这就需要我们尽快进行海外经贸布局。虽然境外合作区建设遇到种种问题,但在基础建设、人才培养等方面仍积累了难能可贵的经验。从节约资源和提升效率的角度,境外合作区均应在新时期对外开放中发挥重要作用。

一 境外合作区的建设意义重大

(一)境外合作区是我国对外开放海外布局的重要载体

党的十九大报告特别强调对外开放要"形成陆海内外联动、东西双向互济的开放格局",并就境外投资提出了"创新对外投资方式、促进国际产能合作"的明确要求。我国境外合作区在产业"走出去"方面的开拓性、引导型和集聚性等特征,决定其必然要在我国境外投资布局中发挥重要的载体作用。

我国现有境外合作区大部分分布在亚非不发达国家,这些国家具有丰富的资源、潜在的市场或具有重要的战略地位,可成为我国经贸全球布局的基点。在相关国家的境外合作区,恰好可承担我国在当地经贸合作布局的载体。

（二）境外合作区是我国国内产能转移承接的平台

根据"边际产业"转移理论，通过国际分工的重新调整可以将过剩产能转移到需要的国家和市场。自2008年国际金融危机后，发达国家消费能力迅速下降，我国传统出口加工制造业产能出现大范围过剩。与此同时，我国人口红利消失、廉价劳动人口迅速减少，劳动成本正在快速上升，产能过剩问题更加突出。这些因素推动我国须尽快通过产业转型升级来走出发展瓶颈。

我国境外合作区大部分建立在发展水平较低的国家，当地拥有低廉的劳动力成本、土地成本等生产经营优势。通过招商引资将国内相关企业引导到这些国家，并将国内过剩产能平稳转移出来，一方面可延长相关产业的存续周期、缓冲经济变动带来的损失，另一方面也为国内产业升级挪出空间。

（三）境外合作区是企业海外投资的便利通道

境外合作区通过开展基础设施建设、政策环境准备、营商氛围搭建，可为企业提供现成的场地和便利的配套服务。相比单个企业单打独斗的海外运行模式，境外合作区既能争取制度和政策上的优惠、也有企业集聚而形成的配套产业链的优势，可推动形成贴近市场的产业链和产业集群，能有效降低我国企业"走出去"的投资成本和经营风险，从而提升企业对外直接投资的竞争力。

通过政府间沟通合作机制的推动，企业能够以"抱团"的方式集体"走出去"，有效地规避国际贸易壁垒，减少贸易摩擦，并以较小的代价进入国际市场。

二 境外合作区的运营面临困境

2006年国家正式出台政策鼓励和规范境外合作区的设立和经营，截至2017年年底，已建立99个境外合作区。但目前这些园区在招商、融资、市场开发等方面遇到诸多问题，大部分合作区至今尚未盈利。究其原因，可能在于定位不准、模式单一、沟通效率较低等问题。

（一）功能定位不准确，尚未起步就遇到瓶颈

我国境外合作区的建立和运营均以企业为主体进行推动。这些企业最初在所在国开展与自身主营业务相关的生产经营，随后或因自身的发展需要建立了配套产业园，或在国家鼓励性政策引导下有意向园区扩展。然而，大部分园区的定位都是以主营业务为主，兼顾商贸、休闲、住宿、娱乐的综合性园区。

由于主营业务本身的单一性，往往难以支撑园区综合功能的开发，并吸引业主入住。进而，由于摊大饼式的规划建设难以获得及时的效益补充，大部分园区开发到一定阶段后，很快陷入经营困境。

（二）照搬国内园区模式，经营严重水土不服

目前大多境外合作区效仿国内园区的盈利模式。园区完成"五通一平"等基础建设后，即着手以房产开发来为后期建设和经营输血。但由于大部分园区是在亚非不发达国家，当地民众对住房的消费能力差、需求低，而国内企业在园区生产配套未建立起来、产业链处于空白时，也难有信心签约入住。因此以地产养园区的经营模式在初期往往难以为继。

例如，赞比亚中国经济贸易合作区筹建至今已经十年，但由于以土地增值所得来支撑园区深度开发的规划难以如期实现，目前只初步完成了规划面积1/10左右的土地开发，且后续开发和经营资金远未落实。

（三）缺乏有效的政策协调机制，营商条件惠而不优

最初，一些园区的设立是在政府双边协议之下推动的，但都是以企业为主进行建设和经营。至于具体优惠政策，是由国内经营企业与当地政府协商确定。由于企业与当地政府的谈判存在身

份不对等的问题，园区最终能够争取到的优惠条件往往达不到预期设想的水平。

实践中，正是因为企业难以与当地政府在对等条件下就优惠政策的落实进行谈判，导致园区政策优惠有限、人员流动配套政策缺失、现有政策不能适应园区发展等问题常态化存在，以致园区招商吸引力大受影响。例如，赞比亚政府近年来建立了多个合作区，对赞中经贸合作区的运营形成非常大的压力，合作区多次与当地政府协商但不奏效。

三 境外合作区的发展需有战略助力

境外合作区发展至今，虽存在各种不足，但已具有一定海外经营基础，在加工制造、农业开发、资源利用、商贸物流等产业集聚"走出去"方面积累了宝贵经验，应当推动其发挥更大作用。境外合作区的未来发展，应在兼顾我国政治、经济甚至军事利益的前提下，从战略高度区分市场影响力和战略影响力的不同，在国家层面对境外合作区进行不同程度的支持。

（一）所在地市场辐射强的园区由国家负责政策协调

有些境外合作区所在地处于本区域运输枢纽，产品可以较低的物流成本在较短时间流通到周边多个市场，且这些市场的综合购买力和对产品的需求足以支撑园区的产能。位于埃塞俄比亚的东方工业园、位于埃及的中埃·泰达苏伊士经贸合作区等即具备这样的优势。另外一些园区所在国本身政治稳定、人口较多、经济正在发展中，当地的消费能力正在逐渐被激发，市场有较大的潜力，具体如越南龙江工业园、中国·印尼经贸合作区等。

这些园区面对的市场需求较大，市场开拓的难度较小，筹建后很快就能正常经营。只要当地政策到位，这类园区很快就能进入盈利阶段，并成为我国产业转移的核心地区。对于这类园区，我国政府应大力推动并提升与当地政府沟通的有效性，着重帮助园区争取优惠的营商条件。考虑到园区经营企业难以与当地政府对等谈判，政府相关部门（例如商务部）可与当地政府建立日常沟通机制，一年一次或两次专门就园区运营所需的优惠政策和便利条件进行谈判和落实。

（二）所在地战略地位重要的园区由国家负责全面推动

正在建设的瓜达尔港自由贸易区，位于阿拉伯海沿岸，处于波斯湾的咽喉附近，紧扼从非洲、欧洲经红海、霍尔木兹海峡、波斯湾通往东亚、太平洋地区数条海上重要航线的咽喉，距全球石油运输要道霍尔木兹海峡仅有约400公里。瓜达尔港自由贸易区的运行，使得中国在印度洋的影响力大大提升，对于中国来说，除了重要的通商意义，还有更重要的政治和军事战略意义。

鉴于这类园区在政治、军事上的重大意义，其规划和运营要以国家利益维护为主要目标，且我国政府应对其建设和经营的各方面需求给予全力支持。尤其在初期阶段，不但要从政策协调方面，也要从资金、人才方面给予最大限度的支持。未来园区在实现自我造血、自我盈利后，国家才可考虑只从政治的角度把控园区运营中的相关影响因素。

（三）恢复或重新建立境外合作区的国家级管理对接部门

我国政府正式发文推动境外合作区的发展后，商务部合作司曾专门组建园区处，负责与境外合作区对接，对合作区考核和激励的同时，这些处室也帮助境外合作区在政府层面与所在国政府进行一定程度的沟通。由于近几年对境外合作区的管理思路发生变化，园区处撤销，使境外合作区与政府的正规沟通和对接渠道缺失，合作区的相关诉求难以得到解决。

未来境外合作区若要在我国境外投资布局中发挥重要作用，政府层面的直接对接渠道需要恢复或重新建立，从而可进一步在境外合作区所在地政府与我国政府间建立合作区相关的日常沟通协调机制。境外合作区与政府的日常沟通建立后,其海外政策诉求、发展步伐等信息可以被政府及时掌握,从而能够及时反映在政府间的经贸协调中。

(商务部国际贸易经济合作研究院研究员　王志芳)

"一带一路"建设面临的形势变化与推进策略

本文要点：2018年是我国提出共建"一带一路"倡议的五周年。当前，"一带一路"沿线国家经济预期普遍较好，但政治安全局势仍不容乐观，世界主要国家和周边大国对参与"一带一路"建设的态度分化，部分国家的忧虑和质疑没有消除。同时，国内经济持续稳定、清洁能源需求提升和西部地区经济发展水平提升也为下一步推动"一带一路"建设形成重要支撑。本文从长效机制建设、重点方向、重点领域、重点任务及国内参与布局等角度出发，提出了推进"一带一路"建设的对策建议。

2017年是"一带一路"建设具有里程碑意义的一年。在国家高层引领和相关部门的密切配合推动下,"一带一路"建设各项工作加快推进。以首届"一带一路"国际合作高峰论坛成功举办和党的十九大召开为契机,"一带一路"建设在我国扩大对外开放和经济外交中的地位更加明确,国际影响力显著提升。同时,"一带一路"建设仍面临21世纪海上丝绸之路建设推进缓慢、金融支撑力度不足、"一带一路"建设长效机制有待健全、人文交流合作明显滞后等问题。需积极把握国际国内形势变化,深化与域外大国战略对接,建立常态化合作机制,加快推进海上丝绸之路建设,补齐金融支撑、中欧班列培育、境外产业园区建设短板,提升人文交流合作地位,加大西部地区开放力度,确保下一阶段"一带一路"建设的顺利推进。

一 "一带一路"建设面临的形势变化

(一)"一带一路"沿线国家经济预期普遍较好,但政治安全局势仍不容乐观

此前预测表明,**2018年全球经济状况将持续改善,"一带一路"沿线国家经济有望持续向好**。根据联合国发布的《2018年世界经济形势与展望》,2017—2019年全球经济将持续保持3%的增长速度。"一带一路"沿线国家和地区中,南亚和东亚将继续保持全球最高的经济增速,东南欧、非洲和西亚经济体在2018年的经济增长速度均会比2017年有较大幅度的提升,这将为推动"一带一路"建设尤其是深入推进中国—中南半岛、新亚欧大陆桥及中国—中亚—西亚经济走廊建设提供重要经济支撑。尽管如此,近年来**全球范围内恐怖主义、极端主义和民粹主义势力不断抬头,加大了"一带一路"沿线的安全风险**,对中国企业"走出去"形成挑战。2018年,部分"一带一路"沿线国家政局动荡态势可能

会增强,相关国家政策持续性将受到影响;贫富分化导致极端民族主义抬头,对中国企业的投资落地带来阻碍;中东地区的宗教冲突、欧洲及南亚地区的恐怖袭击、我国与周边国家的主权和权益争端、美俄大国的地缘博弈等都可能对我国顺利推进"一带一路"建设产生不同程度的负面影响。

(二)世界主要国家和周边大国对参与"一带一路"建设的态度分化,部分国家的忧虑和质疑没有消除

当前,世界主要国家对"一带一路"倡议态度出现明显分化。美国、澳大利亚、日本、印度、欧盟等大国和地区心态复杂,态度摇摆不定,一方面希望通过参与"一带一路"建设拉动本国经济增长及就业,另一方面又担心中国企业在沿线国家的投资贸易活动会强化我国的地缘政治和经济影响力。为此,部分国家企图通过制定地区性战略、制造边境对峙事件等对冲和降低"一带一路"建设影响力。如美国联合澳大利亚、日本、印度等推出的"印太战略"、印度与日本联合提出的"亚非增长走廊"战略等。美国政界和商界的态度存在显著差异,企业界对"一带一路"倡议表现出极大兴趣,与美国驻华使馆联合成立"一带一路"小组,希望借此拓展国际合作新空间,但美国政府的表态却相对比较消极。俄罗斯是共建"一带一路"的重要伙伴,正在通过"欧亚经济联盟"和"冰上丝绸之路"等倡议,积极推进与我国"一带一路"倡议对接。韩国为提振国内经济和促进半岛和平,对"一带一路"建设表现出极大热情,积极提出新北方经济政策与共建"一带一路"倡议对接。日本政府的态度出现变化,表示愿意通过参与"一带一路"建设加强与中国的合作,显示出日本发展对华关系的矛盾心理。

(三)国内经济持续稳定和清洁能源需求提升助力"一带一路"合作深化,西部地区参与"一带一路"建设的能力提升

2018年国内宏观经济增速平稳为"一带一路"建设顺利推进

提供内在保障。根据国际货币基金组织、联合国、世界银行、经济合作与发展组织的估计,2018年我国经济增长预期为6.5%,总体来看仍将保持中高速增长,为我国与沿线国家的投资贸易合作和重大项目建设提供有力支撑,与沿线国家的贸易增长态势也有望进一步延续。同时,随着2017年"煤改气"推进过程中"气荒"问题出现,我国对天然气等清洁能源的需求日益增加,这为我国加快推动与俄罗斯及中亚各国在能源领域的合作提供了迫切的内在需求。中国西部地区经济总体保持快速增长,部分省市如重庆、成都、西安与欧洲及东南亚的互联互通通道和自贸区、中欧班列、保税区、内陆口岸等重要开放平台正在加快建设,这将有利于促进西部地区加快向西开放和深度参与"一带一路"建设。

二 推进"一带一路"建设的策略

(一)积极应对地缘政治格局新变化,加强与世界主要国家及周边大国的战略对接

一是**以俄罗斯为重点,深入推进东北亚地区国际合作**。深化共建"一带一路"倡议与欧亚经济联盟对接,深入推进中蒙俄经济走廊建设。加强"一带一路"倡议与韩国新北方经济政策的战略对接,以经济合作促进维护半岛稳定。二是**以第三方市场合作为抓手,引导具有一定积极性的西方大国参与共建"一带一路"**。加强与美、日以及英、德、法等欧洲大国合作,充分发挥其在技术、管理及专业服务方面的优势,联合开拓第三方市场,进一步扩大"一带一路"建设国际合作共识,促使这些国家从"一带一路"建设的旁观者转变为参与者和受益者,有效化解"一带一路"建设的外部阻力。三是**加强与印度的沟通交流及释疑增信,进一步深化两国经贸领域合作**,同时引导其亲华友华力量支持"一带一路"建设。

（二）依托重点领域与重大工程建设，探索与重点国家建立共建"一带一路"常态化合作机制

围绕中尼跨境铁路、中吉乌铁路、中吉塔阿伊五国铁路、马新高铁、中印铁路等重大基础设施项目建设，推动我国与尼泊尔、吉尔吉斯斯坦、乌兹别克斯坦等国家建立常态化的多双边部门间沟通协调机制，推动各国达成合作共识并加强技术标准对接。围绕中俄东线天然气管道建设、中国—中亚天然气管道 D 线建设以及中土天然气领域谈判工作，考虑与俄罗斯、土库曼斯坦等国建立常态化能源合作机制。围绕边境经济合作区、跨境经济合作区及境外经济合作区等各类园区建设和大规模经贸投资项目，推动我国与波兰、哈萨克斯坦、越南、埃塞俄比亚等区域内重点国家建立常态化经贸合作交流磋商机制，并与更多国家签署本币互换协议及建立人民币清算安排。

（三）"软联通"与"硬联通"同步推进，确保 21 世纪海上丝绸之路建设顺利推进

一是依托多双边合作机制，加强与沿线国家在海洋生态保护、海洋防灾减灾、海洋科技创新、海上执法合作、海上安全等领域的交流合作，帮助沿线国家提升海洋经济发展能力，塑造展现我国良好的国家形象，扩大我国在相关国家的影响力及感召力。二是积极参与海洋国际事务，加快推动国内蓝碳标准等制定及"走出去"，积极推广宁波航运指数等国际使用，提升我国在国际海洋治理中的话语权及影响力。三是围绕海上重要支点港口建设，着力加大与相关国家合作开发力度，积极参与相关国家重大基础设施互联互通建设，稳步推进畅通安全高效的海上安全通道建设。同时，加快研究与俄罗斯联合开展北极航道及"冰上丝绸之路"建设路径。四是重点围绕提高海上运输能力及促进海洋产业发展，研究出台相关政策举措，加快推进我国海洋强国建设，巩固 21 世纪海上丝绸之路建设的基石。

(四) 瞄准金融支撑、中欧班列培育、境外产业园区建设等方面的短板，加大政策支持力度

在**金融支撑**方面，以我国境外经贸合作区为支点，搭建金融机构与中资企业需求对接平台，鼓励各类银行特别是商业银行加快在"一带一路"沿线国家的布局，同时推动商业银行在资金筹集、资源配置、配套服务、信息交互、风险评估等方面发挥积极作用。针对重大投资行为，鼓励国内金融机构与多边金融机构进行合作，降低中国对外投资可能遭遇的社会经济风险。在**中欧班列建设**方面，充分发挥运输协调委员会作用，加强对国内中欧班列开行运营管理，进一步优化布局，降低运行成本。同时加快出台相关文件，规范地方政府补贴行为，提高运行品质及效率。**境外产业园区建设**方面，加强与东道国在投资保护、劳动用工、劳务签证等领域的政策沟通及技术标准对接，帮助企业解决在东道国建设和运营园区中遇到的困难，同时将我国对外援助资源适当向园区所在地予以倾斜，改善当地基础设施及公共服务水平，降低企业总体运营成本。

(五) 提升人文交流合作在"一带一路"建设中的地位，增强我国在沿线国家的文化影响力和认同感

将人文交流合作贯穿于政策沟通、设施联通、贸易畅通、资金融通建设进程中，确保软环境建设同步或领先于硬联通建设。加强"软力量"的精准投放，围绕"一带一路"建设的重点方向、重点国家、重点领域，立足于处理好重大项目建设存在的问题，统筹教育、文化、医疗卫生、科技等对外合作资源，设计资源投放的地区、类型及时序。率先向巴基斯坦、哈萨克斯坦、缅甸、沙特阿拉伯、埃及、埃塞俄比亚等国家和区域提供财税金融改革、扶贫、城市管理、社会治理、沙漠化防治、河湖污染治理、安全防控等方面的"中国经验"和技术支持。调整对外援助结构和领域，加大援助支持公用设施建设和社会民生项目尤其是小型民生项目比重，提高当地社会团体及民众对共建"一带一路"的获得感及认同感。

（六）加大西部地区开放力度，推动西部地区更高水平、更深层次参与"一带一路"建设

一是依托中欧班列建设以及中新（重庆）战略性互联互通示范项目等重大互联互通项目建设，加快打通东中部地区经由新疆、陕西、四川、重庆、云南、广西等省区向中亚、西亚、南亚、东南亚等方向的国际货运大通道，支撑西部地区承接东中部地区产业转移及促进区域生产网络整合优化升级，**推动形成联通内外、东西互济的区域开放格局**。二是依托重庆、陕西、四川自贸区以及宁夏内陆开放型经济试验区、新疆丝绸之路经济带核心区等重大开发开放平台建设，积极对接高标准国际经贸规则，实行高水平的贸易和投资自由化便利化政策，**促进西部地区实现在更高起点上的对外开放**。三是依托东兴、瑞丽、凭祥、霍尔果斯等跨境及边境经贸合作区建设及口岸大通关建设，积极探索国际产能合作新模式，辐射带动沿边地区发展，支撑强化向西开放发展。

（中国宏观经济研究院国土开发与地区经济研究所　公丕萍、

卢伟、曹忠祥）

全球治理

历史上两次逆全球化的动因探析及启示

本文要点：纵观世界经济发展历史，经济学家们认为经济全球化发端于1820年，其标志是国际贸易中的大宗商品价格在全球市场上比较接近。随后，经济全球化经历了两个高潮期和两个中断期。经济全球化既创造了大量的利益获得者，也累积了众多全球化的利益受损者。受损者不断积累的过程带来了经济全球化的调整或中断。逆经济全球化的因素在经济全球化的过程中逐步积累，生长出反对全球化的要素。从世界角度看，逆经济全球化的推动者正是经济全球化的积极倡导者。当前，我们正处于经济全球化的调整期，一些国家的政府倾向于付出较小代价从而选择保护主义，这使得"经济全球化的不可能三角"偏向了逆经济全球化。

一 历史上的两次逆全球化动因分析

(一) 第一次逆经济全球化及其推动力

历史学家们将经济全球化的发端定在1492年哥伦布发现美洲新大陆,而经济学家们则认为经济全球化发端于1820年,其标志是国际贸易中大宗商品的价格在全球市场上比较接近,欧洲内部各国,乃至跨大西洋的大宗商品价格差不足30%。1840—1901年世界运输价格下降了70%,促进了大西洋两岸国际贸易的崛起和工业革命的进一步延伸。以金本位为主体的国际货币制度的建立也为国际贸易的大发展带来了重要的金融制度支持。贸易的参加者突破了各国货币的限制,进入了一个以国际货币制度为依托的国际贸易发展时期。一家独大的英国海军有效地维护着国际航运的安全畅通。

伴随着经济全球化,处于经济核心地位的国家从中获得巨大利益,同时,新兴的工业化国家迅速崛起。比较典型的国家是当时的阿根廷、德国和日本的发展,它们既实现了自身的崛起,又为中心国家的英国、法国等创造了新的商品销售市场。

然而,第一次经济全球化的高潮被打断,来源于经济全球化带来了新的竞争者,经济发展的不平衡使德国的国际市场空间明显不足,大量的产品找不到销售渠道,产业工人失业,推动了德国以战争为手段,重新划分世界市场,从而打断了经济全球化的进程,特别是国际贸易迅速发展的进程。在第一次世界大战后的恢复期,各国为保护自己的市场,相继采取了"以邻为壑"的贸易政策,它们竞相提高自己的进口关税水平。使各国的产品市场被压缩在狭小的范围内,这种供给扩张与需求有限,市场有限的矛盾导致了1929—1933年的资本主义世界的经济危机。而危机后的恢复过程又成为各国保护自己市场的理由。由于经济恢复期明显的发展不平衡，使德国、日本走上了靠发动战争解决市场问题的轨道，以大规模摧毁经济财富的第二次世界大战，使经济全球化过程陷入停滞，甚至是倒退。

引发逆全球化的正是经济全球化的倡导者和推动者。1931年，作为大西洋贸易的枢纽英国，宣布终结英镑金本位制度，服务全球化的金融秩序崩溃，货币战与贸易战拉开序幕。1933年，美国宣布放弃与英、法签署双边汇率协定，大幅贬值美元并提升进口关税。从政府层面看，同一年，罗斯福政府以"美国复苏优先"为竞选纲领入主白宫。这些倡导者迎合了经济全球化反对者的要求，强调自身利益，上台执政，**逆全球化成为一种合法的政策选择**，并表现为一国，乃至各国竞相采取的政策。全球化中所创造的财富被逆全球化的行动所摧毁。

(二) 第二次逆全球化及其推动力

学者们比较一致的观点是，第二次经济全球化浪潮始于1950年。战争带来的影响尚未完全结束，在汲取两次世界大战以及各国在经济恢复中贸易战、金融秩序混乱，以邻为壑贸易政策盛行等诸多教训的基础上，各主要国家就开始着手战后国际经济秩序的建设，希望通过建立国际货币基金组织和世界银行、国际贸易组织、联合国等建立一个各国可以和平解决争端、平衡贸易收支、解决国际收支不平衡等问题的环境，这样可能避免以邻为壑的利己主义政策的滋生，为战后世界经济的恢复和发展创造一个良好的制度环境。布雷顿森林体系的建立，为战后国际金融秩序的形成奠定了良好的基础；关税与贸易总协定推动了全球贸易的自由化，世界银行的建立为发展中国家在内部缺乏资金的情况下获得经济发展提供了外部支持。总之，在全球经济秩序的设计者那里，处于不同发展水平的国家将生活在共同繁荣的制度环境之下。

现实也是如此，大西洋两岸的贸易和生产得到迅速恢复和发展，太平洋沿岸贸易和投资也在实现迅速的赶超，出现了"亚洲四小龙"和日本经济崛起,随后是中国经济贸易的发展,形成了包括新兴市场经济体在内的全球生产价值链。其中,国际经济秩序的规范和运行起到非常重要的作用。据统计,国际商品市场的障碍大幅度减少,世界贸易组织中发达国家的平均进口关税水平从40%降低到5%;生产过程全球化迅速发展。全球价值链下的贸易占据重要地位,达到全部贸易总值的40%—60%。跨国公司将生产过程按照要素禀赋优势分布于世界各地。实现了跨国公司在特定商品生产成本和价格上的绝对优势。外商直接投资(FDI)几乎被所有国家所欢迎,直接资本流动的障碍大幅度减少。大量的资金或间接资本流向能够高效调动资本的国家。国际贸易的增长率以两倍于全球经济增长率的速度迅速发展。

然而,此次经济全球化所形成的过程中,劳动力移动成为各国敏感的问题。特别是当资本流动可以代替商品流动的情况下,跨国公司更是回避各国可能敏感的问题,按照生产过程的特点和各国比较优势,将生产过程分布到全球各个地方,形成了全球价值链。

2008年的金融危机打断了经济全球化进一步延展的进程。金融危机爆发以后,接下来就是国际贸易信用体系的中断,各国对外贸易断崖式的下滑,受金融危机影响,2009年全球贸易急剧萎缩,世界进出口总额大跌21%,中国也经历了"入世"以来首次出口负增长。这场波及全球的贸易萎缩被称为"全球贸易崩溃"。

金融危机及其国际贸易额的大幅度下滑使经济总量在各国呈现出负增长。尽管在各国的一起努力下,遏制住了更加严峻形势的出现,但是此后出现了长达8年的经济增长低迷状态。最近两年各国经济有所恢复,但是,**在经济恢复的脆弱期,各国为保证这种恢复的势头,大多采取了保护本国市场的政策**。美国总统特朗普执政以来,推行了一系列"美国优先"的政策。自2017年开始,挑起全球贸易战。美国从贸易、投资、金融、知识产权保护、服务贸易等多个方面与主要贸易伙伴展开对抗，发起了以国际经济保护主义为特征的战略性贸易战，即以商品贸易战为先导，通过有计划、有预谋的战略规划实施，为本国在国际经济交往中获取最大限度的利益，进而改变国际经济规则，强调以平衡贸易作为所有贸易活动的落脚点，而非比较优势原则下的自由贸易。

经济全球化和逆全球化交替的情形。第一次全球化的中断开始于1913年，随后是长达32年的调整期；第二次全球化的高潮，是在国际经济秩序基本建立起来以后的1950年；接下来的经济全球化过程到2008年以国际贸易规模"断崖式"下降为标志被迫中断。随后是恢复长期低迷的经济增长和国际经济保护主义的启动。

在第二次逆经济全球化的过程中，政府的作用更加明显。 2009年美国启动量化宽松，美元连续5年贬值。欧盟和日本跟进，相继出台了它们的量化宽松的货币政策。接下来，2016年6月英国通过脱欧公投，重创欧洲一体化进程，2017年特朗普政府以"美国优先"为旗帜入主白宫。退出跨太平洋伙伴关系协定（TPP），自由贸易协定（FTA）重新谈判，退出巴黎气候协定，退出伊朗核协议，对欧洲、日本、中国，甚至北美自由贸易协定的成员加拿大和墨西哥采取征收高额惩罚性进口关税、发动贸易战的措施，增加移民审查及边境调节措施等带有浓厚贸易保护主义色彩的措施。

二 利益集团与逆全球化的兴起

当学者们从1995年开始研究经济全球化对世界经济的影响时，他们对收入分配，主要是全球化对各国之间的收入分配以及参加经济全球化国家内部各利益集团收入分配进行深入研究时发现，这种全球化在所有参加国比不参加的国家获得更多利益的同时，在各个参加国内部，不同要素所有者所受到的影响会明显不同。在这一点上，似乎又重复了第一次经济全球化被打断的利益损益格局。

20世纪20年代，西欧的地主阶级因来自新大陆的农产品而遭受沉重的经济冲击，保护主义运动率先兴起在原本大西洋自由贸易的发起方（德国、法国、意大利和瑞典）。关税和配额的快速增加补贴了西欧的土地所有者及部分工业从业者，在一定程度上平衡了利益受损者的利益。执政党得到了民众的拥护。

在美国，对持续快速涌入的欧洲移民的抵制力量在不断累积。对此，美国国会通过了限制移民的1921年《紧急配额法》和1924年《约翰逊—里德法》，以便维护就业机会，保障本国居民的就业。

大西洋两岸不约而同地走向了抵制赫克歇尔—俄林分工的道路。我们发现，**逆全球化不仅是一个贸易问题，更多的是贸易背后的要素所有者的利益分配或平衡问题**。

在第二轮经济全球化浪潮中，生产的全球化使资本要素的利益在全球范围内得到极大的延伸，其获取全球绝对要素优势的诉求得到实现。资本依据边际产出以FDI和对外间接投资（FII）的形式与全球市场相融合，全球价值链和分工塑造过程带来就业机会的转移。然而，劳动力要素与资本要素在全球化中的收益极不对称；高收入阶层在全球化过程中收入提升更快导致的代际流动性下滑，以及收入不平等的加剧，都成为全球化政策的持续阻力。

1979年美国制造业就业达到峰值1943万人，此后持续下降，2000年为1727万人，最低值为2010年的1153万人，2016年恢复至1235万人。制造业的就业人口在总就业中的占比持续下滑，由1943年最高的38.7%下降到2016年年底的8.4%。同时，美国劳动者代际流动性的恶化，美国代际收入水平严重下滑。1970—2014年，30岁的劳动者收入超过其父母（同为30岁时）的比例，从90%跌落到41%。下滑最剧烈的恰是中产阶层（社会收入排位于30%—70%)。高收入阶层（社会前10%）的子女收入超过父母的比例则稳定维持在高位。收入在代际下滑的主要原因并非是国家经济增长速度的减缓，而是收入差距的扩大。由于全球化的福利在同龄人中的分配集中于高收入群体，因而整体经济的增速提升并不能缓解总劳动人口代际收入下滑。这些群体成为对全球化不满的主要力量来源。全球主要发达国家的情况也大体如此。

伴随经济全球化的发展，国际资金大幅流向美国等国家，但是，大量资金滞留在美国，带来金融创新并寻求高额利润的动力和压力。金融产品在市场上的逐步积累，乃至过剩，孕育了金融危机的危险。金融危机的爆发成为牵动整个经济的冲击波。应该特别强调的是，经济全球化推动了经济收益或收入向资本的所有者方向转移和集中，向金融乃至高级服务部门"白领"方向集中。相对而言，那些劳动力的所有者，特别是那些因为制造业生产工厂被跨国公司转到国外而失去工作的群体，对经济全球化是痛恨的。他们认为，如果政府不能解决他们的就业以及收入保障问题，他们宁可换一届政府。当持有这种观点的人变成该社会的多数时，**选票就成了选择经济全球化还是逆全球化的决定性力量**。总之，当我们进行要素收入的利益分析时，自然的结论是本次的经济全球化没有带来国家整体收入水平的增长，而是带来了不同利益集团收入的两极分化。这种受损方力量的积累孕育于经济全球化的进程之中。

三 经济全球化中的不可能三角

当我们谈到收入与全球化的关系时，人们重新审视政府的作用，以及政府与市场机制之间的关系。"全球化的不可能三角"（Trilemma of Global Economy）理论认为，更开放、更一体化的市场将必然需要更大规模的政府支出来支撑。其背后的经济学逻辑是，开放政策的本质是将本国要素（如劳动力）融入全球统一市场，在获取国际标准的要素收入的同时，也将本国劳动者置身于更激烈的全球市场竞争之中，随之而来的一个结果就是本国收入及消费所面临的不确定性（风险）增加。即**一国政府仅能同时选取全球化、政策主权和民主政体三个政策目标中的任意两个，放弃第三个**。

长期的经济低迷环境下，政府已经为恢复经济活力采取了财政宽松的政策，从而使政府的财政赤字接近甚至超过警戒线，现实是以美国为代表的西方国家很难有这样的政策操作空间，为推动经济的进一步全球化而增加政府对利益受损集团的支出，从而保证给资本要素所有者集团带来更大的利润。几乎不采取社会政策，对经济进一步全球化袖手旁观，将使社会的分裂更加严重。因此，在美国就表现为以让"美国利益优先"为口号的特朗普上台执政，为美国寻找出路。这就是**以逆全球化的手段，使受损失的利益集团获得较多的利益**。在欧洲表现为脱欧，而且支持脱欧的领导人上台，在意大利、荷兰等国出现了主张民粹主义（Populism）的政党获得人们拥护或选票的情形。人们由20世纪90年代对经济全球化的狂热转向为对逆全球化的渴望。我们称之为"经济全球化的调整期"。

在两次全球化的高潮期都伴随着收入不平等的加剧，而第一次全球化的退潮期则出现了长达四十年的收入再平等化过程。**收入不平等越严重的国家，对全球化的抵制力量也越强**（如美国和英国）；**收入不平等越缓和的国家，抵制则相对越弱**（如丹麦和瑞典）。

四 小结

从经济全球化的历史长河看，以大宗商品价格趋同为标志的经济全球化过程经历了两个高潮期和两个中断或调整期；逆经济全球化的因素在经济全球化的过程中逐步积累，生长出反对全球化的力量。当这种力量足够大时，代表这种力量的政党就会在选举中执政，将反全球化付诸逆全球化的政策或行动。从世界角度看，逆经济全球化的推动者正是经济全球化的积极倡导者，英国和美国都分别扮演过全球化倡导者的角色，它们也分别在两个逆全球化的调整期扮演着关键的角色。在一国内部的经济全球化和逆全球化转换过程中，伴随全球化过程不断拓展，因经济全球化受到损失的利益集团及其受损失的程度在规模和深度上积累起来，成为逆全球化的发动者、倡导者和支持者，它们反对全球化的实质是反对由全球化带来的要素收入分配的两极分化。在第二次经济全球化的浪潮中，跨国公司将生产过程推向全球，造成了一些群体失业，从而丧失了获取经济收入的机会，结果是它们不惜以支持可能引起世界经济发展严重不确定性的政府和政策反对全球化；从国家层面看，这种不确定性来自**政府在"全球化的不可能三角"中更倾向于选择保护主义这个可以让政府付出较小代价的战略**。所以，我们仍然处在逆经济全球化的不确定性中。

（南开大学经济学院教授　佟家栋
南开大学经济学院副教授　刘程）

发达资本主义国家政治调整面临的问题

本文要点：21世纪的资本主义面临着诸多挑战，伴随着经济危机和社会问题的突出，一种自我的危机意识在发达资本主义国家日益蔓延。由此而产生的政治压力正在促使各国进行相应的政治调整。这种调整也受到社会大众认知变化的影响。资本主义面临的深层危机实际表现为：一系列危机对西方民主制度安排构成挑战，而社会意识的模糊性和不确定性、政治结构的不稳定性以及政治组织行为的实用主义泛滥，从不同的方面影响了资本主义国家的政策取向。对此，中国既应重视西方国家政治挑战对传统国际秩序变更的长期影响，也应汲取其经验与教训。

发达资本主义国家政治调整面临的问题

进入21世纪后,发达资本主义世界的经济和社会动荡加剧,来源于自身的怀疑和不信任情绪在弥漫。面对内外挑战,政策调整将是发达资本主义世界近期政治发展的主题。迄今为止,围绕这种调整的方向性选择却是模糊的、迷茫的。它受到以下因素的制约。

一 社会大众的认知变化

进入21世纪后的资本主义世界,社会大众对自我的认知出现了明显的变化,从一度的信心满满变得越来越困惑,甚至自我怀疑。大众的认知变化在产生强大变革压力的同时,也在很大程度上制约了资本主义国家和政府的政策选择。

首先,**对资本主义的危机感引发了对世界旧秩序的怀疑**。后冷战时期的经济和政治秩序是由西方资本主义国家主导的。它主要是基于自由主义的原则,突出推进基于自由市场原则的全球市场秩序和推进全球的西方民主政治进程,并强调在全球层面加强上述方面的合作。在冷战结束后的一个时期里,自信满满的西方国家热心致力于引领全球化进程,实质就是基于这种自由主义秩序观。但两方面的形势交叠在重挫其自信的同时,也致使人们对这种自由主义秩序观产生怀疑。一方面,西方国家倾情构建的全球经济秩序加剧了国家间竞争,却未能阻止自身相对地位下降的趋势。在一些领域,它们强烈感受到来自新兴地区的挑战。另一方面,与战后资本主义"黄金时代"的形势不同,在全球化背景下,西方国家经济上的繁荣未能转化为国内的普遍社会繁荣。经济和技术进步所带来的繁荣似乎只是为少数精英集团所享有,西方社会大众从中所感受的却是一种愈益明显的压力和新的不安全感。国家和地区之间的不平衡发展与国内政治和社会体系的裂痕交织,彼此滋生并强化了一种危机感。它引发了人们对既有秩序

（确切地说是对基于传统自由主义原则的经济和政治秩序）的怀疑。后者转而在国家之间以及国家内部都产生了强大的改变既有秩序的政治压力。

其次，**社会关系紧张引发对西方民主制度的信心动摇**。现代资本主义作为一种制度体系是建立在两个支柱基础上的，即基于自由市场原则的经济制度和基于自由民主原则的政治制度。后者表现为一系列的制度安排，包括代议制民主、政党制度等。它着力于调整社会关系中的多元利益。对资本主义的信心实质上是基于对这两者能够并行发展的信心。如第二次世界大战后的历史经验所显示的，资本主义的繁荣取决于其经济繁荣与社会繁荣这两者间的相对平衡，但过去几十年由新自由主义主导的西方政治议程发展打破了这种平衡。在普遍推进的传统福利体制改革进程以及适应全球竞争的努力中，国家政治乃至超国家的国际组织的活动重心日益转向对市场秩序的保护而非对社会关系失衡的再调整。社会关系失衡的积累日益演化为社会关系的紧张和社会的分裂趋势，进而导致了社会大众对资本主义的一系列制度安排，包括对西方民主制度的信心动摇。

最后，**对传统主流政治的怀疑**。与上述认知变化相应的是，人们对传统的主流政治及其价值观念产生了怀疑。民粹主义思想和政治的蔓延是这种现象的直接反映。由传统主流政党所代表的左右政治之间界限的日益模糊导致并强化了这种趋向。与之相应，一种新的政治极化现象在发展。它主要表现为人们对一些非传统的政治行为及其政党力量的更大认可。这种非传统主要是相对于传统的主流意识形态和政治行为而言的，它既表现为对非传统政治事务（如移民等事务）的极度敏感和关注，也表现为对非传统的政治行为，如对传统的"极右"和"极左"意识与行为，对狭隘民族主义甚至种族主义的认可等。这其实是对主流政党及其政治行为的同质化与精英化不满的一种反应，也是人们对未来变化及其不确定性焦虑的一种反应。这种认知趋向对于那些标榜反精英、反建制的民粹主义政治力量来说，意味着更大的发展空间，但它同时也意味着**欧美国家未来政治的不稳定性将是一个长期的问题**。

二 西方传统的民主制度性安排受到挑战

导致人们对资本主义的自我怀疑和彼此间不信任的问题并不只是源于政治家的无能和不负责任，更是由于既有的资本主义体制，或者说其一系列制度性安排所带来的问题。用一些西方学者的话说，是既有社会的各个支柱性安排出了问题。

根据西方传统的理论，民主的制度性安排涉及两个关键问题：一是民主的制度安排如何保护多元主义的价值诉求；二是民主的制度安排的合理单位及其界限。而按照西方传统自由主义的经典诠释，在传统的西方民主制度下，代议制是表达和保证民众有效参与的关键，没有了代议制，民众有效参与大规模的政府是不可能的。而理想的西方民主制度的最大政治单位是民族国家。小于国家的系统在处理许多现代问题时十分无效，而大于国家的系统（如国际组织）则比西方民主国家的现行制度更缺乏民主。

但过去的几十年表明，**这种制度安排以及它所体现的价值受到全面挑战**。首先，正如自由主义体制的捍卫者所担心的，既有的政治组织日益为精英所垄断，后者更为关注的是保护特殊利益（尤其是资本利益）和狭隘的党派与个人利益，而非保护广大公众的利益。其次，全球化的发展以及伴随于此的超国家组织的发展（尤其是欧盟）带来了人们所担忧的"民主赤字"问题。在此问题上，既有的政治组织（包括政府和政党）面临着自相矛盾的选择：一方面，寻求超国家的政治组织的发展是全球化发展的必然要求和结果，它尤其为矫正市场的无序提供了必要的平台和机制；

另一方面，政治权力的核心依然集中于国家的现实意味着超国家组织的民主赤字将是一个贯穿始终的问题。只不过在过去，它往往只是被当作一种不合时宜的微弱声音而不为人所关注；而今天，它却成为各种挑战既有权力的政治力量的一种话语工具，即便只是把它作为转移国内社会矛盾的一个便利口实。因为民主赤字很容易使人联想到合法性问题。再次，新的技术发展也导致了一系列对传统制度性安排的挑战。技术的变化，尤其是信息技术以及网络媒体的变化在给人们带来一系列生活便利的同时，也直接冲击了传统政治组织的形式和运作方式，最为突出的是对政党组织的冲击以及由此所导致的对传统代议制民主的怀疑。

上述挑战和问题，有些属于传统的制度性安排本身所内含的、在过去一个时期被凸显和放大了的问题，如政治组织服务于狭隘私利的问题；有些则是伴随新的社会变化而产生的问题，如超国家组织和全球治理问题，以及新技术的发展所带来的挑战。在现实政治中，它们表现为新的社会运动以及政治组织形式的发展，其中也包括了各种民粹主义思想和政治的蔓延。这些凸显了西方国家的民主制度形式（包括代议制民主）与内容的脱节，反映了民众对新的民主制度参与和竞争的要求。

概言之，传统的西方民主制度设计不再能够满足人们的民主参与需求，这是西方国家目前面临的最大的"民主问题"。按照一些西方学者的分析，问题的核心在于资本主义作为一种政治制度（西方民主制度）是否以及如何与其作为一种经济制度达成妥协。20世纪资本主义成功的首要表现就是由于两者的妥协而形成的经济与社会制度的平衡。但这种平衡在过去几十年被打破了。作为不同阶级或利益集团的代表以及参政平台的政党却显示出从传统的"民主的阶级斗争"向"后民主的政治娱乐"转化的趋向。因此一些学者认为，缺少了替代性政治方案的现有的资本主义是一种处在慢性破损中的社会体制。

三 西方民主制度改革与重塑进程受到制约

普遍的求变心态激励了人们对西方民主制度进行改革和重塑。但良好的改革需要有适宜的社会心理和政治环境。这方面,改革的取向和政策选择受到以下因素的制约。

首先,**政治意识的模糊和不确定致使改革的方向模糊不清,而政治意识和行为的极化倾向也有加大而非弥合社会分裂的趋势**。调整是一种趋势,但围绕调整所显示的社会意识(包括主流社会)的迷茫却令这一变革的方向极不确定。面对危机,不同的力量都表达了对变革的期望。但不同力量对危机的理解反差巨大,所提供的方案也大相径庭。如欧洲的一些进步主义者寻求在更高层次上重塑欧洲民主。可众多正在崛起中的民粹主义力量却竭力要使政治的权力由欧盟回到民族国家,因此解体欧盟是其首要政治目标。显然,政治的极化无助于弥合既已失衡的社会关系。这些都会掣肘改革的政策选择。

其次,**政治结构不稳定,尤其是政党结构的不稳定影响了政治以及政策的发展方向**。战后资本主义的繁荣是建立在其政治稳定性基础上的,而这首先是基于政党的结构性稳定。应该说,基于左翼与右翼政治的西方传统政党结构从两方面为西方政治的稳定提供了条件。一方面,基于不同政治意识形态的左右翼政治表达了不同的政治理念和行为差异,这些以及左右翼政治所基于的阶级政治为选民提供了不同的选择;另一方面,左右翼政治的更替是基于传统的主流政党的左右翼结构的相对稳定,这可谓西方国家保持长期政治稳定的重要基础。如今**资本主义的调整涉及对既有体制的调整,这将是一个长期的过程**,而稳定的政治是其必要条件。可目前的欧美国家,尤其是欧洲的政治结构不利于积极的社会改革所需要的政治的结构性稳定。一方面,在传统的左右政治意识模糊、新的民粹主义力量崛起的背景下，传统的主流政党之间缺少可替代性的政治方案；而崛起中的民粹主义政治力量的政治主张与传统主流政党的诉求格格不入。两者间缺少可调和的空间。另一方面，在传统的左右翼政治失衡，尤其是在欧洲社会民主党表现出的整体性衰落趋势之下，主流政党的结构有被打破的趋势。鉴于主流社会缺少可替代性的政治方案和代表，各种激进政治力量纷纷崛起，欧洲政治的结构性失衡将是一个长期的现象。这种政治氛围将限制积极有效的社会政治改革的推进。

最后，**政治组织行为实用主义的泛滥不利于长远的审慎改革**。如一些西方学者所分析的，西方的民主政治同时内含了两种取向，即其"救世"的一面和实用的一面。前者赋予民主以理想的光环，而后者则突出赤裸裸的利益，包括肮脏的政治交易。民主的"救世"一面虽然不无虚伪，但它不时也会起到抑制实用主义泛滥的作用。两者的断裂往往会导致民粹主义的泛滥。而近期的欧美政治显示，虽然围绕有关民主变革的取向未定，**但赤裸裸的实用主义泛滥却是各国政府以及政党行为的普遍取向**。诸如简单的国家保护、狭隘的民族主义、赤裸裸的选举利益等。这种调整可能会在短期内满足一部分民众的心理需求，但从长期来看，它不仅不能真正弥合既已存在的精英与大众的分裂的社会失衡，且存在导致新的结构性失衡的风险。

由此也不难理解，虽然众多的力量都诉诸变革，但具体的变革方向却是迷茫的。而一些看起来颇具反传统意义的主张（如经济的反自由化趋向，政治和社会的反移民倾向），其实也不过是受实用主义泛滥的驱使而表达的。

四　应对与启示

作为当今世界秩序的主导力量，发达资本主义国家的调整及其不确定性同时也给世界的变化带来了不确定性。对中国来说,至少应从两方面考虑应对。一方面,应重视并深入研究西方国家政治的结构性不稳定导致的问题,尤其是其对传统国际秩序变更的长期影响。实用主义政治的泛滥意味着传统国际秩序所秉承的自由主义原则有被侵蚀的趋向,需要认真研究全球化时代的国家组织和功能变化,以及这些变化带来的治理挑战。另一方面,从汲取教训的角度来看,既需要从长远的战略意义上考虑全球化背景下经济与社会的平衡发展,也需要在政治上对民粹主义思想的蔓延保持警惕。

(中国政法大学教授 林德山)

中华文明的现代价值须向世界阐释

本文要点：大一统的民族国家理念与现实是中华文明长久不衰的重要原因之一，从殷周到清末，中国的政治未曾发生过外在的断裂，它是通过不断"内部调整"的方式达到了一种稳定的完整架构。中华文明的这种强大生命力，表现在它的同化力、融合力、延续力和凝聚力等方面。中华文明的现代价值主要表现为它在本质上是一种非零和型文明，具有和合的特质；现代中国的文化融合了文明型国家和民族国家双重特点；中华文明提出了更具普遍意义的价值观，具有了世界主义的品质特征；以中华文明为底色的中国发展道路已大致形成并在世界体系中显现；中华文明的和合内核决定了中国在国际竞争与博弈中会采取良性竞争的原则，而非霍布斯式竞争方式，这也为国际政治博弈注入了新的变量。

一 对中华文明的自信与定力

中国在世界上被称为四大文明古国之一，中华传统文化在世界文化史中有着自己独特的价值和地位。

大一统的民族国家理念与现实是中华文明长久不衰的重要原因之一。从殷周到清末，中国的政治未曾发生过外在的断裂，它是通过不断"内部调整"的方式达到了一种稳定的完整架构。中华文明的这种强大生命力，表现在它的同化力、融合力、延续力和凝聚力等方面。其中，历久弥坚的凝聚力表现为文化心理的自我认同感和超地域、超国界的文化归属感。

中华文明的同化力和融合力是在历史中形成的。因此，它不是简单的、偶然的文化现象，而是一种文化生命力的表现。具有如此强大的文化生命力的民族，在世界历史上都是少见的。20世纪70年代初期，英国历史学家汤因比在与日本学者池田大作对话时曾说，就中国人来说，几千年来，比世界上任何民族都成功地把几亿民众从政治文化上团结起来。他们在历史上就显示出这种在政治、文化上统一的本领，具有无与伦比的成功经验。

在世界文化史上，唯有中华文明历经数千年，持续至今而未曾中辍，表现出无与伦比的延续力。截至17世纪的千余年间，中国人在物质生产和精神生产方面都远远走在世界其他民族的前面，对人类文明和文化的发展做出了重大贡献。正如英国著名学者李约瑟所说，此时的中国走在了那些创造出著名的"希腊奇迹"的传奇式人物的前面，与拥有古代西方世界全部文化财富的阿拉伯人并驾齐驱，并在公元3世纪到13世纪之间保持着一个西方望尘莫及的科学知识水平。

从历史上看，东西方文明都以不同的方式改变着世界，但哪一种文明显得更好，更有利于世界的发展？英国历史学家汤因比在面对"你更愿意生在哪一个国家?"的设问时明确回答,他愿意生在中国,因为中国对于全人类的未来将起到非常重要的作用。汤因比说,中国是一个没有征服野心的国家。他预言21世纪是中国人的世纪,世界的和平统一必将以地理和文化轴为中心。这个主轴不在美国、欧洲和苏联,而在东亚。**中国与东亚各民族合作,可以在世界和平统一中发挥主导作用**。

当然,也有一些西方的思想家完全不知道中华传统文化在今天存在的方式,也不知道这种文化获得新生后所带来的思想力量。一个伟大的时代总有其伟大的文化作为支撑。我们从不粉饰我们在寻求真理道路上所犯的错误,我们正是在对自己的错误的反思中不断成长和进步的。在西方文化面前,我们从不自卑,我们不仅有着令全世界羡慕的历史悠久、未曾中断的中华传统文化,同时,中华民族正以其极大的创造性发展着这个文化,使其更加灿烂辉煌。

二 中华文明的现代价值

要深刻把握作为世界文化奇迹的中华传统文化,我们就要向世界说明中华传统文化的现代价值。众所周知,改革开放使中国重新焕发出前所未有的巨大活力。当代中国取得了人类历史上前所未有的进步和发展,其取得的巨大成就业已被世界认同,其发展之快也令世人刮目相看。这样的伟大成就必有伟大文化的支撑。中国在西方一些人看来是文化的另类,其实,中国的发展有着自己的逻辑,中华文明是其伟大成就的思想支撑。

第一,中华文明在本质上是一种非零和型文明,具有和合的特质。中华文明是开放性的,完全有能力不断吸取外来文化,并将其转变成为自己的一部分。因此,世界历史上其他地区的大规模"宗教迫害"和"宗教战争"在中国的历史上从未发生过,这是中华文明与一神论宗教文明的重要区别。英国著名哲学家罗素就曾对此有过深刻评论,中国文化从来没有宗教异端的这种观念。传统中华文明中的世界观是一种天下观,在道义上强调"德化"天下而非武力征服。

这种"天下"秩序观完全区别于"西方中心主义"中的零和性特征,中华文明的和合特质在逻辑上遵循的是"王道"和"仁和之道",而非西方文化中的"霸道"。和谐共生是中国传统文化和哲学所追求的精神境界。中华文明的非零和特质主要表现为宽容性与温和性,强调以德服人,这种柔性的文化在立世与传播上并无强制性,让人乐意接受,这种境界也是西方文明所不具备的。此外,中华文明的和合特质承认矛盾、差异,也认可必要的斗争,但必须要有一个合体,能将矛盾、差异和斗争限定住,防止过度的争斗而破坏各方共同存在的基础。可以说,**和合思想是中国文化的精髓和被普遍认同的人文精神**。在和平共处问题上,占主导地位的西方文明并没有解决好这个问题,而中华文明提出了"和而不同"价值观,这也是人类共同生存的基本前提。中华文明的经验可以为世界形成新的和平秩序提供诸多值得思考的启示。

第二,国家独立、民族自觉是中华文明百年变更的一个最重要成果。中华民族在中国共产党的领导下获得了国家独立和民族文化的新生,有着中国历史和文化的内在逻辑。当代中国的发展其实是一个融合了文明型国家和民族国家双重特点的发展过程。西方国家不少人总是按照自己的文化传统和意识形态来理解中国的现代史,指责中国的现实。这里既有知识上的不足,也有西方文化傲慢的原因。中华人民共和国成立后,以毛泽东同志为代表的中国共产党人构建了以马克思主义为指导的社会主义文化体系,从而为中华传统文化焕发新的生机创造了条件。

可以说,中华文明经历了5000多年的历史变迁,在现代与马克思主义相结合后实现了现代化改造,建立了中国特色的文明体系。这对中华文明的复兴具有重要指导意义，中国也真正走上了民族复兴之路。马克思主义的认识论、世界观和方法论成为中华文明进行现代化改进的利器。在现代化的进程中，中华文明也加入了民族国家、科学技术、市场经济、全球化、竞争、效率与公平以及工业化等非传统中华文明的要素，实现了概念庞大而彼此互融的整合历程，产生了更具有普遍意义的文明价值观。在处理国际关系时，我们既尊重国家利益，但也摒弃"利益至上""只有永恒的利益，没有永恒的朋友"等西方惯有的冷战思维，而坚持正确义利观，重视道义与责任，其中体现的就是中国优秀传统文化的重要内容。

第三，中华文明提出了更包容开放、更具有普遍意义的文明价值观。其一，中华文明承认文明的多样性；其二，倡导文明是平等的；其三，倡导相互包容与互鉴，实现文明和谐。上述主张主要基于中华文明本身所具有的和合特质，与欧美所奉行的征服与零和博弈为主要特质的西方文明有着本质的区别。在对社会和经济的发展问题上，中华文明提出了"人类命运共同体"的理念，这是一种更具有普遍意义的价值观，更具有包容性和互利共赢的开放性，具有世界主义的品质特征，体现于建立以合作共赢为核心的新型国际关系的国际政治互动之中。

"人类命运共同体"在内容上涵盖了从国与国到各区域之间的相互关联性，最后是整体的人类命运共同体。"命运共同体"体现了中国与各国合作共赢的理念，也体现着中华文明的东方智慧。表现在经济上，是争取实现国内和国际的包容性增长；表现在政治安全上，是使相对和平的国际环境更能长久延续；表现在中国的发展道路取向上，是继续沿着"国强不霸"的道路走下去，实现和平发展。可以说，"人类命运共同体"的理念是对西方文明中的自由、平等、博爱等价值观的超越。

第四，获得新生的中华传统文化在今天仍然是中国人赖以生

存的精神家园，也是中国人应对世界复杂问题的智慧源泉。经过40年的改革开放，中国不仅在物质生产领域取得了前所未有的进步和成就，中国人的思想和文化也得到了前所未有的张扬和发展。自英国工业革命以来，在200多年的时间中，包括日本在内的西方七国的总人口是7.2亿，平均每个国家为1亿人，只占世界人口的11.2%。此外，西方七国并不是在同一时间实现工业化的，而是在长达200多年的时间里陆续进入工业化行列的。中国是迄今为止人口最多的工业化国家，中国的工业化是13亿人口的工业化，是西方七国人口数量的近两倍，但中国只用了半个世纪的时间就加入世界工业化的行列。这说明，传统的中华文明只要与现代世界进行有效融合，就能爆发出巨大的能量而深刻影响世界。

第五，**以中华文明为底色的中国发展模式已大致形成并在世界体系中显现**。中国在改革开放的过程中，逐渐形成了具有自身特色的中国发展模式。在这种模式下，中国积极稳步推进经济与社会的发展，中国的改革模式在世界改革史中表现卓越，取得令人瞩目的成功。在中国道路的统领下，40年的发展使中国发生了巨变，其成就已超过了工业革命时期的英国以及19世纪的美国。西方学者在撰写的《北京共识》报告中就认为，被中国实践证明的**中国模式更适合新兴经济体的经济发展**。从这个角度看，中国的发展道路是一种区别于美国模式而形成的新的社会与经济发展模式，并越来越受到广大发展中国家的重视，具有了广泛的世界影响。

第六，**中华文明的和合内核决定了中国奉行的是良性竞争的原则，这完全不同于西方文化奉行的恶性竞争原则，必然会带来国际政治博弈的新变化**。在文明的互动关系上，由于中华文明的兴起，国际政治会表现出新的特征。当非零和型文明（如中华文明）逐渐勃兴于世界舞台时，世界政治将呈现出非零和博弈的政治互动模式，从"人人为战"的霍布斯式的恶性竞争时代进入合作互利的洛克式良性竞争时代，这必将为世界各国的政治博弈注入新的正能量。中华文明范畴内的国际关系原则会更强调以"和合"为中心，强调责任共同体、利益共同体和命运共同体。中国提出的"一带一路"倡议，倡导共商共建共享的原则，就是中华文明与世界良性互动的一个最好例证。可以说，中华文明给世界提供了一种包含着和平与竞争的极大进步可能。

今天，发展的中国以更大的包容性吸收着各种外来文化，中华传统文化作为其底色，也为现代文化创新提供智慧和思想动力，近现代文化的变迁和发展成为我们今天创造新文化的出发点。正像经过600年的消化和吸收，中国彻底完成了对佛教的吸收一样，400年来对西方文化的吸收与改造为今天中华文明的涅槃再生打下坚实基础。中国近40年所取得的伟大成就完全可以和人类历史上任何一段最辉煌的历史相媲美，我们有理由将中华文明的悠久思想与哲理介绍给世界，与各国人民分享中国发展的智慧。

（北京外国语大学比较文明与人文交流高等研究院院长　张西平
　中国社会科学院世界经济与政治研究所副编审　赵远良）

世界经济不确定性风险及中国应对

本文要点： 本文研究表明，虽然全球经济在金融危机十年来实现了从衰退到复苏的转变，世界主要国家保持稳步复苏增长态势，但全球分化和不平衡的问题并没有得到显著缓解，世界经济面临不确定性风险并没有显著消除，英国"脱欧"、宏观政策分化溢出效应、政治变数、地缘政治新动向及中美贸易摩擦等构成了全球新的挑战。对此，中国应保持战略定力，以深化改革开放应对中美经贸摩擦，以加强双边多边协调保障国际经济秩序的稳定运行，以创新驱动战略培育经济增长新动力，以"一带一路"建设为重点拓展全球经贸合作新空间。

观察2018年以来的世界经济发展状况，尽管全球经济保持稳步增长态势，但主要国家经济增长分化的现象未见改观。美国经济有望继续保持稳步增长，欧洲经济增长呈现放缓迹象，日本经济增长势头能否延续有待观察。相比发达经济体的表现，自2008年的国际金融危机以来拉动全球经济增长主引擎的新兴经济体也呈现分化现象，中国进行深层次结构性改革推动经济从高速转向中高速增长，印度经济继续保持较高增速，俄罗斯、巴西、土耳其及阿根廷等新兴经济体面临经济金融风险升级的压力。世界经济分化是构成全球经济增长不稳固的重要表现，中美经贸摩擦及地缘政治等因素对全球经济也产生较大压力。要客观分析全球经济发展态势，需要客观评估当下世界经济面临的不确定性因素。

一 世界经济面临的十大不确定性风险

第一，**特朗普单边主义及贸易保护主义政策，可能对全球经贸合作体系构成巨大负面冲击**。特朗普执政后，美国绕开全球体系，单方面对其他国家商品进行反倾销反补贴调查，单方面提高关税，引发相关国家采取报复性措施。特别是自2018年3月以来，美国单方面对进口美国的钢铁及铝加征关税，引发主要国家对当前国际经贸合作体系的巨大担忧。美国对其他贸易伙伴在未来如果持续采取歧视性的贸易政策，那么自由贸易的大门就面临着关闭的风险，贸易持续增长的空间可能缩窄。与此同时，特朗普还对北美自由贸易区及世界贸易组织等提出质疑，第二次世界大战以来的国际经济秩序面临着崩溃的挑战，全球贸易增长可能出现制度缺失。

第二，**中美贸易战不仅构成对中美经贸合作的负面影响，而且可能对全球经济形成较大的下行压力**。2018年以来美国单方面对中国发动贸易战，中国被迫采取应对措施，由此可能造成中美经贸合作的负面冲击，对全球经济的影响不容忽视。因为中美两国不仅是全球系统重要性经济体，而且经济总量居世界前两位，客观上构成了全球经济增长的重要基础。美国凭借美元霸权及其派生的国际金融主导地位控制国际金融市场，中国通过承接全球产业分工形成的制造业大国地位对全球生产体系形成了内在的影响。中美经济与外部经济联系日益增强，中美经济波动不仅影响自身宏观经济稳定，而且对其他经济体也将构成较大的影响，中美贸易战可能对全球经济产生较大下行压力。

第三，**英国"脱欧"滋生的逆全球化对全球经济的影响尚未完全释放**。2016年6月英国"脱欧"拉开了逆全球化的序幕。2017年3月29日，特蕾莎·梅出任英国首相后启动了《里斯本条约》第50条款，英国"脱欧"开始倒计时。2018年3月29日，英国和欧盟的谈判协议中包括英国"脱欧"之后的过渡期、英国公民与欧盟的关系以及涉及捕鱼业的相关政策。按照计划，英国将于2019年3月29日正式退出欧盟并进入过渡期，2020年12月31日，过渡期结束，英国和欧盟之间新的经济和政治关系将开启新的历程。根据现在的信息来看，英国"脱欧"可能仅仅是一个前奏，未来如果其他欧洲国家也进行"脱欧"公投，"脱欧"可能出现"多米诺骨牌"效应，那么欧元乃至欧盟的稳定性可能受到挑战，由此对全球化的影响将形成较大不确定性。

第四，**世界主要国家宏观政策分化可能对全球经济产生负向溢出效应**。欧洲央行与日本央行继续实施负利率的极端政策，美联储加速加息以实现货币政策正常化，宏观政策分化的溢出效应引发全球资本跨境大规模流动的问题越发突出，全球汇率市场波动加剧，世界各国尤其是部分新兴经济体汇率贬值的压力加大，汇率市场非常规波动滋生各国对国际金融稳定性的担忧，汇率失调成为全球开放合作的较大障碍。从历史上看，美联储在20世纪80年代以来的加息往往伴随着区域或者全球的金融危机，虽然不能说美联储加息都会导致金融危机的出现,但从经验上看,两者的较强相关性预示美联储加息所形成的负面溢出效应不容低估。

第五,**全球失衡对全球经济构成再平衡压力**。从20世纪90年代以来到本次金融危机之前,苏联解体及东欧剧变,先前实行计划经济的国家纷纷推行市场经济体制改革,加入美国第二次世界大战以来主导构建的全球经济治理体系,全球化获得了加速发展。在此背景下,发达经济体经常账户赤字占GDP比重不断扩大,预示发达经济体出口难以弥补进口而导致赤字不断增大,发达经济体必须从外部持续借债以维持经济平衡。与此相反的是,同一时期新兴及发展中经济体经常账户持续盈余,新兴经济体必须通过全球市场投资以实现外汇保值增值。未来全球经济不仅面临增长的压力,也面临着再平衡的压力。

第六,**政治变数可能对全球价值链构成冲击**,促使劳动生产率增速放缓乃至停滞,**从而对全球贸易产生负面影响**。全球贸易不仅是简单的商品服务的买卖,而且通过开放合作能够推动国际分工水平的提高,促进全球在价值链中的合作。现实生活中可以看到大量国家进口商品不是为了消费,而是再次经过加工生产以出口到其他国家或者地区,这种价值链的分工合作增大了国际贸易的空间。然而,当前民主、民粹、难民、移民等问题非常复杂,有些国家在领导人选举过程中出现黑天鹅事件,政治变数问题较为突出,由此可能促使相关国家的政策出现较大调整,政治变数极有可能滋生各自为政的问题,促使价值链分工合作缺乏稳定的环境。没有自由贸易就难以对企业形成良性竞争格局,也无法形成全球分工协作的环境,企业创新可能因此放缓,科技进步也将面临减速局面,劳动力生产率难以回避停滞的风险,全球贸易深化发展的前景可能受到冲击。

第七,**地缘政治等因素放大大宗商品价格高位波动风险**。美国退出伊朗核协定，同时要求所有国家禁止从伊朗进口石油等商品，石油等大宗商品价格可能出现高位波动。从经验上看，20世纪70年代的石油危机与当时的地缘政治密切相关。当前地缘政治带来的市场波动依然较大，伊朗等局势仍然存在较大变数，未来如果风险持续升级，那么对大宗商品价格波动可能构成潜在的影响。而且，大宗商品既受全球经济基本面的影响，又受美元、欧元等国际货币投机因素的影响，大宗商品价格未来持续高位波动的风险有增无减，在经济交往日益密切的全球经济中，如何防范地缘政治问题引发的大宗商品价格波动，将是重要的课题。

第八，**经济结构改革滞后诱发全球经济增长动力不足风险**。2008年金融危机以来，美欧日等世界主要发达经济体央行都实施量化宽松政策拉动经济增长，虽然美联储等央行已经开始在缩表，但截至目前，美联储、欧洲央行及日本央行的资产都比金融危机之前翻了一番以上，2008—2017年的十年间，世界主要国家央行投入的货币总额超过了以往投放的规模。然而，全球经济在2009年出现V形反弹之后便不断减速，当前全球经济增长尚未恢复到金融危机之前的水平，表明全球经济不是单纯的总需求不足问题，而是深层次的结构性问题。从结构上看，美国等发达国家需要改变过度消费的经济增长模式，而中国等新兴国家则致力于提振内需，实现投资、消费及出口的协调发展。然而，当前全球经济结构改革并不顺利，不少国家回避改革而采取非常规的刺激或者贸易保护措施，经济结构改革的滞后可能导致全球经济面临增长动力不足的风险。

第九，**世界主要发达经济体债务高位运行增大全球经济风险**。传统经济理论认为，发展中国家缺乏资金、技术及管理经验，通常需要通过"引进来"的手段满足国内对资本等要素的需求，但结果是发展中国家积累大量的债务。然而，近年来的经济现象却表明发达经济体也存在巨大的债务问题,近年来发达经济体高额财政赤字推高债务水平,财政风险显著上升,日本债务占GDP比例已经达到250%左右,欧债危机暴露欧洲财政风险高位运行的问题,美国财政债务绝对量位居世界第一显示潜在的债务风险不容低估,发达经济体财政面临集体整顿的较大挑战。根据经济理论,财政整顿往往伴随政府支出的减速,由此可能引起总需求下行压力,加大全球经济下行的风险。

第十,**新兴市场的资产价格泡沫与通胀风险**。金融危机以来,世界主要经济体央行大量发行货币,此举对于促进全球经济复苏增长有着重要作用,但也造成了全球流动性总体比较充裕的局面。宽松的货币环境引发部分新兴经济体房地产等资产价格较快上涨,国际大宗商品价格大幅波动。然而,当前美联储加息进程可能提速,由此可能引发新兴市场资本流出压力加大,未来伴随着美联储继续升息及缩表,美元汇率可能继续反弹,美元大规模回流或将引发新兴市场资产价格泡沫破灭、本币贬值等。因而,当前美联储货币政策缩紧及全球形势变化可能加大新兴经济体波动风险,进而加大全球经济波动风险。

二 中国应对世界经济风险的政策选择

世界经济面临的挑战既有金融危机以来暴露出来的结构性问题,又有各国宏观政策分化的溢出效应风险。各种复杂因素相互交织,特别是美国采取单边主义及贸易保护主义政策,对国际秩序造成重大冲击,全球经济尚未形成内生增长动力,世界各国增长分化可能加剧各国宏观政策的协调压力,世界主要国家分化的现象没有根本改变,世界经济增长基础难以轻言稳固。在此背景下,中国的应对策略既应积极谋划如何应对全球形势变化的问题,又需要考虑如何深化改革开放,推动宏观政策创新,促进宏观经济的稳定发展。

一是深化改革开放主动应对中美贸易战。面对美国单方面对中国发动贸易战，中国既要采取报复性措施以捍卫国家利益，又要注意规避20世纪80年代美日贸易战中日本的教训，即不能采取回避改革而被动放水刺激房地产的做法，应重视进一步深化改革开放，解决经济社会发展过程中的结构性问题。一方面，通过改革扩大内需，应对中美经贸战对外需产生的下降压力。重点通过改革税收体制机制，构建分类与综合相结合的个人所得税制度，降低个人所得税以提高个人可支配收入。与此同时，推动社会保障体制及收入分配制度改革，营造让民众敢消费、愿消费、能消费的环境，确实实现扩大内需的目标。另一方面，推动国有企业改革，促进国有企业提质增效，完善社会主义市场经济体制，通过改革释放新的红利。

二是深化国际经济合作，增大外需增量空间。虽然全面深化改革有助于夯实中国经济内生增长动力，但这需要较长时间，短期需要内外需的稳步扩张。外需的发展在WTO的框架下已经较难取得进展，应该更加注重做实自贸区与"一带一路"的建设。目前美洲有北美自由贸易区，欧洲有欧盟经济一体化，但亚洲仍然没有自贸区。中国通过积极推动周边国家贸易自由化并最终实现亚洲或者东亚经济一体化，可以在增量上提升国际贸易空间。围绕政策沟通、贸易畅通、设施联通、资金融通、民心相通"五通"推动"一带一路"建设，此举有助于拓展外需空间，降低美国贸易战对外需的影响。

三是激活财政存量资金，促进宏观经济稳定。重视推动预算执行效率及财政存量资金管理效率提升，以此促进财政资金更好地服务实体经济增长。激活财政存量资金主要有两个渠道。一方面，近年来全国财政在央行国库的现金存款余额达到约3万亿元人民币，除了保障日常财政支出需求而必须保留适度资金余额外，其他大部分资金应通过国库现金管理制度改革,激活存量资金,让闲置在央行国库的财政现金服务实体经济的发展。另一方面,对商业银行中财政专户资金进行优化管理,这不会对基础货币构成影响,但对促进资金使用效率的提升有重要的意义。与此同时,必须关注房地产走势,避免资金非理性大规模流入房地产,真正促使资金流入关系经济社会可持续发展的产业,促进宏观经济稳定增长。

四是**注重创新驱动,培育中国经济内生增长动力**。针对传统比较优势减弱及新技术革命正在孕育的新背景,加快培育国际竞争新优势成为推动形成全面开放新格局的重要基础。当代国际分工格局和产业布局发生了巨大变化,未来每个经贸大国都面临着如何深度融入全球价值链及国际分工体系的问题。特别是近年来中国低成本比较优势逐步发生变化,劳动力工资稳步上升,资源及环境保护力度不断增强,各种隐性成本逐步显性化,传统低成本优势减弱的问题较为突出。在此背景下,如何深化创新驱动战略,积极参与全球价值链的重构,推动经济话语权逐渐提升,促进国际竞争力的增强,已经成为促进中国对外经济健康发展的重点内容。

五是**加强全球宏观政策协调,降低政策分化产生的负向溢出效应**。宏观政策溢出效应的关注重点应放在美国,G20、IMF等国际组织和机构应对美国的非常规行为做出明确的警示,以防止其非常规手段对某些国家乃至全球构成重大的负面溢出效应。特别是在当前经济全球化逐步深化的现实情况下,世界各国的资金联系日益紧密,资本自由化倾向增强,美国应特别重视金融引发的外溢效应。此外,当前发达经济体与新兴经济体呈现多速增长,各国经济表现差异显著,全球经济增长基础并不稳固,各国宏观经济政策差异具有必然性,但全球仍然缺乏有效的协调机制,国际货币体系等公共产品存在内在缺陷,尽管联合国、IMF、G20等全球公共平台的作用在加大,但仍然有待于进一步完善。未来必须加强应对国际宏观经济政策溢出效应的国际公共产品供给,切实防范系统性风险。

(中共中央党校国际战略研究院教授　陈建奇
中国劳动关系学院副教授　张原)

发达国家长期停滞的成因及对中国的警示

本文要点：2008 年国际金融危机爆发之后，经济上的长期停滞问题再次成为热点。长时期内实际利率水平取决于供给和需求两方面因素的综合作用；人口因素、技术因素、产出缺口均是影响实际利率的重要原因，内部债务占 GDP 比重也与其紧密相关。国际金融危机后，这些因素的综合作用导致实际利率走高，此时即便名义利率被调控为零或负，在通货紧缩的压力下亦难以使得实际利率趋近均衡利率，从而导致长期停滞。当前，中国相关因素也开始出现结构性变化，我们理应有所警惕，宜通过提升全要素生产率、推进社会保障制度改革、深化国内外产业链分工和合作、增强金融服务实体经济的能力等方式加以防范。

一 长期停滞形成原因

"长期停滞"（Secular Stagnation）最早由美国凯恩斯主义经济学家汉森提出，他认为大萧条可能会导致持续性的失业和经济停滞，无法实现充分就业。长期停滞概念主要用于区别常规的周期性衰退。2008年国际金融危机爆发之后，包括美国、日本、欧元区在内的世界主要经济体，持续降低名义利率直至零利率或者负利率，采取了量化宽松等各种救助和刺激措施，但经济仍然持续低迷，陷入低增长和低通胀（或通货紧缩）的泥潭。在此背景下，以萨默斯为首的经济学家开始重新拾起长期停滞这一概念。对长期停滞的判读直接涉及对经济衰退的不同解释，相应的政策应对措施也会大相径庭，因此长期停滞问题对各国经济复苏举足轻重，其一经提出就引发了学术界的积极回应。

近年来，我国亦出现了经济增长"换挡"和放缓的局面。**在"新常态"阶段，中国经济能否避免"中等收入陷阱"实现平稳发展，还存在某种不确定性**。虽然长期停滞主要指发达国家，与我国经济状况存在相当大的区别，但是发达经济体在危机后转入长期停滞的经验教训，对我国的政策调整、结构改革仍具有重要的借鉴意义。

实际利率是理解长期停滞的关键所在。与之相关的一个重要概念是均衡利率（Equilibrium Interest Rate）或自然利率（Natural Rate of Interest）。瑞典学派创始人维克赛尔最早提出这一概念，他认为自然利率是为实现理想的资源分配所要求的实际利率，当货币利率跌至自然利率以下时，经济和物价共同上涨；反之，则经济收缩，物价下跌。此后，不少学者对其进行了讨论，如美联储学者劳巴克和威廉姆斯则认为自然利率是在排除短暂性需求冲击的情况下，使实际国内生产总值（GDP）等于潜在GDP水平的实际利率。尽管对均衡（自然）利率定义的角度和细节仍有些许不同，但总体上将均衡（自然）利率理解为充分就业情况下的实际利率，这是毫无疑问的。由此，危机后实际利率高于均衡（自然）利率，成为理解长期停滞现象的关键节点。即**名义负利率（或零利率）是长期停滞在货币政策方面的表象**。正是由于存在零利率下限或负利率下限，且在存在通货紧缩压力的情况下，充分就业所需要的负的实际利率很难通过政策来实现。于是均衡（自然）利率难以趋近，实际利率持续高于均衡（自然）利率，经济持续不能实现充分就业并存在产能闲置。

二 长期停滞的国际经验分析和检验

基于对 23 个传统经济合作与发展组织（OECD）国家 1960—2014 年表现的细致观察和实证分析，我们发现：在发达国家，**长期停滞是供给侧和需求侧两方面因素综合作用的结果，同时人口和内部债务等结构性因素也与其紧密相关**。

第一，在 2007—2008 年前后，发达国家**全要素生产率的增长率、人口抚养比、产出缺口、内部债务比重均出现了明显的结构性变化**，其中全要素生产率增长率在危机期间为负，后来虽有反弹但总体上呈现下降趋势，人口抚养比呈现上升趋势、表明人口老龄化愈趋严重，危机发生后产出缺口由正变负，实际产出持续低于潜在产出并且负向的产出缺口有扩大趋势，内部债务比重出现明显的攀升；第二，2008 年国际金融危机后，供给方面全要素生产率增速的下降不仅降低了潜在产出，还降低了均衡利率和投资需求；第三，负向的产出缺口持续扩大，增大了通货紧缩压力，其与内部债务比重攀升的合并作用，使得实际利率居高不下甚至出现轻微上涨；第四，由于存在名义利率下限，即便中央银行将政策利率调低至零利率或负利率，也不能改变实际利率高启的现实；第五，以上因素的综合作用，使得金融危机后实际利率居高不下并持续高于均衡利率，导致发达国家产生长期停滞现象；第六，金融危机后部分发达国家内部债务占GDP的比重继续飙升，不但提高了利率，还增大了债务危机或金融危机爆发的风险。

虽然目前看来长期停滞仍主要出现于发达国家，但本文的分析对理解中国当前经济状况和完善经济调控方略仍有重要启示。2007—2008年之后，中国相关因素指标的主要特点是：第一，全要素生产率增长率不断下降；第二，2010年之后，我国人口抚养比开始上升，出现结构性转变；第三，2015年产出缺口仍为正，但缺口正逐渐缩小，且在产能过剩的情况下极可能变为负值；第四，2009年以后，我国内部债务比重出现明显上升趋势；第五，央行基准利率为正，仍有下调空间，但经济中的通货紧缩压力不容忽视。根据发达国家的经验，中国的均衡利率很可能会出现下降趋势，同时实际利率则可能上升。此时我国货币政策虽仍有下调空间，但考虑到货币政策还需稳定人民币汇率以及稳定资产价格，其操作空间也相当有限，并不容乐观。同时，为了改变人口老龄化的全面二孩政策也会有相当长的作用时滞。上述因素的分析为理解我国在"新常态"时期的经济增速换挡提供了一个新的视角。

三 对我国的政策启示

（一）制定配套措施，全力提升全要素生产率

我国"十三五"规划纲要中强调了"提升经济增长质量""提高全要素生产率"的战略目标；我国政府随后又提出必须坚持质量第一、效益优先，以供给侧结构性改革为主线，推动经济发展质量变革、效率变革、动力变革，提高全要素生产率。这表明我国决策层已经意识到全要素生产率的重要作用和战略意义。

相比于劳动、资本等受制于边际报酬递减规律约束的要素，**全要素生产率反映了一国经济可持续发展的情况**。全要素生产率，通常被视为科技进步的指标，它主要来自技术进步、生产创新、管理创新、社会经济制度等因素所导致的产出增加。因此，在当前发展阶段，我国宜围绕上述促进全要素生产率的各要素、各环节制定相应的配套措施，推动科技进步，摆脱传统经济发展路径和模式的约束，特别是借助现代化互联网信息技术和现代化金融体系，进一步服务于实体经济发展，诱导技术革命，不断深化产业升级和转型，实现新型工业化。

（二）推进社会保障制度深层次改革

目前，我国面临着人口红利消失、临近超低生育率水平、人口老龄化等问题。这不仅会引致劳动力数量减少、潜在经济增速降低，还减少了有效的消费需求。目前我国政府已经意识到该问题的紧迫性，并开始着手采取各项措施，如2015年10月，中国共产党第十八届中央委员会第五次全体会议公报提出：坚持计划生育基本国策，积极开展应对人口老龄化行动，实施全面二孩政策。与此同时，人力资源和社会保障部开始设计渐进式延迟退休政策。但是，如何有效缓解人口老龄化、提高人口生育率水平，还依赖于能否继续推进社会保障制度深层次改革，扩大民生建设，包括城乡一体化的医疗保障体系、养老保障体系，增加医疗保障体系和养老保障体系的深度，建设多层次的社会保障体系等。虽然人工智能、自动化技术等能够有效缓解人口增长疲软问题，但是产业和经济的可持续发展仍旧离不开源源不断的人力资源积累和智力支持。

（三）深化国内外产业链分工和合作

受到外部需求冲击和能源环境问题等的制约，我国目前出现了明显的产能过剩的情况，从而导致产出缺口可能变为负值。早在2015年召开的中央经济工作会议就提出了"三去一降一补"的应对策略。但是从长期来看,我国还应**结合"一带一路"倡议和亚投行**,探索共赢机制,深化我国与其他"一带一路"国家、我国东中西部不同地区的产业链分工和合作,形成内外联动、东西互济的开放局面,有效地利用既有产能,不断开发新型产能,并进一步优化我国整体的产业布局。此外,深化国内外产业链分工和合作还依赖于人民币国际化进程的推进、贸易开放和金融开放制度的深化改革,从而通过金融资本加快要素流动和产业资本积累。

(四)增强金融服务实体经济的能力

根据财政部公布的数据,截至2015年年末,我国地方政府债务高达16万亿元,而且部分学者和机构认为实际数据可能远高于这一数值。金融资本通过不同形式的影子银行层层包装,嵌套进入实体经济体系,甚至停留在金融体系内空转,不仅不断抬高资金成本,而且还持续增加杠杆、酝酿系统性风险。当前亟须出台管制措施,施行审慎监管,应对以上两个方面的金融风险,继续去杠杆、挤泡沫、避免庞氏骗局。同时,积极引导现代金融、科技创新和产业体系的互动和协调发展,发展"金融+"新型业态,切实激发金融发展回归到促储蓄和投资、优化资源配置、促产业升级等功能上,增强金融服务实体经济能力。

值得我们注意的是,以上政策仍需要较长的时间才能真正体现出效果,在短期内,长期停滞诸因素对中国经济可能会产生一定冲击,经济增长率很可能会进一步下降。

(中山大学岭南学院中国转型与开放经济研究所教授 王曦
暨南大学经济学院副教授 陈中飞)

中国的大战略缔造：意义、议题与方向

本文要点：大战略缔造是大国在国际竞争当中得以胜出的关键，直接关乎强国的历史命运。大战略缔造应当以审慎的态度，注意维持战略目标、战略手段与可用资源的大体平衡，注重包括军事、经济、外交、国民士气在内诸多战略手段的综合运用，并且在国家的日常治理中得到长期和有效的贯彻。中国在大战略缔造方面向来具有深厚的理论积淀，并在长期的历史发展中拥有诸多成功案例。随着中国和平发展效应的不断积聚，当前中国面临的内外部挑战在规模和深度上均有所提升。中国大战略缔造理应聚焦当下情势、总结历史经验以及发掘中国智慧。

一 大战略缔造的重大意义与基本规律

大战略缔造是一个大国由强大成长为伟大的关键。那些具有远大抱负的大国、强国如果能够以一个明确、适度和可行的宏大目标为指引,充分地调节和调动本国甚至其盟国所有的军事、政治、经济和精神资源的话,那么便有望获得尽可能多的战略收益甚至达成总体的战略成功。

世界历史上,所有"霸权治下和平"的创建,均与其在特定历史时期的大战略设计有关。以战后美国的政策设计为例:自杜鲁门政府确立"遏制"战略以来,其后美国历届政府虽在具体政策手段方面有所调整,但均以确保美国在战后国际体系中的"首要地位"为目标,以苏联为主要敌手,以"冷战加遏制"为战略原则,综合运用包括政治、军事、经济、外交、意识形态在内的诸多手段或手段组合,统率其全球同盟体系与苏联展开了一场世界范围内的竞争与争夺。这个以"遏制"为名的大战略,虽存在诸多内在缺陷并经历了经常性挫折,但总体指导了美国近半个世纪之久的军事部署、海外介入、政府预算、外交结盟和对外援助,并最终帮助美国"赢得"了冷战。

这些较为成功的大战略缔造案例,大多存在以下普遍性规律。其一,**大战略应当具有长期效应**。大战略是一个贯穿国家平时和战时的日常政治行为,因此那些历史上成功的政治家大多能够秉持一种长远的眼光指导国家的内外部政策行为。同时,一个国家的大战略一旦成型,必须有足够的运行周期,方能确保其效果的逐步体现。

其二,**大战略尤其应当重视其目标与手段之间的平衡**。大战略的精髓在于国家根据既有的情势和手头的实力,做出可行的且必须是适度的目标规划。大战略的艺术不仅在于找到实现既定目标的手段，还在于确定其目标是现实的和有价值的。因此，仅考虑如何达到战略目标远远不够，还必须考虑到国家为之可能付出的代价。相反，如果潜在成本与可能的收益完全不成比例，那么这个大战略的价值就应当受到质疑。在历史上，有多少次大规模的、使国家蒙受重大损失的战争是因一点无足轻重的利益而引起。大战略缔造者必须以此为戒，必须关注如何凭借尽可能小的损失来制服敌人。

其三，**大战略特别关注传统军事战略范畴之外的因素**。如外交：在平时和战时，使用外交手段以获取盟国、赢得中立国支持、减少敌国或潜在敌国的数目以改善本国的处境，往往大幅增加了国家取得总体胜利的前景。如经济：在著名战略学家利德·哈特提出的大战略必须仰仗的五种战略手段当中，至少有两种（运用贸易、财政手段向对手施压）均与经济直接相关。还有如国民士气和政治文化：在战争中民众支持战争目的和承受战争负担的意愿将直接决定战局的走向，和平时期民众承受建设庞大国防力量代价的意愿也同样将决定大战略的最终成败。

其四，**审慎的态度必须在大战略缔造过程中贯彻始终**。从古代的帝国到现代民族国家、那些成功地在一个时间阶段曾经发挥过区域甚至世界性影响的大国、强国，它们大战略缔造所共有的成功经验，往往都是审慎。大战略缔造者必须殚精竭虑，以绝佳的智慧和判断力以及最适度、最节省的方式，保证本国在一个冲突、战乱变化不绝的国际无政府秩序下生存下去，并且能够兴旺昌盛。

二　中国大战略缔造的优势与议题

作为世界历史上最为悠长的不间断文明，**中国一向有着大战略思维与大战略缔造的深厚根基**。孙子在公元前6世纪的论述一直是当代西方大战略理论的重要思想来源。当代英国著名战略学家利德·哈特名著《战略：间接路线》卷首就13次引用到孙子的名言。中国历史上还有不胜枚举的成功实践。这些实践均是在明确、平衡的和可行的总体战略目标指引下，完美地结合暴力与道义原则，顺畅地协调了武力讨伐、外交结盟、政治安排、经济设计、大众心理塑造等战略手段或手段组合，并最终取得了决定性的战略成功。

随着综合国力正急速步入世界顶尖国家之列，当前中国正日益走近世界舞台中央，并前所未有地接近实现民族伟大复兴的目标。这一在当代甚至世界历史上亦属罕见的伟大成就的取得，反映出中国决策者极为深厚的大战略素养和中国大战略在过去四十年的总体成功。但如此规模和速度的国家兴起，势必对现有国际政治经济体系和国际力量对比造成持续和非线性的复杂影响。鉴于当前国际政治经济体系为西方国家所构建、规范和主导达几个世纪之久，因此**未来中国的发展可能将不止一次地遭遇克劳塞维茨所强调的"敌对情感和敌对意志"**。当前美国特朗普政府重提大国竞争、中国周边部分邻国对华戒备心理有所增强、亚太区域热点问题不断升温、国内和国际战略环境复杂性联动性加速提升，均可以被看作此类对抗意志的直接体现。

当前中国的大战略缔造需要关注四个议题。第一，对未来世界应有图景的总体判断。第二，中国的大战略目标是什么。第三，支持我国实现以上目标的国内、区域乃至世界范围内的物质、技术和精神资源是否充足，以及如何有规划、有重点、综合、平衡、高效地运用这些资源。第四，中国实现大战略目标将会遭遇哪些挑战，以及如何综合运用武力和非武力手段，有重点、分阶段、多手段地对抗、化解和规避诸多性质、程度、来源不一的威胁。

三　中国大战略缔造的重点领域

党的十八大以来，中国的大战略缔造已经取得了极具历史意义的重大进展。党的十九大报告更是从全局性、战略性和前瞻性的角度提出了新时代中国大战略的目标、方略、手段和基本路径，为国内大战略理论研究提供了明确依据与动力。当下中国的大战略缔造应将以下领域作为重点。

第一，**聚焦当下情势**。作为"世界工厂"，经济总量排名世界第二，经济全球化和全球治理最主要的推动者，当前国际秩序重要的维护者，世界上最大的社会主义国家与最大的发展中国家，中国集诸多特质于一身，它当前所面临的总体战略环境与四十年前甚至21世纪初显然不同。中国的大战略研究必须对各专业领域（军事、经济、政治和社会心理）的当下情势及其所激发的国内和国际效应，进行实时、连续的量化和预测性评估，以期能够较早和较准确地对必然出现的内、外部"摩擦"进行研判和预警。

第二，**总结历史经验**。中国的大战略缔造必须重视理论研究的历史眼光和"历史境界"，必须注意对特殊历史时期大国、强国的大战略缔造的成功经验进行再梳理和再评价，尤其是汲取那些功亏一篑强国的惨痛教训，在新的历史视野中探究其成败得失，从中发现大战略缔造的一般性规律，通古今之变，更好地服务于当前中国的大战略实践。

第三，**发掘中国智慧**。中国古代历史以及当代革命家的思想遗训对于当前中国大战略缔造大有裨益。自武王革命以来，中国历史上的大战略家对天、人、敌、我、时、势的洞察显然可资借鉴，而战略失败者的教训亦有镜鉴之用。尤其是中国古代思想家"效法天地""顺天应时"的观念暗示了战略环境判断与战略目标设定的基本原则；"守静""无为"之说，强调大战略设计必须遵守审慎、平衡的原则;"居善地、心善渊、与善仁、言善信、正善治、事善能、动善时"的告诫实质上已经全面提出了国家大战略缔造应坚持的信条;而极具智慧的"利万物"与"不争"哲学,则完全可以有效化解西方战略学界长期坚持的"丛林法则"前提与斗争哲学,有望为近代以来霸权的兴替、暴力的频发及其导致的历史循环提供全新的替代方案。

(国防科技大学国际关系学院副教授　葛汉文)

全球能源治理发展与中国对策

本文要点： 能源是全球经济的命脉和动力，更是国际竞争和较量的核心领域之一。随着美国页岩气革命和新兴经济体全球能源消费总量占比的日益提高，全球能源供需格局调整步伐加快，适应变化新形势的全球能源治理调整或改革的呼声也越来越强烈。中国参与全球能源治理的历史相对较晚，但国际能源格局的关系变化、全球亟须有效的能源合作机制和全球油气市场再平衡都给中国带来了机遇。为此，中国要加强与国际能源署的合作，利用好二十国集团合作平台，完善金砖国家能源合作机制，继续推进"一带一路"倡议，发挥上合组织作用，完善亚洲能源合作。

一 全球能源治理的形成与发展

(一) 全球能源治理理念

全球能源治理是指国际关系行为体通过国际规则或制度解决全球性能源问题的过程,它涵盖了议程的设定与协商、规则的制定与执行、程序的实施与监督等环节。能源治理作为全球治理中的重要组成部分,也是最复杂的问题领域之一。

(二) 全球能源治理的发展历程

1. 第一阶段:欧佩克(OPEC)成立之前

第二次世界大战结束后,随着石油消费的大幅度增长,世界石油出口中心由美国墨西哥湾转向中东波斯湾。欧美发达国家在全球能源治理中占据统治地位。特别是石油公司通过"牌价"方式控制原油价格,产油国只能按照租借方式获取很低的矿区使用费。可以说,这个时候的全球能源治理表现方式是以殖民主义性质的传统矿税制和牌价制度为基础的。

2. 第二阶段:欧佩克成立至冷战结束

一些产油国为争取对资源的控制权,于1960年在伊拉克巴格达成立了石油输出国组织(简称欧佩克),打破了西方国家完全垄断世界石油市场的局面。欧佩克成立后积极争取提高矿区使用费并逐步赢得了对油价的控制,国际油价完全由欧美发达国家决定的时代结束,进入"官价"时代。1973年中东战争爆发后,中东产油国成功运用石油武器,导致油价暴涨,廉价石油时代基本结束,美国经济遭遇罕见的滞涨。但随着产油国"石油美元"的剧增,为布雷顿森林体系瓦解之后的美元全球霸权地位的巩固提供了可能。面对欧佩克的卡特尔垄断行为,西方发达国家在经济合作与发展组织(OECD)框架下于1974年发起成立了国际能源署(IEA)。从而形成了发达的能源消费国和发展中的能源生产国两大组织博弈的格局,这是国际能源秩序演进过程中的一次重大变革,竞争与合作的国际能源治理格局基本形成。

3. 第三阶段:冷战结束以来

发生在 20 世纪 70 年代的两次石油危机,加快了发达国家能源战略调整的步伐,替代能源和能效技术得到了空前重视,战略石油储备体系得以建立并稳步发展,原油期货合约推出并逐渐发挥作用,"官价"逐步退出历史舞台,期货市场决定价格的机制逐步形成。特别是冷战结束后,世界贸易组织(WTO)代替关贸总协定,经济全球化和国际能源贸易在广度上拓宽、深度上加深,能源在地缘政治和国际关系中的地位大幅上升,国际能源治理亟须新一轮重大变革。

(三)全球能源治理机构与规则

(1)政府间国际能源组织:包括国际能源署、欧佩克、国际能源论坛(IEF)、天然气出口国论坛(GECF)、国际可再生能源署(IRENA)、国际原子能机构(IAEA)等。(2)国家间合作集团及首脑峰会:包括联合国(UN)、八国集团(G8)、二十国集团(G20)、金砖国家(BRICS)、亚太经合组织(APEC)等。这些组织职能宽泛,能源问题仅是其关注的领域之一,首脑会晤已成为紧急应对多边性能源问题的更加灵活、高效的途径。(3)多边金融和贸易机构:主要包括世界贸易组织、双边及多边投资条约,以及能够为各国政府提供资金技术援助、为能源项目提供贷款的开发银行如世界银行(World Bank)。(4)国际非政府组织(NGO):主要是致力于减少或降低能源开发和利用过程中所带来的环境问题及生态问题的组织,如世界自然基金会(WWF)、绿色和平组织(Green Peace)等。(5)国际能源规则:主要指具有严格法律意义和正式缔约方的《能源宪章条约》(ECT)。这是一个几乎涉及所有能源利益攸关方的协议,其战略目标是在利益互补和互惠原则基础上促进能源领域的长期合作。

在上述各个能源治理机构与规则中，国际能源署有30个正式成员国，在全球能源关系协调、能源安全供应、倡导清洁能源、应对全球气候变化等方面作用和影响力最大。国际能源署成立初期，其主要任务是通过建立战略石油储备来应对石油供应紧急情况；20世纪80年代以来，国际石油市场的供需力量对比发生变化，其任务逐步调整并不断得以扩大。当前国际能源署的重点已转向气候变化应对政策、能源市场改革、能源技术合作、扩大与非OECD的消费大国合作，特别是加强与中国、印度等新兴消费大国的合作关系。

二 中国参与全球能源治理历程

中国参与全球能源治理的历史相对较晚。经过近年的发展，目前，我国与世界主要能源生产国、消费国都建立了交流合作关系，与主要国际能源组织都开展了合作，建立了综合性多边机制下的能源合作机制和专业性国际能源组织合作机制以及双边合作机制。

20世纪80年代之后，中国开始参与全球能源治理。1983年中国成为世界能源理事会（WEC）成员，开始接触并熟悉国际能源规则，这是中国加入的第一个全球能源组织。

20世纪90年代以来，中国以积极态度参与全球化进程，但对国际能源治理的影响一直较弱。1991年加入亚太经济合作组织能源工作组，开展了区域性的能源机制合作；1992年签署《联合国气候变化框架公约组织条约》；1996年与国际能源署建立合作关系。

进入21世纪，我国开始尝试更加主动、深入地为全球能源问题做出更多更大贡献，由"积极参与"转变为"主动影响"。2001年成为联合国数据倡议组织的创始成员国；2001年成为国际能源宪章受邀观察员国；2002年成为国际能源论坛的创始成员国；2005 年与 OPEC 建立合作关系；2010 年成为国际核能合作框架创始成员国；自 2010 年起，开始参与 G20 框架下能源议题讨论；2013 年 9 月，上合组织成员国元首比什凯克峰会上，中国国家主席习近平提出了"成立能源俱乐部，建立稳定供求关系，确保能源安全"的倡议；2014 年正式加入国际可再生能源署；2015 年 5 月签署新的"国际能源宪章"，成为该组织的签约观察员国；在国际能源署 2015 年 11 月 18 日举行的部长级会议上，中国成为国际能源署联盟国，首次以联盟国的身份，就与能源相关的重点议题以及未来世界能源系统转变以应对气候变化的威胁进行讨论，成为全球能源治理体系建构的积极参与者和贡献者。在全球能源治理中，中国贡献的影响因子已从 2013 年之前的 0 上升到 2016 年的 1.1619。

国际能源署对中国参与全球能源治理做过如下评价："中国参与全球能源治理不是一蹴而就的。参与能源治理的两大转变是：从一个与国际社会相对独立的、全球能源治理的局外人，到一个能对全球事务产生巨大影响力的局内人。从被动接受全球能源治理规则的追随者逐步转向主动参与治理和塑造规则的影响者。"总体来看，我国几乎参与全球能源治理的各个方面和各项活动，但在参与深度和影响力方面仍然与中国经济体量以及能源生产和消费规模不相适应。

三 全球能源治理面临的挑战与中国机遇

（一）全球能源治理面临的挑战

第一，**能源消费持续增长乏力，削弱了各国政府参与全球能源治理的动力**。根据 2017 年版《BP 世界能源统计年鉴》，2016 年全球一次能源消费增长 1%，已经连续三年增速只有 1% 或低于 1%，仅为过去十年平均水平的一半左右。国际上主要的机构和能源公司近年发布的能源展望报告普遍认为到2035年前,世界能源消费的年均复合增长率只有1%。

第二,新兴经济体成为世界一次能源消费增量的主要来源,与现有全球能源治理体系形成时的结构不相匹配。据英国BP石油公司2017年发布的《BP世界能源展望》预测,到2035年,几乎所有的新增能源需求都来自快速发展的新兴经济体,其中中国和印度加起来占增长的一半以上,OECD组织内部的能源需求几乎无增长,中国将会是最大的能源增长市场。据IEA发布的《世界能源展望2017》预测,未来全球能源需求的增长速度比过去要慢,到2040年将比目前增长30%,而亚洲发展中国家占全球能源增长的2/3。

第三,国际能源格局中各方力量的此消彼长将必然带来全球能源治理参与方话语权的变化。一方面,中东地区探明石油储量虽仍然占据明显优势,但增幅有限,相对地位在下降。据2017年版《BP世界能源统计年鉴》,2016年中东地区探明石油储量仅比上一年增加1.3%。另一方面,美国页岩气革命将有可能撼动中东世界油气中心的地位。自2014年油价暴跌以来,美国致密油便成了石油市场中的主角之一。虽然2016年美国致密油产量增长缓慢,但是其生产效率一直在快速增长,如2015—2016年单井产量的年增速达到40%。

第四,现有的能源治理机制难以担负起全球能源治理的历史使命。随着美国、俄罗斯等非欧佩克国家在全球石油生产占比的上升,加上欧佩克内部鹰派和鸽派的竞争,其通过限产保价的政策效力大不如前,治理作用显著下降。IEA虽然通过积极发展与中国、印度等发展中能源消费大国的合作来推进其本身功能的扩展和影响力增加,但毕竟受到OECD框架下内部机构的体制性约束,IEA的政策和行为不可能代表非OECD消费国的利益诉求。其他治理机制所能发挥的作用更加有限。

（二）全球能源治理中的中国机遇

第一，国际能源格局的关系变化给中国带来机遇。美国页岩气革命的成功大幅降低了其对外石油依存度，减少了对中东，特别是对沙特石油的依赖。与此同时，美国石油出口的解禁，为中国增加了新的进口渠道。在全球石油市场总体上处于相对宽松的状态下，作为世界第一大原油进口国，新的国际石油贸易格局为我国积极参与，甚至重塑全球能源治理体系提供了难得的机遇。

第二，全球亟须有效的能源合作机制给中国带来机遇。目前来看，现有的全球能源治理机构与规则没有担负起全球能源治理的历史使命。"一带一路"能源合作、金砖国家、G20等中国具有举足轻重地位的组织，成为中国参与全球能源治理的切入点、立足点。能源合作是"一带一路"的重点，中国抓住这一机遇，在"一带一路"区域范围内形成有效的能源合作机制，实现能源领域内的"五通"，在全球能源治理增量中发挥重要作用。

第三，全球油气市场再平衡给中国带来现实契机。2014年下半年以来，国际油价呈现断崖式下跌，国际油气市场处于"失衡"和"再平衡"状态，目前已经接近平衡状态。全球油气市场需要再平衡，就给中国这样的全球能源消费大国参与全球能源市场再平衡、构建一个发挥重要作用的全球新能源治理体系创造了条件。

四　全球能源治理中的中国对策

随着中国的综合国力和国际影响力的提升，中国在全球能源治理中开始扮演越来越重要的角色，其中最具代表性的是IEA联盟国、G20成员国、金砖国家、"一带一路"倡议的发起者以及亚洲大国。前三者为全球性角色，其余为区域性角色。在这五个角色当中采取适当的对策，都能够帮助中国深度参与到全球能源治理当中。

第一，**加强与国际能源署的合作**。IEA是当今最重要的国际能源组织，作为IEA联盟国参与全球能源治理是中国参与全球能源治理的重要方面。自中国与IEA建立联系之后，双方不断在各层次、各领域展开合作。政治关系互动方面，中国自1997年起开始被邀请以观察员身份出席每两年一次的IEA理事会部长级会议。2009年，双方进一步发展为"协作国"关系。此后，中国全面参与了2011年IEA理事会的所有日程，又于2013年发表声明，表示以平等、高效、自愿的原则在共同关心的领域加强多边合作。技术信息交流方面，自2001年中国科技部与IEA签署了《关于能源技术合作的框架》文件后，中国作为观察员参与了其能源研究和技术委员会的有关活动。IEA在其每年发布的《世界能源展望》中，有关中国能源状况的阐述占据着越来越重要的地位。双方人员往来方面，高层互访频率不断增加。

中国应继续积极参加IEA的相关会议和活动，与IEA在能源安全、能源数据和统计、能源政策分析方面不断加强合作。作为联盟国的中国，与IEA可以在应急储备的建设、管理与运营等方面开展交流与合作，并探索共同应对能源领域出现紧急状况的可能；还可在能源统计数据的一致性、连贯性、时效性方面加强研讨与交流，共同推动能源数据质量提升；双方可以加强在可再生能源和能效领域的低碳政策经验分享，以及借鉴IEA成员国经验推动中国能源领域的改革。

第二，**G20是中国参与全球能源治理的重要平台**。G20在全球地位突出且中国在其中占有重要地位，作为G20国家参与全球能源治理是重要突破口。从2011年戛纳峰会开始，能源问题成为G20峰会的核心议题之一。在"创新、协调、绿色、开放、共享"发展理念下，近年来中国以G20为平台，倡导和实践全球绿色低碳发展理念，开展了一系列以绿色低碳能源治理为主题的首脑峰会，全力塑造一个负责任发展中大国的形象。2016年9月在G20杭州峰会上，国家主席习近平首次全面阐释了中国的全球经济治理观，积极倡导构建金融、贸易投资、能源、发展四大治理格局，这标志着我国在加快融入国际经济体系的同时，跨入主动参与国际经济治理格局建设的新阶段。

作为G20成员中新兴经济体的重要代表和能源生产消费大国，我们要审时度势，精准把握国际能源格局变化，立足我国发展实际，持续推动能源领域的改革，扩大我国在新能源发展和能源清洁低碳化利用方面治理成效的示范作用；运用好这一平台，发挥智库作用，积极推动各形式的国际能源对话，协同规划G20全球能源治理议程设置，积极推动G20全球能源治理的改革与完善，推进G20全球能源治理的机制化。

第三，**完善金砖国家能源合作机制是中国参与全球能源治理的重要方式**。金砖国家在对世界经济的支撑力和驱动力不断增加的同时，在全球能源治理中的地位也日益上升，中国与其他金砖国家的能源合作不仅仅局限于能源贸易，还包括上下游产业的深度合作。中国不仅是金砖国家合作机制的"领头羊"，也是引领金砖国家合作机制的"发动机"。目前，已经形成了包括领导人峰会、部长级会议、高官会、工作组会议、智库会议以及金融和农业等各领域、多层次、全方位的金砖国家合作机制。还形成了中俄能源合作委员会、中巴高委会能源矿产分委会等双边合作机制。

未来还应加强包括法律制度、安全机制、沟通协调机制及争端解决机制在内的能源合作机制的制度层面建设；积极推进符合各方发展实际的多种能源合作；实现从能源安全保障到金融支持以及能源技术交流等多个方面的能源合作。

第四，**"一带一路"倡议是中国参与全球能源治理的战略性机遇**。"一带一路"倡议旨在开展更大范围、更高水平、更深层次的区域合作。"一带一路"沿线和周边国家中，许多国家都是能源资源大国，也是中国油气资源的重要进口国。2015年3月，国家发布《推动共建丝绸之路经济带和21世纪海上丝绸之路的愿景与行动》的纲领性文件，提出加强能源基础设施互联互通合作，共同维护输油、输气管道等运输通道安全，推进跨境电力与输电通道建设，积极开展区域电网升级改造合作。该倡议得到了"一带一路"沿线国家的积极反响和参与，能源合作正在成为"一带一路"倡议中的重要合作领域。

能源合作是我国推进"一带一路"建设的重要组成部分。过去二十多年来，"一带一路"沿线一直是我国国际能源合作的主战场，继续保持并充分利用能源合作先发优势，发挥引领示范作用，推进更广范围、更宽领域、更深层次的区域经济一体化。中国作为"一带一路"倡议的发起者，应继续深化与"一带一路"主要能源贸易国家的能源基础设施建设，加强能源产能合作关系，积极建设能源金融市场，有效防范能源供应与运输中的政治与安全风险，构建国际能源治理新秩序。

第五，**发挥上合组织能源俱乐部作为多边合作平台的作用**。中国是上合组织的发起国和上合组织能源俱乐部的积极参与者，也是该组织内最大的能源消费国和重要的能源生产国，应该尽可能地发挥上合组织能源俱乐部作为多边合作平台的作用。可以考虑在以下几个方面加强合作：其一，发挥上合组织能源俱乐部作为能源政策与行业信息交流平台的作用。能源主管机构、企业和学者通过该平台就各国能源战略与政策、能源资源和供需、油气管道建设与投资、科研成果与技术等领域的信息和数据进行交流。随着印度和巴基斯坦加入上合组织，上合组织能源俱乐部成员已经覆盖亚欧大陆的大部分地区，这种交流有助于防止政策误判，促进合作发展。其二，促进上合组织国家在能源市场规则方面的相互了解和相互协调。目前欧亚经济联盟正在建立统一能源市场，在能源贸易、运输和关税等方面统一规则。可以通过上合组织能源俱乐部的平台,了解欧亚经济联盟国家统一能源市场的制度规则,并在此基础上,通过"带盟对接"协调多方政策。其三,中国在能源技术和能源装备制造方面拥有优势,可以考虑在上合组织能源俱乐部的平台上推广中国的能源技术和装备,为实现装备和服务技术标准互认做准备。中国与俄罗斯已经开始进行油气装备技术标准的互认工作,这一工作可以通过上合组织能源俱乐部的平台推广到其他国家。

第六,**完善亚洲能源合作应是中国参与全球能源治理的重要途径**。亚洲是人口大国最多的地区,经济增长速度快,区内有重要的能源生产大国和能源消费大国,未来对能源需求的增长速度也最快。区域内目前已经形成了一些双边层面的合作机制,在次区域内也尝试多边能源合作机制。但总体上来看,双边合作方式和领域较窄,在多边议题的合作上作用有限,多边合作机制只具雏形,仍缺乏标志性和规范的泛亚能源合作机制。随着中国在国际政治和区域经济影响力的不断增强,应抓住科技革命和能源变革的契机,通过对话努力减少或消除分歧,充分发掘现有能源合作机制的作用和潜力,创新合作方式,不断扩大亚洲在全球能源治理中的影响力,提高能源安全保障能力。

总之,我国要抓住当前产业革命、能源转型和全球能源治理正在发生变革的战略性机遇,立足当前国际能源治理现状,着眼于长远,加强全球能源治理研究,做好顶层设计,有效参与专业性国际能源组织,加快构建区域能源治理新机制,加大国际化人才的培养力度,为实现我国清洁低碳、安全高效的现代化能源体系保驾护航。

[中国石油大学(北京)能源战略研究院教授 王震]

全球开放创新趋势与我国应对策略

本文要点：创新的概念由约瑟夫·熊彼特于1912年提出，而开放创新概念直到2003年才由亨利·切萨布鲁夫提出。开放创新是面向知识社会的下一代创新在经济全球化和区域经济一体化趋势日益深入的情况下，科技国际化的广度、深度不断加强，全球创新网络不断形成，如何在国家层面推动开放创新，把握开放创新的新趋势以及面临的新机遇，不断融入全球创新网络，成为我国实施创新驱动发展战略的重大议题。全球开放创新面临着新趋势，具有一些新的特点，我国推动开放创新的关键因素是提升国际化水平，应在组织、人才、资源配置、生态创新等方面采取措施推动我国开放创新。

一 开放创新的新趋势与新特点

20世纪90年代以来,经济全球化的提速和信息技术的突破性发展,促进研发全球化进程日益深入,使得创新的方式发生根本性的变化,从更多的封闭创新向更加全面的开放创新转变。在这种形势下,开放创新呈现出如下鲜明特征。

第一,**互联网推动开放创新日益精细化和网络化**。埃里克·布林约尔松和安德鲁·麦卡菲在2014年9月发布的新书《第二次机器时代》中认为,第二次机器时代的特征是无疆域的机器智能和数十亿相互连接的人脑一起努力工作,以更好地了解和改善我们的世界。托马斯·弗里德曼早在2006年的著作《世界是平的:一部21世纪简史》中就强调,世界变"平"的原因是"三大汇合"的出现,即**东西方汇合、IT革命和生产方式的汇合以及全球性网络汇合**。研发外包、离岸经营、供应链管理、内包等新兴商业模式都建立在全球网络互联互通的基础上。

第二,**创新要素全球加速流动推动开放创新更加普遍和深入**。在经济全球化进程加剧的过程中,基于日益增强的多学科特征和复杂性,以及研究成本的上升、科学家和工程师的跨文化行动、散居国外者的力量,尤其是经济全球化和市场、材料、人才的竞争,推动了科技探索的国际合作。这使得各国和跨国公司不得不考虑更多深层次的战略问题:一方面,加大研发投资,前瞻性地部署先导技术和战略技术的研发,力争掌握主导权;另一方面,开展合作,充分利用和整合其他各方的科技人才、优惠政策和其他资源。根据《2013年工业研发投资记分牌》调查,欧盟所属跨国公司有24%的研发投向海外,其中美国和加拿大最高,分别为9.8%,其次是中国(3.6%)、日本(1.9%),其他欧洲国家(1.6%)和印度(1.4%)。

第三，**大数据推动开放创新更加协同化**。"大数据"时代已经降临，在商业、经济、社会、安全等诸多领域，决策将日益取决于数据分析，而并非基于经验和直觉。大数据大量化、多样化、低价值密度化、快速化的特点决定了在未来的研发中，需要在更大范围和更高层次上推动组织、机构、装置、人才和资源等基础协同的大数据化。在日本《科学技术创新综合战略2014》、《德国联邦研究与创新报告2014》以及2014年7月29日发布的美国联邦公告中，**大数据分析技术成为各国创造新知识和面向未来竞争的关键核心技术**。

第四，**开放创新日益成为应对全球挑战的主要方式**。在世界变得更加紧凑、更加扁平的同时，全球发展共同面临一系列重大挑战，成为影响各国经济可持续发展的重要因素，也促使各国深切地意识到，只有实施共同议程才能解决这些问题，满足共同的利益需求。**开放创新日益被各国政府和社会精英视为共同议程的核心和关键**。例如，2009年12月的哥本哈根联合国气候变化会议，开启了世界各国应对气候变化挑战的共同议程，是各国联合遏制气候变暖的一次主要公共行动。

第五，**日益深入的科学共享为开放创新加速发展提供基础**。在科学合作日益成为促进创新重要手段的同时，**日益深入的科学共享也成为加速开放创新的重要因素**。2013年，全球研究理事会（Global Research Council，GRC）通过了《科技论文开放获取行动计划》。2014年，根据对世界64个主要资助机构《科技论文开放获取行动计划》总体执行情况的评估表明：开放获取已成为全球趋势，几乎所有资助机构都在积极推进，且对科学数据共享的兴趣越来越浓厚。科学共享不仅有利于推动科学合作更加无缝连接，而且有利于为促进人类的发展而更加高效地共同攻克科学难题。

二 我国推动开放创新关键是进一步提升国际化水平

在开放创新趋势日益深入的时代，开放合作已经成为主要国家促进创新的重要手段。自2006年实施《国家中长期科学和技术发展规划纲要（2006—2020）》以来，我国突出强调要坚持走有中国特色的自主创新道路，但自主创新不是自我创新，更不是封闭创新。我国开放创新取得很大进展，科技创新国际化水平显著提升，但尚未真正融入全球创新网络。对此，需要进一步强化认识和设计。

第一，国际化是一种制度选择。国际化本质上是对开放双向流动过程的一种衡量和表征。我国通过自主创新和持续国际科技合作，不断引进、消化、吸收、再创新国外先进适用技术，已经不再是一个简单的技术吸收者，技术跟进能力显著提升，在很多科技领域处于并行甚至领先地位。这是我国坚持国际化的成效，是我国长期科技发展来之不易的宝贵经验。科技发展走国际化道路不仅仅是我国的制度选择，很多发达国家也采取了同样的选择。例如，美国在其《国际科学与工程学伙伴》中明确把科学与工程学领域的国际伙伴关系作为国家研发政策和国家外交政策优先领域，英国在《研发国际战略》中把"提高英国的国际影响力"作为四大目标之一，德国在《联邦政府关于科学与研究国际化的战略》中提出进一步科研国际化。

需要看到的是，我国的国际科技合作在更大程度上是一种量的积累，而不是一种质的飞跃，并没有真正融入全球创新网络中。一方面，国际科技合作仍是国家创新体系的设计和政策导向，基本将国际合作作为外在部分。另一方面，我国科技国际化层次较低，更多地停留在人员来往、项目合作层面，并没有实现真正的融合。人才流动不够活跃、资金流动不够通畅、组织机构不够开放等问题仍然很严重，距离"你中有我、我中有你"的深度融合国际化还有很长的道路要走。因此，**科技发展走国际化的道路是我国深化科技体制改革和实施创新驱动发展战略的重要方向之一，是我国必须长期坚持的关键选项。**

第二，**开放创新需要系统的制度设计。**经过30多年的努力，我国科技合作初步形成了一个全方位、广领域和多层次的新格局，这为我国更加深入地推动高水平的开放创新奠定了坚实的基础。如果将过去30年的科技发展定义为开放创新1.0版本，那么进入新时代，我国的科技发展将进入开放创新2.0时代。一方面，研发全球化和创新全球格局的变化，尤其是新科技革命和产业变革，为我国科技发展进入开放创新2.0时代创造了难得的历史机遇。另一方面，我国进入深化改革的历史阶段，实施创新驱动发展战略，为进入开放创新2.0时代提供了绝无仅有的改革窗口。

开放创新2.0至少包括三个基本特征：创新活动全球网络化、创新要素全球快速流动及创新组织全球高度开放。创新活动全球网络化将我国研发活动的全球布局与互联网更加紧密地结合在一起，即研发机构的空间布局和研发活动互联、互通、无边界地融合，实现空间和时间同步。创新要素全球快速流动是指投资、资本、人才、数据等要素更具有开放性和流动性，要在全球范围内快速流动并不断组合。创新组织全球高度开放是指我国公共部门和私人部门的研发机构基于研发全球化的要求，不断推动组织机构的开放，以更好地吸引全球优势创新资源为己所用。基于开放创新2.0时代的基本特征，我国要加强系统设计，以融入全球创新网络为方向，使开放成为我国科技制度的基本构成，加强科技发展国际化战略的顶层设计，以推动和落实创新驱动发展战略，从组织机构、管理制度、资金安排和政策措施等方面建立更加有利于全方位加强国际合作的政策体系。

三　推动我国开放创新的几点建议

第一，以更加开放的组织推动更加开放的创新。当前科技发展的标志性特征是：世界范围内科学思想、工作者的流动，并由此带来知识的多向流动。在任何国家、任何先进的研究机构，都能看到拥有不同的文化和来自不同地域的学者、科学家和工程师，他们以团队的形式为共同的目标而工作。这一点在我国并不多见，而且组织方面的封闭显得尤为突出。中国现有2200多所大学，3700多所独立的科研机构，1.8万家大中型企业设有科研机构，还有330多所国家重点实验室，但鲜有外籍科学家甚至是华裔科学家担任主要负责人。

组织的开放是推动科技国际化的关键之一，建设更加富有弹性的组织机构模式是扩大开放的重点工作。我国应该加快放开科研机构负责人的任职限制，推动国家科研机构负责人任职试点，允许聘请外籍专家，并开展科研机构一定比例外籍专家岗位聘用试点。在试点中，尤其要放开科研机构的负责人任职限制，允许高端外籍科学家承担；允许和鼓励国际科技组织、境外高水平大学在境内设立科研机构，支持和鼓励我国高水平大学在境外设立科研机构等。

第二，以加速流动的人才推动更加开放的创新。创新人才已经成为各国战略性创新资源竞争的重中之重。西方发达国家始终占据科技创新战略制高点的关键，在于它们能够吸引全球最顶尖的科学家，并为其所用。而我国在吸引外国人才方面受到很多限制，国内人才的流动也受到诸多限制。人才是创新第一资源，**我国迫切需要打破影响"用好、吸引、培养"人才的体制机制束缚**，使中国迅速成为全球有极强吸引力的"蓄才池"。为此，要进一步制定和实施更加有利于聚集人才，尤其是高端创新创业人才的政策措施，包括支持和鼓励在华留学的留学生创业和境外留学的留学生到（回）中国创业；进一步放开"绿卡"制度，放松入籍限制；开展高端人才柔性流动试点，鼓励企业、科研机构和高校积极参与。

第三，以更加优化的资金配置推动更加开放的创新。我国在开放创新的资金配置方面，既没有大规模"引进来"，也没有大规模"走出去"，资源双向流动不畅，加剧了我国科研系统的封闭性。相比规模不断增长的全社会研发投入，我国吸引国外研发资金规模很小，仅有3.8%的美国对外研发投资和15%的欧盟对外研发投资投向中国，且面临印度和巴西更加激烈的竞争。除华为等少数企业，鲜有国内大型企业在海外设立研发基地。虽然我国建立了针对国际科技合作的专项支出，但这种专项支出规模小且注重短期效应，远无法顺应和满足当前国际科技合作的趋势和长期发展需求。

要真正融入全球创新网络，就要推动国家配置更多的资源，用占比16.5%的投入撬动全球其余83.5%的科技创新资源。一方面，要推动吸引更大规模的研发投资，促进我国研发投入结构的"提质增效"，扩大我国全社会研发投入的来源；大幅增加国际化投入，推动科技计划的实质性开放，聚集境内外创新力量聚焦我国的发展需求。另一方面，要放松研发投资的出境管制和限制，扩大我国利用外部高质人力资源和吸引外部资金的渠道，提升企业和研究机构研发国际化的水平。

第四，以更加开放的创新生态推动更加开放的创新。在未来的国际创新竞争中，**竞争的胜负手已经从传统的资源禀赋比较优势，向创新生态比较优势转变**，关键在于培育和完善有利于吸引创新要素聚集、开发新技术、形成新产品和创造新产业的创新生态系统，而并非在短期内占有多少技术、创新资源和人才。良好的创新生态，其定义标准在于进入创新生态系统内的优势创新要素会沉淀并积累下来,不断吸引其他优质要素,只要要素进入就不会主动离开这个系统,但系统同时又通过市场行为挤压出较为低层次的创新要素,推动创新生态层级不断提升。为此,我国要从构建更加高效的国家创新体系出发,选择重点区域和重点领域,在全国范围内建成一批错落有致、各具特色、更加开放的创新生态,打破限制要素流动的各种障碍。

第五,以更加开放的制度设计推动更加开放的创新。我国目前的很多科技制度改革较少或者基本没有考虑到开放的因素,这也导致很多制度在利用外部资源,尤其是国际创新资源方面存在很大的提升空间。譬如:科研机构改革更多考虑如何激发现有人员的活力,而没有考虑如何引入外部变量形成新增力量,进而产生"鲇鱼效应"来盘活人力资源。再譬如:科技资源改革,现有改革更多考虑的是如何推动资源的优化整合和集中,而没有考虑如何吸引社会资本甚至是外国资本来提高资源的利用效率,通过效率的提高来推动资源的整合。可以说,科技资源改革的目标是提高效率和实现预定的科技目标。因此,我国推进科技体制改革要更多考虑开放的因素,将开放作为制度改革的关键变量和核心要素,这是在更大范围和更高层次上推动开放创新的保障。

(中国科学院科技战略咨询研究院副研究员　徐芳
中国科学技术发展战略研究院研究员　张换兆)

近期国际涉华舆论存在的问题及对策

本文要点：近一段时间以来，新一轮"中国威胁论"又沉渣泛起，宣扬针对中国的"非市场行为论""新帝国主义论""锐实力论"，成为误导国际舆论、煽动中外关系紧张的重要推手。与以往不同，新一轮"中国威胁论"的炒作主体更加多元、内容更加复杂、方式更加直白，应引起我们高度重视，并及时谋划有效措施加以应对：在战略定力上要保持高度清醒，培育与大国地位相适应的从容心态；在战略部署上强调聚同化异，推动对外作为更加精细化；在战略举措上注重开拓创新，营造于我和平发展有利的舆论环境。

一　新一轮"中国威胁论"的主要表现及特点

第一，**宣扬"非市场行为论"**。2017年11月，美国政府发布了新版《中国非市场经济地位报告》，拒绝承认中国的市场经济地位，并发起了针对中国所谓"不公正贸易行为"的"301调查"和"232调查"。2018年2月21日，美国财政部负责国际事务的副部长马尔帕斯抨击中国的经济政策，称中国一方面声称支持自由贸易，另一方面却存在"明显的非市场化行为"，"造成全球其他多数地区的就业减少"，"正在以非市场方式选择投资，这抑制了全球增长"。

第二，**宣扬所谓的"新帝国主义论"**。这种论调主要呈现为三种说法：第一种是"债权帝国主义论"。2017年年底，印度学者布拉玛·切拉尼在《中国的债权帝国主义》一文中"勾勒"了中国以主权债务强迫他国"臣服"的"帝国主义形象"。此文发表后，不少国外智库和媒体援引这一观点。第二种是"新帝国主义列强论"。2018年2月2日，时任美国国务卿蒂勒森警告广大拉美地区的国家"不要过度依赖与中国的经济关系"。他强调"拉丁美洲不需要新的'帝国主义列强'，他们只想为自己的人民赚取利益……中国国家主导的发展模式让人想起过去。这不必成为这个地区的未来"。受其影响，"中国是新帝国主义列强"的论调在国际舆论中迅速传开。第三种是"新殖民主义论"。西方媒体以此抹黑"一带一路"倡议，指责中国以新的方式塑造着国际霸权。在"一带一路"国际合作高峰论坛再次召开之际，这种论调再次被炒起。

第三，**宣扬所谓的"打桩者论"**。除了美、印之外，欧洲也是宣扬新一轮"中国威胁论"的主要参与者。2018年2月17日，德国副总理兼外长加布里尔认为，中国正在依托"一带一路"倡议，着力构建一个区别于"自由""民主"等西方价值的国际秩序。有西方学者甚至认为，美国在继续退出国际舞台，而中国正在填补这个"权力真空"。

第四，宣扬所谓的"锐实力论"。"锐实力"这一概念最早出现于2017年11月的美国期刊《外交》上，后被美国智库所引用。2017年12月5日，美国智库发表研究报告声称中俄"明智地采取了软实力的某些形式而非本质，其所追求的目标可以更好地理解为'锐实力'（sharp power）"。此后，英国《经济学人》杂志也把中国"锐实力"作为封面故事进行跟风炒作。2018年1月，美国哈佛大学教授、以"软实力"学说著称的约瑟夫·奈在《外交》杂志上专门发表文章，"将'软实力'归于西方，而给中俄贴上'锐实力'标签"。

归纳新一轮"中国威胁论"的基本特点，大致如下。

第一，炒作主体更加多元。从国家角度看，一直以来，站在前台鼓吹"中国威胁论"的主要是美国和日本，但这一波"中国威胁论"浪潮几乎覆盖整个西方世界及其盟友，包括美国，欧洲的德国，亚太地区的澳大利亚、日本和印度等国，还有加拿大、新西兰等国家，也在背后制造话题。并且，有的话题还是其他国家在挑头，鼓动美国和日本来参与。从主体角度看，与以往不同，新一轮"中国威胁论"除了媒体、智库之外，有的国家是"民间"人士在前，政府则躲在背后。更有甚者，一些国家的政府官员公开站出来诋毁中国。

第二，炒作内容更加复杂。一是炒作对象有所扩充。以往我们常见的是"政治威胁论""经济威胁论""军事威胁论"，新一轮"中国威胁论"在此基础上向"文明威胁论""秩序威胁论"的方向延伸，"中国威胁论"似已实现社会各领域的全覆盖。二是主导形态有所转变。过去是"我盯美"，中国紧紧盯着美国在东亚的战略行动。而现在，则呈现为"美盯我"，美国紧紧盯着中国在世界各地的倡议和具体行动并做出应对。美国围绕"一带一路"倡议炮制的各种话题，即是生动的例证。三是论调论据发生变化。过去，西方人最担心的是中国崩溃以及对世界可能造成的威胁。而现在，"中国威胁论"的主要内容是"中国挑战"或"中国渗透"。

第三，**炒作方式更加直白**。此前，无论所谓的"黄祸论""红色威胁论"，抑或是冷战后的"威胁论"，基本上属于对中国未来的一种主观判断，是在强调一种趋向的可能。而新一轮"中国威胁论"则显现出一种由宏观转向微观、由虚转实的趋向。展开而言，美国炮制"锐实力"概念诋毁中国；"债权帝国主义论"意在勾勒中国通过债务强迫当地国出让主权的负面形象；"新殖民主义论"意在攻击中国另造中国版势力范围；欧洲政府官员诬称中国为"打桩者"，意在指责中国破坏国际自由秩序。种种迹象表明，新一轮"中国威胁论"已经从过去的"论述"层面正在向"实践"层面转化。

二 新一轮"中国威胁论"的内在实质

第一，**"深层自我焦虑"是西方社会的集体征候**。西方社会关于"中国威胁论"的新词频出、炒作一波接着一波。这一现象的实质在于，面对中国从富起来到强起来的转变，西方国家非常不适应，流露出挥之不去的深层次焦虑。这种恐慌不仅是因为中国经济实力将不可阻挡地赶超发达国家，前所未有地靠近世界舞台中央，同时也是因为中国在广大发展中国家具有前所未有的强大号召力，中国的政治模式对欠发达国家具有前所未有的内在吸引力，这让西方社会的失落、焦虑、恐慌随之而来，转化为对中国的防范、诋毁甚至诬蔑，继而生成了新一轮"中国威胁论"。西方"呐喊"背后的这种焦虑和恐慌，不是浅层次的，而是深层次的；

本质上不是担心中国"威胁",而是"自我焦虑"。在这种深层自我焦虑"指导"下,西方对中国的不满、反扑、反弹是极其强烈的,对此,我们不可不防。

第二,**"资本主义国家联合起来"是西方社会新的行动策略**。新一轮"中国威胁论"的一个明显特征,就是把中国定位为西方共同的"假想敌",进一步促成西方的再团结。比如,美国舆论不停地控诉中国"锐实力"对西方价值观的巨大挑战,旨在中西之间制造紧张气氛;英国媒体则指责西方正在用伊拉克战争、金融危机和民粹主义这"三份大礼""神助攻"中国崛起,意在激将西方重新联合;德国政府用"打桩论"来警告欧洲需要警惕中国对"自由世界秩序"的破坏,呼吁欧洲内部要有凝聚力。这些手段都是在刻画中国"入侵"西方文明、"窃取"西方利益、破坏西方秩序、促使西方社会高度警觉中国发展对其自身造成的"恶性"冲击,从而增强欧美及传统盟国的凝聚力,同时又反过来通过这种凝聚力来纠集尽可能多的国家对中国形成合围之势。

第三,**"遏制中国腾飞"是西方社会大肆鼓噪的根本目的**。围堵和遏制中国崛起其实是每一轮"中国威胁论"发生的真实目的,只不过这一次鼓噪更加直接、更加赤裸,遏制中国崛起的意图也就更加明确。西方社会认为,未来五至十年是中国崛起的关键期,同时也是西方遏制中国崛起的关键期。如果现在不能有效加以遏制,那么,未来五至十年中国将势不可当,超越美国、重构世界秩序只是时间问题。2017年年底,美国总统特朗普发布了他上台后的首份《国家安全战略报告》,公开把中国作为美国"战略上的竞争对手"并明确"将印度洋—太平洋作为一个地缘战略整体提出并进行阐述,揭示了美国试图在印度洋和太平洋两个方向实现战略联动,强化和扩大自己的联盟体系,围堵中国的战略意图"。2018年1月,美、印、日、澳四国海军将领举行"瑞辛纳对话",共同商量应对所谓"中国崛起对区域的冲击"。以美国为代表,西方社会的这些反应生动地说明,新"中国威胁论"不仅仅是口头上的"论"那么简单,而是伴随着行动上的、实实在在的对中国和平发展的"威胁",且呈现出致使中国崛起的国际环境急剧恶化的趋势。

三 应对新一轮"中国威胁论"的对策建议

第一,**在战略定力上保持高度清醒,培育与大国地位相适应的从容心态**。"威胁论"其实是大国崛起必然会遇到的"成长的烦恼",我们必须坦然面对,做好打持久战、攻坚战的心理准备。一是要**保持自信**。要不断增强对外部杂音噪音的抗干扰能力,集中精力"把中国的事情办好",力求在搞好国内建设的同时,不断扩大中国国际影响力和争取国际社会支持。二是要**戒骄戒躁**。从苏联、日本、德国等国的兴衰历程可以看出,国内舆论怂恿、国外战略透支,很容易导致一个国家从强盛陷入衰败。要准确把握好自身能力与他者认同的两大维度,要量入为出,切忌目标过高、失速脱轨,坚持用长远的眼光看问题,用战略的耐力办事情,理性地与世界各种反华势力斗智斗勇,确保中国平稳度过和平发展关键期。三是要**理性引导**。培养开放、包容、平和、理性的国民心态,为构建新型大国关系树立良好口碑。

第二,**在战略部署上强调聚同化异,推动对外作为更加精细化**。一是**对于美国,重点可放在增信释疑上**。中美关系是中国最重要的外交关系。宜多强调中美合作的协调性和非竞争性,增强双边经济互补、战略兼容和行动协同。妥善处理当前中美之间的经贸摩擦和金融矛盾,避免因误判而进一步扩大冲突从而展开针锋相对的较量。二是**对于欧洲等国,重点可放在互利互惠上**。近年来，欧洲弥漫着强烈的失落感和危机感，我们可进一步加强与欧洲各国的经贸合作，适当扩大从欧洲进口，分化瓦解美国对部分国家"豁免关税"的拉拢，争取欧盟支持。三是**对于印度，重点可放在稀释对抗上**。中印两国存在边界领土争端，印度对中国长期保持高度警惕。对此，中国应多强调中印在地区事务中的共同利益，强调中印在南亚合作的合作性和协调性，同时加强民间交流对话，增进邻国民众对中国的信任和好感，淡化其对中国快速发展的担忧。四是**对于"大周边"的中小国家，重点可放在平等合作上**。这些国家既渴望分享中国发展红利，又害怕过分依赖中国经济。对此，我们既要加快深化落实以往承诺，通过企业合作等方式做大并共享中国发展红利，也要通过多提高"一带一路"项目实施透明度、多开展涉及医疗教育文化等惠及各国普通民众的实事，来努力营造良好舆论环境。

第三，**在战略举措上注重开拓创新，营造于我和平发展有利的舆论环境**。一是"**向前看**"。当前国内对中国崛起，高唱赞歌多、风险评估少，算计盈利多、估算损失少，对此，必须保持足够清醒，树立风险意识、深入挖掘"中国威胁论"复杂背景，科学评估其未来走势，为有关部门采取风险管控提供参考。二是"**向下看**"。在西方，智库学者与政府互动频繁，常常是各种版本"中国威胁论"的制造者。在应对新一轮"中国威胁论"上，应淡化官方色彩，把视角"向下看"，要充分认识公共外交的价值，积极培育民间传播力量，鼓励多元传播主体参与到对外传播工作中来，切实消除外界对中国发展的误解和疑虑。三是"**向东看**""**向南看**"。长期以来，英美长期垄断国际传播格局，因此，这些年我们有意在实际操作层面对欧美受众关注较多，却对"西方路灯光影以外的世界"关注较少。下一步，我国对外传播的视角应多向东看、向南看，把焦点对准这些"沉默的大多数"，特别是要加强与周边国家和广大发展中国家的沟通和互动，采取有力举措积极回应外界对中国"未来向何处去、如何运用力量"等问题的关切，消除"中国威胁论"在这些地区的影响。

（中共中央党校科研部中心研究室助理研究员　袁赛男）

产业发展与技术创新

现代产业体系建设的战略目标与路径

本文要点：在新一轮科学技术进步以及工业革命的背景下，全球产业分工体系正在经历新一轮的变化与整合，在这一进程中，嵌入全球经济体系中的我国现行的产业体系已经显示出多方面的问题，迫切需要进行变革调整，发展形成面向未来的现代产业体系。本文论证我国现代产业体系构建的目标模式、体系特征、核心内容，以及从现行产业体系转型至现代产业体系的四大战略路径：加大教育与创新投入，改变比较优势的基础；产业链、价值链升级，在全球价值链中获得价值链的"治理权"；通过区域市场一体化，构建形成现代产业体系的统一市场基础；大力培育创新型企业尤其是世界级创新型企业。

在全球资源价格上升、汇率波动、贸易保护主义抬头、智能化、信息化、技术进步快速和劳动力成本加大等因素影响下,中国经济与产业体系面临严峻挑战,我国现行产业体系运行困难,低端产业产能严重过剩,高端产业核心技术缺乏,迫切需要转型调整。此外,新技术革命正在全球发生,按照德国"工业4.0"的说法,人类社会即将来临的恰恰是以人工智能、信息物联系统为代表的新产业革命。在这样的背景下,研究符合我国现在与未来需要的现代产业体系及其发展模式和相应的政策支持体系是奠定中国未来经济社会可持续科学发展的关键之一,也是谋求中国产业体系在未来有国际竞争力的关键所在,意义十分重大。

一 我国现代产业体系构建的战略目标

中国现行产业体系存在许多结构性问题,解决这些问题不能就事论事,需要顶层设计,需要战略路径。总体战略就是创新驱动发展,即通过科技创新、产业创新大力发展新兴高技术产业,突破核心技术约束,全面改造现有传统产业使之转型升级,目标是瞄准国际前沿,形成现代产业体系。

(一) 我国现代产业体系的目标模式

现代产业体系的"现代"是一个动态的与时俱进的概念,所谓现代产业体系是指具有当代领先的既有竞争优势又面向未来发展趋势的产业体系,对我国而言也可以称之为新型产业体系。这样的产业体系一定带有这个国家或地区的先天的自然资源禀赋或后天的知识技术资源、产业存量、发展路径、社会文化、生态环境等方面的烙印。

中国现代产业体系应该是面向未来的带有中国社会制度文化、自然资源禀赋、人力资源、产业存量、知识技术资源、消费倾向、生态环境等特色的,**基于新的比较优势基础的、可持续科学发展**

的先进的具有国际竞争力的新型产业体系，具有资源节约、环境友好、自我创新发展、智能信息技术复合、产业价值链优化、内外向结合、开放先进等特征。

未来中国新型产业体系的目标模式为：该产业体系的主导生产方式是以互联网为支撑的智能化大规模定制生产方式；主导生产组织是统一市场条件下的平台+分散生产+就地服务的模式；分工模式是由外生比较优势决定的产业间分工转变为规模定制主导下的产业内分工；基本生产系统为智能互联生产服务一体化系统，包含智能工厂与智能产品部分；核心要素禀赋为人力资本、知识信息和数据；该产业体系要与生态自然环境和谐相处，是绿色生产、绿色使用和资源节约的体系。

（二）我国现代产业体系的五大特征

第一，**现代产业体系是低碳、环保、智能化、互联网化的投入产出体系**。它是互联网、大数据、信息技术与实体产业的融合，并以互联网为基础的大规模智能化定制生产方式为主导的体系。现代产业体系是与环境友好的、与城市发展相互依赖的，以低碳、环保为特征的体系；随着全球化与信息化的快速发展，互联网、人工智能等已成为现代产业体系的基础性产业，渗透到各个产业，同时生产方式需要及时的信息交流、处理与沟通，包括人与人、人与机器、机器与机器之间的信息交流与沟通，从而支持大规模定制化的生产模式。

第二，**现代产业体系是实现全球资源有效配置的体系**。现代产业体系是高度开放的产业体系，产业体系能够进行全球资源配置，包括资本、服务、创新、信息、文化等方面。现代产业体系中的部分核心产业在全球分工条件下，具有产业链、价值链的控制力，创新能力强，附加价值高；具备关键环节的核心竞争力，能够作为引领者掌握产业链，成为全球产业领先标识。

第三，**现代产业体系是新型的产业跨界融合的体系**。现代产业体系是智能制造与智慧服务融合一体的体系，是服务业制造化、制造业服务化融合的结构，是各类纵向产业链或价值链与各类横向产业链或价值链交织而成的网络状结构，其中心节点是各类平台尤其是互联网平台。

第四，**现代产业体系的微观基础是其产业组织体系**。根据现代产业协同发展、企业合作竞争的发展趋势，现代产业体系的微观基础是核心产业形成的以各类平台为基础的产业生态圈，围绕这些产业大企业形成了一系列中小企业协作网络及在空间集聚的集群体系，使得分工合作方式发生变化，投入产出效率高，实现高的社会资源配置效率。

第五，**现代产业体系是动态演进的产业体系**。动态演进的核心是强大的技术进步与产业创新能力，动态演进的结果是产业体系不断自我更新、不断技术进步、新兴产业的诞生与发展，从而具备现代领先的产业制作、工艺、集成、服务技术与组织。因此，现代产业体系是全球创新与高技术产业的发展高地。

二 现代产业体系构建的战略思路

（一）建立现代产业体系的核心：建立新比较优势

现行的产业体系静态地看是指当前一国产业发展及其之间的联系，动态看是指其供给运行的状态。**现代产业体系是指具有竞争优势的当代领先的、同时面向未来技术发展趋势与消费趋势的产业及其产业间的新型构成系统**。显然现代产业体系既与本国先天的要素禀赋带来的路径依赖有关，也与后天要素禀赋升级和专业化分工产生的动态比较优势形成有关。

要素禀赋的差异决定不同生产部门的贸易，而专业化分工决定相同生产部门的不同产品之间的贸易，发达国家与发展中国家的贸易主要由要素禀赋的差异所决定。由于发展中国家依赖于初级的资源禀赋,只能进入劳动密集与初级加工产业生产技术要求低的初级产品,初级产品在国际市场上接近于完全竞争,没有产品的定价权,附加价值很低;而发达国家则依赖高级的资源禀赋,进入高技术产业生产附加价值高的产品与服务,这些高附加值产品的市场结构一般是垄断竞争或者寡头垄断,直接掌控产品与服务定价权。这样的状况造成了发达国家与发展中国家之间的贸易价格存在"剪刀差",贸易的比较利益更多地被发达国家占有。随着国际贸易中初级产品和工业制成品交换的贸易条件越来越恶化,发展中国家最终会掉入"后发优势陷阱"。

不过,初级的要素禀赋并不必然决定该国的竞争优势,因为要素禀赋是动态变化的,也是可以升级的。迈克尔·波特把生产要素分为基本要素（Basic Factors）和高级要素（Advanced Factors）两类。基本要素包括自然资源、气候、地理位置、非熟练劳动力、债务资本等一国先天拥有或不需太大代价便能得到的要素;高级要素包括现代化电信网络、高科技人才、高精尖技术等需要通过长期投资和后天开发才能创造出来的要素。既然基本要素禀赋的劣势可以通过战略和技术发明予以改变,产业分工格局就不是完全被动的。

我国现行产业体系虽然已经加入了全球产业分工体系,但所依赖的依然是初级的要素禀赋。近年来随着劳动力收入水平提高,土地等其他生产要素价格的上升,产业体系的供给问题日趋严重,实体企业状况日趋困难。我国面向未来的战略新兴产业这些年也有所发展,但由于要素禀赋升级的困难,战略新兴产业发展依然比较多的是在这些产业的价值链低端发展。从发达国家的经验来看,面向未来竞争优势的现代产业体系的构建必须进行要素禀赋的升级,这就是所谓的高级要素禀赋。高级要素禀赋的核心是**高端的人力资本**,或称之为智力资本的要素,**是我国现代产业体系需要拥有的新比较优势核心**。

(二) 向现代产业体系转型的四大战略路径

第一，**加大教育与创新投入，改变比较优势的基础**。转型升级的基础是比较优势的动态变化，因此，从现在到未来，我国如何建立一个能充分发挥比较优势的产业分工体系，同时又不陷入"比较优势陷阱"，这其中的关键是：提高人力资本的内在品质，实现知识与创新的积累，提升创新能力和创新制度建设；抓住新一轮产业革命的契机，加大人力资本投入，提升创新能力与效率，积极开展重大技术创新、产业创新。

第二，**产业链、价值链升级，在全球价值链中获得价值链的"治理权"**。在开放格局下，中国很多产业是与发达国家产业链、价值链配合的产业，在产业链、价值链上处在低端边缘位置，基本没有产业链、价值链的治理权。发达国家的跨国公司充当了产业链、价值链的"系统的整合者"，甚至通过产业链、价值链的区域分割和等级制安排，限制发展中国家的产业链、价值链的学习和产业升级。因此，要通过知识积累和创新能力培育，使我国更多的大企业获得更多产业链、价值链主导升级的"话语权"。

第三，**通过区域市场一体化，构建形成现代产业体系的统一市场基础**。目前中国区域间市场分割和市场保护导致了产业同构产能过剩的现象，由此进一步导致了资源分散和落后企业的保护，难以形成良好的市场竞争格局，创新者也难以获得创新成果被市场认可后的创新租金，如此创新就难以展开，产业体系转型升级自然十分困难。我国的区域市场一体化要通过要素流动和公平的市场，为现代产业体系成长提供一个良好的资源配置支持和市场机制支持。

第四，**大力培育创新型企业尤其是世界级创新型企业**。国际经验表明，从现行产业体系到现代产业体系的转变过程中，创新型企业是关键的主体，其中世界级创新型企业的存在与发展对产业创新、新兴产业成长与发展起到巨大的不可替代的作用。世界级创新型企业与一般创新型企业存在本质的区别,既有外在层面的区别,如规模、效益、影响力等;又有内在层面的区别,如创新资源的持续投入、高端创新人才的引进、创新成果的辐射效应、创新资源的整合能力、研发网络的全球化等。世界级创新型企业无论是在外在层面还是内在层面做得更好、更强,都是新兴产业成长、产业体系演化的内生动力主体。

(复旦大学管理学院教授 芮明杰)

新时代高新技术产业发展模式探析

本文要点： 新一轮科技革命与产业革命正前所未有地影响和改变着全球政治经济格局，高新技术的研究开发及其产业发展是衡量世界各国竞争实力的主要指标。全球高新技术产业发展一般分为以市场为主导、政府宏观调控为辅和以政府为主导、市场自主创新为辅的两种发展模式。两种发展模式均在产业政策、财税优惠、资源扶持、人才培育等方面给予高度重视，以促进产业的高效可持续发展。我国应总结借鉴国际发展经验，在战略上做好谋划布局，厘清产业支持政策，完善产业市场资源配置，重视人才培育使用和资金高效利用，打造产业发展智库和企业孵化器，实现"官产社金学研"的跨界协同，走出一条有中国特色的高新技术产业发展之路。

20 世纪中叶以来，伴随着新一轮的科技革命和产业革命，以微电子、计算机、自动化、原子能、航空航天、新材料、新能源等为代表的高新技术及其产业逐步兴起，推动了社会生产力的全面发展，也引起了全球产业结构的根本性变革，进而对人类经济、社会生活产生了广泛而深远的影响。面对全球高新技术产业发展的热潮和知识经济时代的来临，无论是发达国家还是发展中国家，都把发展高新技术及其产业作为一项重要的基本国策，以高新技术的研发作为主攻方向，以高新技术产业的发展和占领国际市场作为基本目标，力争在 21 世纪取得最有利的国际竞争地位。

一 高新技术产业的全球发展模式

世界各国为加快发展高新技术产业，依托自身的经济实力、政治体制和文化传统，采用了不同的发展模式。从管理主体视角来看，当前全球高新技术产业的发展可以分为两大模式。

一是以市场为主导、政府宏观调控为辅的发展模式。该模式以自由竞争为主，注重通过市场手段进行资源的优化配置。政府一般不直接参与产业的发展，而是通过制定各种政策法规，签订科研合同和采购合同等方式对高技术产业进行宏观调控和间接扶持。最典型的代表就是美国加州的"硅谷"和波士顿的"硅路"（128 号公路产业带）。自克林顿入主白宫以后，开始强调政府对关键产业的直接干预，采取官（联邦政府、州政府）、产（企业）、学（科研机构和大学）联合研究开发生产机制，大力发展高新技术产业，典型代表为北卡罗来纳州的三角研究园。

二是以政府为主导，市场自主创新为辅的发展模式。该模式又可以分为科学城和技术园区两种类型。**科学城模式**具有行政区域的特点，通常由政府进行规划建设，把大批研究机构和科学专家集中在高质量的城市空间，实现科研开发协同发展，典型代表是日本的筑波和韩国的大德等。**技术园区模式**类似于新型的产业行政区划,更具政府行为色彩。其目标是在某一划定的地区集中兴建一批高新技术公司,以提升该地区的国际竞争力和追求经济的可持续增长。典型例子有我国台湾地区的新竹、法国的索菲亚·安蒂波里斯和英国的剑桥等。

二 高新技术产业的国际经验总结

国外高新技术产业发展模式在管理主体和运作方式上虽然存在一定的差异,但是在促进产业发展方面有许多共性值得我们关注与重视。

第一,**政府的支持和干预不可或缺,通过制定产业政策促进行业发展**。美国几乎每一任总统都有其独特的政策来支持高新技术产业的发展,如肯尼迪的宇宙开发计划、尼克松的十年攻克癌症战略计划、里根的星球大战计划等。美国对符合其产业政策的企业产品实行保护性购买政策,如国防部购买航空产品、电子产品促进了硅谷和硅路的崛起;美国政府还通过直接资助、信息和网络外部支持的方式培育各类孵化器,促进企业成长。日本在"科技创新立国"战略指导下,制定完整的法律体系、积极倡导产业政策,鼓励发展特定目标产业,并通过限制进口来保护、推动本国高新技术产业的发展。

第二,**通过各种财税优惠政策,增强高新技术产业的国际竞争力**。美国联邦政府实行风险投资税收减免政策,如对风险投资所得的60%免税,剩余40%减半征收所得税,企业为建立非营利性科研机构提供的资金免交所得税等。美、日、欧等发达经济体都实行设备"加快折旧、特别折旧"制度,以减轻企业税负、强化资本积累、鼓励企业投资、促进设备升级、加快技术进步、化解产能过剩,提升高新技术产业的国际竞争力。

第三，**鼓励各种资源投入研发工作，积极扶持引导研发方向**。从研发投入看，研发占GDP的比例呈逐步上升趋势，近几年日本研发投入都在3%以上，美国、欧盟均超过了2%。从经费来源看，美国、日本的企业投入比例越来越大；欧盟的企业与政府基本持平，政府往往通过财政拨款、投资补贴、风险投资等方式，直接介入高新技术产业的研发工作之中。从经费支出来看，美国侧重基础研究、创新研究和合成研究，日本侧重应用研究、生产研究和作业研究，欧盟则是研究与应用并重。

第四，**高度重视对高科技人才的培养、吸引和使用**。在人才培养上，美国加强了对教育尤其是高等教育的投入，注重创造力的培养，重视与市场的紧密配合；日本大力培养科技实用人才和尖端人才；欧盟积极倡导产学研合作，实施青年人才计划。在人才吸引方面，美国不断修订《移民法》，"绿卡"是其吸引人才的重要措施；日本用高薪在全球范围内广招贤才，实施积分制移民制度等；欧盟则实施"蓝卡"吸引外国高科技人才。在人才使用方面，美国强调民主竞争，充分发挥人才的创新精神和工作热情；日本强调以人为本，一般实行终身就业制；欧盟则强调人才流动机制，以适应市场化、国际化的要求。

三 高新技术产业的中国模式思考

我国高新技术是从1956年制定的《1956—1967年科学技术发展远景规划纲要》开始起步的，从核能、火箭、电子计算机、半导体、自动化和精密机械六大高新技术突破，奠定了初步的基础；改革开放后，随着"科技攻关""863""火炬""973"等系列计划的实施，高新技术产业已初具规模。但是，我国高新技术起步晚、发展迟、底子薄，研究开发很多还处在引进模仿阶段，技术集约化程度不强、自动化程度不高。工信部部长苗圩也明确指出，在全球制造业的四级梯队中，中国处于第三梯队，属于产业链的中低端领域，成为制造强国至少还需要30年的不懈努力。这次美国制裁中兴通讯事件，造成中国"芯"痛的同时，让我们不得不反思：中国的高新技术产业到底该如何发展？

首先，**要清醒认识国际产业形势，并在战略上做好谋划布局**。发达国家一方面严格限制高新技术的流出，通过加大贸易技术壁垒、向外转移低端产业和挖掘他国人才等手段，不断拉大与发展中国家间的技术差距；另一方面又强化自身的技术实力，依靠其速度优势、人才竞争优势和信息技术优势等，逐步削弱发展中国家的主权与地位，以实现其主宰世界的目的。因此，要结合中国国情，从国内外市场需求出发，在技术引进和自主创新的基础上，实行跟踪和跨越相结合的战略。要通过技术评价，在精选、引进若干技术的同时，加强消化吸收，力争有所突破，发展有自主知识产权的产品，形成有特色的产业，推动行业性、领域性的技术升级，提高我国的综合技术实力。要加强技术发展预测，针对世界高新技术发展的趋势，精心策划、组织创新，力争形成我国适应未来国际竞争形势的高新技术及其产业体系。

其次，**产业发展需要"官产社金学研"六方的跨界协同、达成共治**。政府一方面要做好硬环境——基础设施的建设，另一方面也要做好产业政策及财税优惠政策等软环境的建设，为产业发展创造良好的条件；企业在国家产业政策的引导下，应做好研究开发、成果转化、生产制造、市场推广等工作；社会组织能为产业发展提供良好的社会公共服务，弥补政府不足与市场失灵；以风险投资、私募股权投资、创业基金为主的各类金融机构，可以为产业发展提供投融资等多元金融服务；学校和科研机构承担着人才的教育培养培训以及科学技术的研究开发应用等工作，为产业发展提供技术与智力支持。

最后，**要从多方位完备具体实施措施**。一是要厘清产业支持政策和财税优惠政策，拓宽产业发展的投融资渠道，促进政策资金、银行资本、风投及创投资本的有机整合，加大对研发的投入和支持力度，提高资金利用效率；二是建立高新技术产业发展智库、高新技术企业孵化器等官方或民间社会组织，为我国高新技术及其产业的战略发展把脉，为产业发展提供所需的各种公共服务；三是要继续扩大改革开放，实现对要素资源的合理配置和全球整合；四是要加快人才培养，创造重视人才和鼓励创新的社会环境，使得人尽其才、人尽其用。

（商务部国际贸易经济合作研究院副研究员　林志刚）

金融科技的兴起与金融进步的双轮驱动

本文要点：金融科技的大范围兴起为社会发展带来了积极效应，但也并不全是美好的事物。金融科技兴起的一个基础性的后果是金融进步由过去的金融创新单轮驱动，变成了金融创新和科技创新的双轮驱动。面对金融科技公司的挑战，传统金融机构要拥抱科技，坚持金融服务于经济的原则，让科技跟金融服务更好地结合。相关机构都应该明白自身的优势所在，主动作为。金融科技要迎接监管，不论什么样的金融科技，最终都必须和传统金融一样接受标准一致的监管。金融科技并不是独立于传统金融的新业态，也不会是永恒的业态，它终将被正规的金融体系所吸收，让金融呈现出一种新的面貌。

金融科技的兴起与金融进步的双轮驱动

金融科技绝非全新的事物。科学技术在金融中的应用已经有着长久的历史。从手工簿记到计算机系统，从柜面服务到ATM、电子银行等自助服务，从股票经纪人的人工口令到电子下单，无一不是技术进步在金融中应用的案例。然而最近几年，"金融科技"（FinTech）的概念声名鹊起，与传统金融形成分立之势。这就引出了一个问题：为什么过去金融与科技的融合没有引起广泛重视，今天却变得如此火爆？究其原因，可能得益于现代金融科技的普及性，尤其是它进入了普罗大众都熟悉和日常依赖的支付领域，而不再仅仅停留在少数复杂的、只有高深玩家才涉足的金融领地，在这样的群众基础上，有更多的非金融机构参与其中，推动它向前所未有的广泛的金融领域延伸。本文研究金融科技兴起的积极意义与社会风险，探讨传统金融机构对金融科技兴起的回应，展望金融科技的发展趋势和金融进步的双驱动力，并给出相应的政策建议。

一 金融科技兴起的积极意义和社会风险

金融科技的大范围兴起为社会发展带来了积极效应。金融科技公司具备技术优势，注重客户体验，提供的产品和服务使用起来更加便利。例如，互联网第三方支付深深地嵌入了百姓日常生活的各个方面，实现了充分的场景化，客户体验大大提升，在某些时候显示出银行都不能比拟的优势。得益于大数据技术和互联网的规模经济效应，金融科技降低了金融服务的成本，将传统金融服务延伸到长尾市场。过去金融机构对"中小微弱"借款人征信上存在困难、审查审批环节单位贷款成本较高，很多银行几乎是放弃了这个市场，但大数据技术帮助了一些非金融机构做成了这件事，这些机构完全可以依赖自己的商业生态系统收集借款人信用数据，自建评级模型，通过计算机程序审贷，提供了低成本、高效率的小额贷款服务。因此,客观上金融科技的兴起有利于实现普惠金融,这也是二十国集团杭州峰会提出通过数字技术推动普惠金融发展的背景。

但是金融科技的兴起带来的并不都是美好的事物。技术本身是中性的,是服务于人的;金融是人与人之间的活动,讲求人本主义精神。技术与金融结合,利用得好,则能造福人类;利用得不好,则会适得其反。比如大数据征信,一方面对传统征信业务的不足进行了很好的弥补,大大拓展了征信的数据渠道和处理手段,有利于实现普惠金融;但另一方面大数据的采集、使用、保管或删除,以及凭借大数据对客户"画像"本身又涉及人的权利,如果不合理加以规制,可能会在实现经济效率的同时,侵犯了公民权利。又如区块链技术,从开发者角度而言,可能仅仅是一种技术,并没有明确的市场应用价值。经过金融或非金融企业的产品设计,才能将它打造成符合社会需求的金融产品。如果做成好的产品,数字货币或票据可以提高支付的安全性;如果没有用到好处,就会像现在的比特币一样成为黑市中流通的虚拟货币。

二 传统金融机构对金融科技兴起的回应

面对来势汹汹的科技公司的挑战,传统金融机构何去何从?其实金融业从来不是科技的排斥者,不应把金融科技公司和传统金融机构对立起来。传统金融机构是既定规则的遵循者,而新兴金融科技公司是规则之外的"搅局者"、挑战者。过去几十年经济的金融化已经让传统金融机构在经济社会中占据了明显优势地位,它们从金融服务的提供者、实体经济的服务者,逐渐演变成为经济运行规则的制定者、社会发展的主导者,服务大众的初心淡化,为己谋利的意愿增长,自我变革的动力下降,自我欣赏的意识增强,而金融科技公司瞄准了这样一个空档,瞄准大众朴素的金融需求，推出了一系列场景化、符合人性、改善体验的金融产品和服务，迅速赢得了大众的认可，掀起了一场无声的革命。

面对金融科技公司的挑战，传统金融机构要放平心态，既不要妄自菲薄，也不要夜郎自大，而是要不忘初心，坚持金融服务于经济的原则，让科技跟金融服务更好地结合。金融机构的几大优势，在于有庞大的网络（依靠渠道和人员），丰富的信息（依靠跟客户紧密的联系），较强的运算处理能力（依靠人员和设备），以及较高的信用（依靠资本实力），但这些优势，金融科技公司完全可能具备，而且在某些时候比传统金融机构可能还要更出色。金融市场的大餐中，没有说哪一块业务一定是归传统金融机构垄断的。在支付领域，银行的支付系统硬件软件往往需要从金融科技公司购买，那么金融科技公司也有可能自己开展支付业务。在小额信贷领域，网络贷款公司有大数据的搜集能力、建模能力和分析能力，超过了银行，自然可以分享这一部分市场。在证券领域，近年来证券分析师行业出现了供给过剩的趋势，如果人工智能技术足够成熟，可以代替他们写一般性的分析报告，那么这种供给过剩的情况将进一步加剧。

从这个意义上讲，传统金融机构"吃独食"的局面将改变，一部分人将面临下岗，一些工作将被淘汰，这是社会进步的体现，**然而传统金融机构依然有自身不可替代的作用**。理解这个问题，我们需要分辨二者的能力边界。目前来看，金融科技公司能处理的，是小规模的、标准化程度较高的业务，而对于那些复杂的、无法标准化的，暂时还缺乏较好的处理能力，依然需要依靠人工来完成。例如，计算机审贷可以代替信贷员，特别是在消费信贷、小企业信贷领域，但是在大企业贷款、项目贷款、并购贷款等领域似乎很难，目前还看不出端倪。任何机构，都应该明白自身的优势所在、能力所及。找准自己的定位，才能在蓬勃发展的金融市场、层出不穷的技术和产品创新的浪潮中立于不败之地。

三　金融科技的发展趋势

"金融科技"的真正落脚点在金融，而非科技。不论金融服务的呈现方式如何改变，金融的本质没有变，金融活动的基本原则也没有变。**不论什么样的金融科技，最终都必须和传统金融一样接受标准一致的监管**，没有不受监管的金融。而现在我们看到的，大量金融科技公司实际上并未把自己当成金融企业，它们的注意力几乎全部放在技术创新如何吸引客户、如何开拓市场，从事金融活动过于注重考察收益和效率，而把控制风险放在第二位。显然，正规的金融机构是不能允许这么做的，风险控制对金融机构来说是立足之本。金融机构不光要比谁成长更快、盈利更多，还要看谁活得更久、活得更健康。一时的扩张和盈利，终究不是长久之计。甚至一些标榜金融科技的企业风险控制形同虚设，私设资金池，搞期限错配，靠高利率覆盖高违约率，出了问题就跑路等。褪下科技的外衣，实际上很多金融科技公司做的还是传统金融的那一套。

这也就可以部分解释为什么金融科技公司发展初期，一般势头都比较好，但一旦规模壮大，问题就出现了。原因在于我们的监管环境相对宽松，对金融科技创新总体上持鼓励的态度。一开始，没有人把金融科技公司当金融机构，它可以游离于游戏规则之外，无拘无束地发展。这就如同在跑步比赛中，传统金融机构被资本充足率、准备金率、流动性比率等监管指标五花大绑，而金融科技公司则轻装上阵，比赛结果可想而知。然而，一旦金融科技公司发展到一定程度，进入监管的视野，就是另一番情景了。例如，互联网第三方支付平台要不要设计类似银行的存款准备金制度？如果这些平台没有系统性影响，似乎可以不用这么谨慎，但是支付宝、微信支付等已经体量巨大，存在系统性影响是肯定的，当监管部门开始比照银行监管第三方支付平台时，它们原有的优势可能不复存在。又比如，在"e租宝"等规模巨大的P2P平台出现严重问题之后，监管部门对这个行业发布了极为严苛的监管准则，那么它的发展空间还会有多大？从经验中我们可以看到，监管形势的变化对金融科技的发展起到极为重要的作用。

金融科技并不是独立于传统金融的新业态，也不会是永恒的业态，它终将被正规的金融体系所吸收，纳入金融永续发展的洪流中。正规金融机构在这一过程中，自身也在实现转型。就像21世纪初，人们普遍认为传统商业银行已经没落，会被如日中天的投资银行替代一样，结果到2008年国际金融危机，商业银行总体稳健，而以高盛、摩根士丹利为代表的华尔街投资银行反而全部从法律意义上转型为商业银行。而今天我们所看到的商业银行，也不再是仅仅从事存贷款业务的传统银行，它们已经成为综合化经营的"金融百货公司"。

四　结论与建议

金融科技的兴起，对社会发展来说是一件好事情，而且是具有里程碑意义的事情。它让我们明白，过去千百年来我们意识中一直以为的金融是人与人之间的事情、是银行家的事情，现在变成了技术与人共同主宰的事情，不仅是银行家的事情，还是科学家的事情。金融科技的兴起让金融变得更民主，更多的人参与到这个进程中，它部分地回答了诺贝尔经济学奖得主罗伯特·席勒在《金融与好的社会》一书中提出的问题："我们如何才能使得金融民主化，从而使得金融能更好地为所有人服务？"今天，金融进步由金融创新的单轮驱动，变成了金融创新和科技创新的双轮驱动，而一旦踏上了科学技术的轨道，就注定是开始了永不停息的前行，未来的金融世界一定会更精彩。基于前面论述，本文对金融科技发展提出如下建议。

首先，**传统金融机构要拥抱科技**。这可不是在传统金融机构母体上进行小修小补，而是经营理念、管理模式、操作规则等的系统再造，必须深谋远虑，有壮士断腕的勇气。

其次，**金融科技要迎接监管**。金融科技公司需要补充金融基因，认清金融的真谛，在创新、效率、收益、风险之间寻求最佳平衡，凡从事金融活动，一定要遵循金融的规则，做好迎接严格金融监管的思想准备。

最后，**金融监管部门要进行适度监管，以监管科技（Regtech）应对金融科技**。理论上应统一监管标准，但是新生事物需要给予一定的成长空间，只要守住不发生系统性风险的底线，可以给金融科技一点试错机会。监管者自身也要拥抱科技，关键是做好金融消费者保护，减小技术应用的负面效应，尤其注意金融之外的问题，如数据安全、隐私保护等。

（中国人民大学财政金融学院货币金融系副主任　罗煜）

中国银行业国际化现状与前景展望

本文要点：未来中资银行的机构布局会更加合理，不会再过分关注规模或机构数量的扩张，而是强调"走出去"的质量，一方面将在已设机构地区"深耕细作"，提升经营能力；另一方面将海外机构布局的重心逐渐向新兴及发展中经济体转移，会"以点、连线、带面"的方式来推动"一带一路"建设。政府部门应从监管合作、制度建设、统筹引导等方面优化政策环境。

随着中国经济开放度的不断提高，中国银行业国际化经营也取得了显著成就。在过去的 2016 年，全球低迷的经济形势、频现的"黑天鹅"事件并没有减缓中资银行"走出去"的步伐，反而提升了中国银行业应对困境的能力，在结合国家战略的基础上，逐步走出了独具特色的国际化之路。

一 中资银行国际化现状

截至 2016 年，22 家中资银行在全球 63 个国家和地区开设了 1353 家海外分支机构，其中五家大型商业银行的海外机构数为 1279 家。尽管与国外大型银行相比仍然存在显著差距，但在企业"走出去"步伐加快、"一带一路"倡议纵深发展等契机之背景下，**中国银行业的国际化经营能力不断提升**，并呈现出一些新的发展特征。

海外分支机构网络不断延伸，不同类型银行存在较大差异。五大行境外机构所覆盖的国家和地区较多，尤其是中国银行和中国工商银行，分别覆盖了 51 个、39 个国家和地区（见表 1），主要布局在亚太和欧洲地区，并通过参股、代理行等形式，扩大了银行的辐射范围，目前五大行的海外分支已经基本覆盖了全球主要的国际金融中心和经济体；全国性股份制银行的境外机构数量较少，且主要分布在我国港澳台及东南亚地区，海外扩张方式较为稳健。

表 1 中资银行境外机构覆盖的国家和地区（2016 年，单位：个）

	亚太	港澳台地区	欧洲	美洲	非洲	合计
工行	19	2	11	6	1	39
农行	7	2	4	2	0	15
中行	18	3	17	6	7	51
建行	9	3	11	5	1	29

续表

	亚太	港澳台地区	欧洲	美洲	非洲	合计
交行	6	3	3	3	0	15
招行	1	2	2	1	0	6
中信	2	2	1	1	0	6

资料来源：各银行年报。

中资银行海外机构布局中，围绕"一带一路"的发展尤其值得关注。截至2016年，9家中资银行在26个"一带一路"沿线国家设立了62家一级分支机构，比上年末增加了3家，这表明其"走出去"步伐不断加快。大型商业银行布局"一带一路"以机构设立先行，在扩大覆盖国家和地区的同时，增加已覆盖国家的经营网点，"以点带面"提升全球金融服务能力（见表2）；全国性股份制银行则以项目储备为导向，在沿线设立的分支机构较少，但会通过适当机制充分发挥其业务辐射能力，提供多元化、全方位的金融服务。

境外机构的资产、盈利等逐年增长，但业务回报率有待提高。截至2016年，五家大型商业银行的境外资产合计达5.6万亿元人民币，其中工商银行和建设银行资产规模靠前，占银行总资产的比重分别达8.8%和6.6%；中国银行的境外机构资产占比最大，约占26%，机构数量占比也最高，约占5%，这反映出中国银行的国际化程度相对较高。农业银行境外机构的资产占比、机构数量占比、境外员工占比都较低，覆盖国家或地区也最少，只有15个，境外净利润占全行净利润的比重仅有1%。交通银行境外机构总资产达8559.14亿元，占集团总资产比重为10.2%，境外机构实现净利润53.50亿元，占集团净利润比重为7.96%。尽管境外机构资产、利润都逐渐递增，但资产回报率仍然较低，最高的中国银行和工商银行也仅分别有1.67%和1.08%。

表2　　　　　　　　中资银行布局"一带一路"情况

	机构布局	业务布局	多边合作
工行	在沿线18个国家拥有127家机构	发放贷款235亿美元；累计支持项目212个；储备项目200多个	银团贷款、风险参贷、投贷结合，与当地政府、信保合作等
农行	在沿线4个国家拥有7家机构	基建贷款3.5亿美元、跨境并购9320万美元、贸易融资26.73亿美元、国际结算711.47亿美元	创新特色交流模式、拓展跨境人民币服务网络、深化与沿线国家的金融合作方式
中行	覆盖沿线19个国家	跟进重大项目420个，总投资4000多亿美元，完成各类授信额度达600多亿美元	与国内政策性金融机构、与多边金融机构、出口信用保险机构、外资银行等合作
建行	在沿线5个国家拥有20多家机构	重大项目25个，金额454亿美元；实行"传统信贷、投行对接、第三方推介"融资对接模式	搭建"一带一路"投融资平台，将发达国家和地区的资金、产品和服务引入沿线国家
交行	在沿线3个国家设立机构	完成4个辐射区域项目，投放7.4亿美元；落地3个中长期融资项目，总投放4.4亿美元，并向37个跨境项目提供信贷支持	构建"博采众长、兼收并蓄"的综合性金融服务平台
招行	境外分支+离岸金融中心，覆盖主要金融中心	储备139个项目，其中83个项目已经落地；国际结算规模373.51亿美元，保理服务12.12亿美元，发放贷款31.88亿美元	与全球2000多家中外资银行、国际金融机构、信用保险机构等都建立了长期合作关系
中信	在沿线1个国家设立机构	形成"表内+表外"、大协同、大交易和大投行构成的多元化、全方位金融产品体系	率先成立"一带一路"基金，与亚投行、国开行、金砖银行、丝路基金等机构的合作

资料来源：作者整理。

境外业务以信贷业务为主，多元化服务能力有待提升。中资银行的境外机构多为经营性机构，且以"走出去"企业为主要客户，业务单一化程度较高。2016年，除农业银行外的主要银行都扩张了境外信贷业务，工商银行、中国银行、建设银行新增贷款规模达2787亿元、2181亿元、2125亿元人民币；信贷余额增速显著提高，尤其是招商银行，增速高达71.6%。与业务结构一致，收入单一化情况也更加凸显，主要银行的境外手续费及佣金收入占比不断下降，与集团整体水平的差距也在不断拉大（见表3）。

此外，境外存款业务的增长速度普遍低于境外贷款业务增速，除中国银行外，其他主要银行的境外存贷款缺口（贷款/存款）都显著大于1，这也意味着境外贷款业务对境内资金的依赖程度有增无减（见图1）。

表3　主要银行的经营情况（2016年，单位：亿元、%、个）

	资产	占比	境外机构	占比	资产回报率	净利润	占比	境外员工	占比
工行	19545	8.8	412	2.4	1.08	211.3	7.6	14662	3.18
农行	6971	3.6	19	0.08	0.26	18.05	1	788	0.16
中行	7307	26	578	5	1.67	122.3	36.3	22509	7.29
建行	13800	6.6	251	1.63	0.31	42.47	1.8	6449	1.71
交行	8559	10.2	20	0.6	0.63	53.5	8	2391	2.58

注：资产回报率＝净利润/总资产。
资料来源：各银行年报。

银行通过海外并购实现国际化经营渐成趋势。经过多年探索，中资银行的国际化理念正在发生改变，逐渐从设立海外分支机构、代理处转向参股、并购海外银行。一方面，通过并购进入海外市场能够降低经营风险，标的银行通常拥有广泛、稳定的客户群体，以及适合当地情况的业务模式，借此可以实现快速扩张；另一方面，海外并购有助于吸收先进的经营理念和模式，弥补自身薄弱业务或短板。反观设立海外分支机构，中资银行不仅需要面临较长的申报周期、高昂的运营成本，还需应对较多的监管限制。因此，并购方式也逐渐成为中资银行国际化经营的选择和工具。从并购主体看，大型商业银行是海外并购的主力军，尤其是工商银行、建设银行和中国银行，无论在并购数目，还是交易金额都处于国内领先地位；从区域分布看，并购标的多位于中国香港及其他主要金融市场，标的也不局限于银行业金融机构；从持股比例看，中资银行更加倾向于控股型并购。

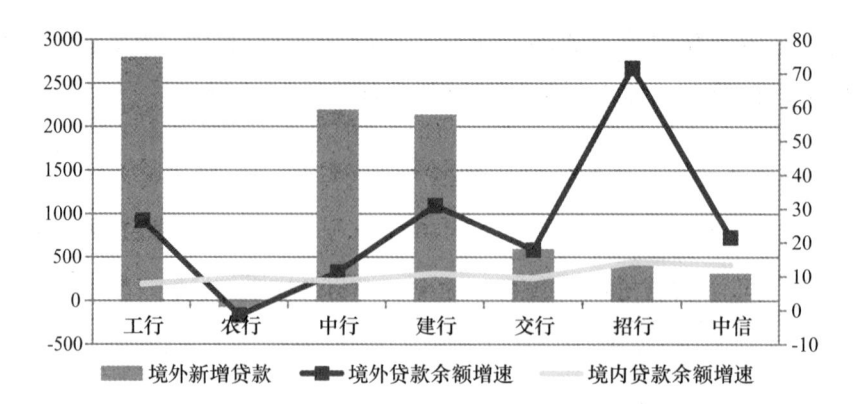

图 1　主要银行境外信贷情况（2016年，单位：亿元、%）

资料来源：各银行年报。

反洗钱和合规监管趋严，海外风险管理压力大幅提升。随着中资银行"出海"，面临的风险和挑战也更为严峻，尤其是反洗钱与合规问题，引起了银行业的高度重视。随着国际反洗钱监管不断加码，中国政府相关监管机构发布《关于进一步加强银行业金融机构境外运营风险管理的通知》，要求中资银行将国别风险纳入本行的压力测试，并根据结果制定相应的应急预案。受此影响，中资银行国际化经营的重心将从业务拓展转向与风险控制并重。

二　中国银行业国际化展望

在2017年，全球经济、金融市场存在较大的不确定性，中国银行业的国际化仍面临复杂的经营环境。但"危"中有"机"，随着中国国际地位提升、"一带一路"的推进以及人民币国际化进程加快等，银行国际化的时机和条件也更趋成熟。在这一系列"危"与"机"中，中国银行业的国际化将逐步从此前的规模扩张进入纵深发展阶段。

海外机构布局更加理性，设立方式趋于多样化。随着新兴及发展中经济体经济实力的不断增强、"一带一路"建设的稳步推进，中国与新兴经济体尤其是沿线地区的投资、贸易额显著增加，中西亚、拉美、非洲等地区日益成为中资银行开拓的重要区域。未来中资银行的机构布局也更加合理，不再过分关注规模或机构数量的扩张，而是强调"走出去"质量，一方面将在已设机构地区"深耕细作"，提升经营能力；另一方面将海外机构布局的重心逐渐向新兴及发展中经济体转移，并"以点、连线、带面"来推动"一带一路"建设。

表4　　　　　　　　部分中资银行的境外并购情况

	时间	并购标的	国家或地区	持股比例/%	交易金额
工行	2000.7	友联银行	中国香港	53.24	18.04亿港元
	2003.12	华比富通银行	中国香港	100	21.5亿港元
	2004.12	华商银行	中国深圳	100	0.96亿美元
	2006.12	哈里姆因银行	印尼	90	0.22亿美元
	2007.8	诚兴银行	中国澳门	79.93	46.83亿澳门币
	2007.10	南非标准银行	南非	20	约54.6亿美元
	2009.9	ACL银行	泰国	97.24	约5.56亿美元
	2009.6	加拿大东亚银行	加拿大	70	约7300万美元
	2011.1	美国东亚银行	美国	80	1.4亿美元
	2011.8	阿根廷标准银行	阿根廷	80	6亿美元
	2014.1	标准银行公众有限	英国	60	7.7亿美元
	2013.4	永丰银行	中国台湾	20	终止认购
	2014.4	Tekstilbank	土耳其	75.5	3.16亿美元
中行	2006.12	新加坡飞机租赁	新加坡	100	9.65亿美元
	2007.11	东亚银行有限公司	中国香港	4.94	39.5亿港元
	2008.7	瑞士和瑞达基金公司	瑞士	30	900万瑞士法郎
	2008.9	洛希尔银行	法国	20	后放弃

续表

	时间	并购标的	国家或地区	持股比例/%	交易金额
建行	1994.1	香港工商银行	中国香港	40	
	2002.2	香港建新银行	中国香港	30	1.052亿港元
	2006.8	美国银行（亚洲）	中国香港	100	97.1亿港元
	2009.8	美国国际信贷（香港）	中国香港	100	7000万美元
	2013.11	巴西工商银行	巴西	72	44.3亿元人民币
	2013.5	俄罗斯外贸银行	俄罗斯	—	1亿美元
	2016.9	温杜银行	印尼	60	
国开行	2007.7	巴克莱银行	英国	3.1	22亿欧元
交行	2016.5	BBM银行	巴西	80	约1.73亿美元
中信银行	2009.10	中信国金	中国香港	70.32	135.63亿港元
	2016.11	Altyn银行	哈萨克斯坦	60	—
招行	2008.5	永隆银行	中国香港	53.12	193亿港元

注：建设银行增资香港工商银行至70%后，将之更名为香港建新银行。

资料来源：作者整理。

此外，中资银行进入海外市场的方式不再局限设立机构，通过代理行、并购等方式拓展业务也日益兴起。从实践中看，2006年之前，中资银行主要以设立海外分支机构的方式实现海外扩张，但自2006年建设银行全资收购美国银行（亚洲）和中国银行收购新加坡航空租赁公司起，中资银行业的海外并购开始加速：一是并购主体增加，国家开发银行、中国民生银行、中国农业银行、招商银行等陆续加入；二是并购数量及规模增加，如果说工商银行2000年收购香港友联银行尚属个案，那么现阶段并购已经趋于常态化。中资银行还通过代理行形式为"走出去"的中资企业提供金融服务，目前几乎所有中资银行都拥有海外代理行，极大地填补了经营网点覆盖面不足形成的服务缺口（见表4）。总之，中资银行将以港澳地区为中心，继续深耕欧美发达市场，同时采用多种方式拓展新兴及发展中市场，不断提升中资银行的国际影响力和竞争力。

境外业务结构更加完善，收入来源趋于多元化。**中资银行国际化以服务"走出去"中资企业为主**，公司业务、境外信贷业务的比重过高，普遍难以融入海外主流市场。这一方面造成境外业务结构单一，海外产品和服务能力较低，制约经营效益；另一方面也造成较大的境外存贷款缺口，增加中资银行的经营风险。随着中资银行转向集约化经营，优化境外业务结构、拓宽境外客户群体、提升境外业务回报恰逢其时，**在业务结构上有以下特点**。

第一，中资银行境外机构在坚持存贷款、汇兑、清算、结算等低风险业务的同时，创新针对东道国特征的产品和服务，逐渐形成个性化的产品体系、客户战略和销售渠道，提高综合经营服务能力。

第二，境外机构在维系中资企业、当地华人华侨等客户的同时，积极推进客户本土化策略，首先要实现员工结构和管理模式的本土化，通过提升海外员工的本土化率应对文化差异及营销经验、产品开发等方面的短板，增强本地企业居民对中资银行的信任度和忠诚度。

第三，随着业务结构的持续优化，中资银行境外机构的收入来源也趋于多元化，手续费及佣金收入等非利息收入的比重稳中有升，并逐渐收敛至银行整体水平。

海外经营风险更加复杂，管理方式趋于全方位。随着不确定性的增多，中资银行境外机构面临的风险形势越发严峻，除了主权风险、汇兑风险、政治风险等国别风险，还包括法律监管、文化差异、资产评估等风险。中资银行在风险管理经验和技术等方面具有传统优势，但其只适用于国内市场，在应对海外市场风险方面难免"捉襟见肘"。因此，中资银行在拓展海外业务的同时，**将更加强化风险管理**。具体有以下几方面。

第一，加强海外市场的探索和研究，包括东道国的传统习惯、客户需求、经营文化、监管法律等，并研发针对性的风险管理工具等，同时不断提升海外市场风险的动态管理能力，及时跟进、反映最新情况。

第二，选择适合国情的市场进入方式，例如进入与中国互补性好、文化认同感强的新兴市场，还可以采用客户跟随策略等，立足海外业务与东道国商业文化的契合点，优化海外布局。

第三，更加重视与东道国政府、司法机构、监管部门的沟通合作，主动学习并严格遵守东道国的法律和监管规定。

第四，更加注重自身情况，选择适宜的国际化战略，对于尚未布局或布局较少的银行，可采用客户跟随战略；对于已布局一些机构但希望做大做强的银行，可选择联点成网、稳步推进策略；对于以国际领先为目标且具备条件的银行，可优先布局主要国际金融中心，整合资源、以点带面。

第五，重视国际化人才的培养和引进，尤其是拥有丰富海外工作经验、具备跨国经营管理能力的人才，同时加强信息系统建设，以科技促进创新、提升经营效率和风险管理能力。

自2018年以来，我国金融业陆续推出新一轮全面开放政策，尤其是银行业，将实施内外资一致的股权投资比例规则。这在扩大"引进来"的同时，也给中资银行"走出去"提供一个窗口。我国政府部门应当借此契机，进一步优化银行国际化的政策环境，稳步提高银行国际化经营的水平和质量。

第一，**加强监管合作与沟通，保障中资银行合法权益**。密切关注全球监管动向，多样化跨境监管合作方式；提升在国际监管规则制定中的话语权，协助中资银行解决国外监管问题；依托金融稳定发展委员会，加强跨业务、跨市场的跨国监管协调。

第二，**协调境内外监管规定，健全"走出去"制度建设**。加强对国外监管制度的研究和吸收，尤其是反洗钱、反逃漏税相关规定；积极参与国际监管制度制定，并结合国情完善国内监管法制体系，从而更好地与国际接轨。

第三，**统筹银行国际化节奏，引导中资银行有序竞争**。加强银行国际化的顶层设计，明确"走出去"的重点区域和领域，鼓励银行合理规划全球网络布局，避免盲目跟风；引导银行实施差异化市场定位和客户定位，防止海外业务的无序发展和恶性竞争。

（中国社会科学院国家金融与发展实验室
银行研究中心　曾刚、王雅君）

国家安全建设须重视水资源短缺问题

本文要点：中国是世界上人口最多的发展中国家，人均水资源占有量严重不足且水资源的时空分布不均衡，水资源短缺已造成严重的生态问题并威胁着国家安全。要从根本上解决我国的水资源短缺危机，不仅要建设节水型社会，更要尽快建设一批大型调蓄水库、提升我国水资源调控能力，从而大大增加我国可利用的水资源总量。此外，尽量避免"水电妖魔化"舆论误导社会公众、干扰政府决策，从而延误重大水电水利工程的建设。为此，我们要从国家层面明确水电开发的重大战略意义，将解决水资源短缺问题的迫切性提到国家安全高度，尽早启动、部署事关国家安全的大型水电水利工程，完善有利于水资源开发的管理体制和机制。

国家安全建设须重视水资源短缺问题

水是基础性自然资源和战略性经济资源，是人类和一切生物赖以生存的基本物质条件。与美国、加拿大、澳大利亚等水资源充沛的国家相比，中国人均水资源占有量仅为世界平均水平的28%，**中国要用仅占世界6%的水资源养活世界20%的人口**。按目前实行的"最严格水资源管理制度"，我国2020年、2030年"用水总量控制目标"必须控制在人均大约500立方米/年，按照国际标准属于"严重缺水"状态。那么，在如此严苛的水资源约束下，如何保障粮食安全、完成工业化并实现经济社会可持续发展，对中国乃至世界都是前所未有的挑战。

英国《金融时报》早在2014年就曾发文指出："唯一能阻止中国奇迹的就是水"；2018年3月则进一步指出："中国缺水危机迫在眉睫，可能产生比人口结构变化、债务问题和去杠杆严重得多的经济、社会和政治后果。或许受影响最大的是中国的全球抱负，这些抱负需要强大而可持续的经济来支撑。你可以印钞票，但印不出水"，同时提出很大困惑，"为什么缺水在中国不是经济前景研究的一个核心议题？不被认为是对经济增长，进而对中国实力的一个制约因素？"

我国正处于"决胜全面小康社会、建设社会主义现代化强国、实现中华民族伟大复兴"的关键阶段，比历史上任何时候都更需要清醒地认识自身的国情和水情，尤其需要看到：**严重缺水的危机已经离我们如此之近**；没有水，经济发展、粮食安全、生态保护都将"皮之不存，毛将焉附"，从根本上尽快解决水资源短缺的严重制约已是生态文明建设、维护国家安全的当务之急。

一 亟须高度重视我国异常严峻的水资源短缺形势

（一）我国人均水资源量很少且水资源时空分布严重不均

虽然我国每年地表径流水资源总量位居世界第六，但人均水资源量只有2063立方米，仅为世界平均水平的28%、美国的20%、巴西的8%、加拿大的2%。

除了人均占有量严重不足外，我国水资源的时空分布也极不均衡。**一是水资源的空间分布与土地、人口和生产力布局严重错位**。长江以北的耕地面积占全国的64%、人口占46%、GDP占44%，而拥有的水资源却仅占19%；长江以南耕地占全国的36%、人口占54%，而水资源占比却高达81%。"人地水"失衡矛盾在京津冀和西南诸河地区发展到极致：京津冀地区水资源仅占全国的1%，却承载着全国2%的耕地、8%的人口和11%的经济总量，而西南诸河地区耕地仅占全国的1.8%，人口仅占1.5%，却拥有全国21.6%的水资源。

二是水资源量年际差别大，年内分配则更为悬殊，致使洪旱灾害的威胁特别严重。地表径流在时间上的集中程度反映了水资源的优劣。我国每年汛期（5—8月）的地表径流量占全年的70%左右（海河、黄河部分地区超过80%，西北诸河地区高达90%），使本来就严重不足的水资源量中，2/3以上都是威胁人们生命财产的洪水径流量，而冬春季节的枯水又导致农业干旱。我国自古以来洪旱灾害频发，尤以长江、黄河流域严重。

（二）水资源短缺已造成严重的生态问题并威胁着国家安全

一是生产、生活和生态用水之争日益尖锐，粮食安全受到严峻挑战。按目前的正常需要且不超采地下水的情况下，正常年份全国缺水量达每年500亿立方米，全国600多座城市中有2/3供水不足，严重缺水城市达110座。北方"严重缺水"和"缺水"的12个省区，占全国农业产出的38%、发电量的50%、工业产值的46%，实际是长期靠牺牲生态环境用水，来勉强维持着经济社会发展的用水需求。京津冀地区人均水资源量大大低于国际"严重缺水"的警戒线，70%的用水依靠地下水超采，平均生态用水赤字高达90亿立方米。

我国50%的耕地处于干旱半干旱地区，水资源保障对粮食安全举足轻重，目前农业抵御洪旱灾害的能力远远不够。近30年来全国总供水量的增加重点保障工业和城市需要，农业用水所占比重从20世纪80年代的85%降至2016年的62%，但农业节省出来的水资源依然无法满足工业化和城市化的发展速度。黄河分水协议早就面临配额指标远远不够的压力，生产着中国56%的小麦、25%的玉米的冀鲁豫三省，必须靠超采地下水才能维持粮食生产，山东东营稻农已被迫改养羊或种棉花。粮食安全面临严峻挑战。

二是深层地下水已严重超采，华北平原已成全世界最大的漏斗区。深层地下水很难更新、循环迟缓，因此在国际上并不属于可利用的水资源范畴，我国地下水公报公布的也是浅层地下水开采情况。然而，中国科学院测量与地球物理研究所利用重力卫星的最新观测发现：华北平原地下水超采已高达每年60亿—80亿吨，80%以上是难以恢复的深层地下水，超采面积高达7万多平方公里，全国地下水超采已扩大到30多万平方公里。

地下水超采不像黑臭水体、空气污染能马上感觉到，但其后果却非常严重：河道断流、湖泊干涸、湿地萎缩、地面沉降、海水倒灌，进而导致地下水水质持续恶化。目前全国已有50多个城市发生地面沉降和地裂缝灾害，沉降面积高达9.4万平方公里；沿海地区频频发生海水倒灌，造成群众饮水困难、土地盐渍化、农田减产或绝收，其中环渤海地区发展最为迅速，海水倒灌面积高达2457平方公里，比20世纪80年代末增加了62%。

二 "水电妖魔化"问题制约水安全保障

按照目前的耗水量,2020年我国将需要11500亿立方米的水。根据《全国水资源综合规划(2010—2030)》,在保证河湖生态流量情况下,我国水资源可利用量仅为8140亿立方米。虽然"最严格水资源管理制度"已将2020年、2030年总用水量分别限制在6700亿和7000亿立方米,但在当前人均用水量已低至"严重缺水"的情况下,靠"节水"来解决未来供需缺口注定是步履维艰,甚至是难以实现的(因为物理效率上的节水潜力并没那么大),除非放弃"粮食自主"等政策。

纵观历史,任何一个发达国家,若没有特殊的气候地理环境形成天然水资源的充足保证,几乎无一例外都必须依靠水库大坝蓄水、跨流域调水来解决水资源的供应问题,即把丰水年/丰水期造成灾害的洪水蓄存起来,变成枯水年/枯水期的宝贵水资源。目前除了修建水库大坝,人类还没有其他手段解决天然水资源的时空分布不均矛盾。要从根本上解决我国的水资源短缺危机,当务之急不仅仅是"节流"——建设节水型社会,更重要的是"开源",即**尽快建设一批大型调蓄水库,提升我国水资源调控能力**,从而大大增加我国可利用的水资源总量。

(一)水资源比我国充沛得多的发达国家,都建立了远高于我国的调控能力

目前世界人均库容水平为580立方米,发达国家平均高达3200立方米,而发展中国家平均不足540立方米;世界水电开发程度为35%,发达国家平均在70%以上(日本、法国、英国等水电开发程度高达90%以上),非洲地区水电开发程度不足8%,我国和印度分别为39%和20%。以人均库容和水电开发程度为标志的水资源调控能力,在国际上不仅不存在什么"警戒线",反而是越高越好。尽管我国目前拥有的水库数量位居世界第一，但其中99%是水资源调控能力不高的中小型水库（其中很多是技术落后的病险水库），所以人均库容还很低，仅为发达国家平均水平的22%。

河流径流的"调控能力"（即梯级水电开发所获得的调节库容与河流年径流量之比），是衡量水资源管理水平的最典型指标。人均水资源量远高于我国的美国、加拿大，主要河流的调控能力基本都在50%以上，美国密苏里河和科罗拉多河、加拿大马尼夸根河和拉格郎德河的调节库容甚至高达河流年径流量的102%—217%，河流水资源利用完全可以做到水旱由人、不必再听天由命。

（二）"水电妖魔化"舆论在我国泛滥，导致重大水电水利工程建设严重受阻

水电建设被妖魔化这一问题本是20世纪60年代美苏争霸的产物。美国等西方发达国家已基本完成本国大型水电开发，"水电妖魔化"并未伤及自身，但是对江河急需治理、水资源开发程度还很低的发展中国家却造成了严重影响。20世纪八九十年代，大坝防洪、供水、灌溉等正面效益完全被熟视无睹，而以偏概全、本末倒置地强调"水电破坏生态之罪"却成了时髦。

进入21世纪，面对全球20亿人缺电、10亿人缺饮用水的难题，水库大坝对人类社会不可替代的重大作用重新为人们所重视。自2004年起，联合国、世界银行等国际权威机构就不断呼吁"投资储水设施就是投资绿色经济"，"发达国家已拥有很多基础设施及大坝，在应对极端天气灾害、保障水安全方面已有良好基础；而发展中国家限于资金技术人力等因素，水库大坝基础设施还远远不足以提供所需的能源及水资源、支撑经济发展，建设新坝仍是当务之急"。

值得注意的是，当国际社会对水电发展的重大意义已经正本清源并纠正"水电妖魔化"误导的情况下,反水库大坝建设的极端环保组织却在我国异常活跃起来。"水电妖魔化"舆论严重误导了社会公众、干扰了政府决策,导致一些事关国家长治久安和生态环境保护的重大水电水利工程搁浅至今。

三 政策建议

(一)将解决水资源短缺问题的迫切性提到国家安全高度

国际经验表明:无论是水资源较为丰富的国家,还是相对缺乏的国家,其总用水量均经历了"库兹涅茨曲线"变化过程,达到用水峰值时的人均GDP基本处于15000—20000美元(按购买力平价计算),且产业结构呈现出明显的共性,即农业比重降为5%左右,工业为30%—40%,第三产业在60%以上。我国目前人均GDP和产业结构与此相比还有相当大的差距。

虽然自2012年实施"最严格水资源管理制度"后,我国总用水量增长比较缓慢甚至还略有下降,但绝不能就此认为"我国用水总量的增长态势已得到全面遏制和扭转""实现2020年6700亿立方米、2030年7000亿立方米的用水总量控制目标几乎毫无悬念",亟须清醒地认识到:**我国用水需求的峰值并未到来**,目前的增长缓慢是建立在"生产生活严重受限、生态用水出现严重赤字"基础之上,**未来10—20年经济社会发展与用水总量之间的矛盾将比现在更为尖锐**。保障我国水安全,当务之急不仅仅是整治黑臭水体、打好水污染防治攻坚战,更重要的是充分估计、及早应对我国已经异常严峻的水资源短缺形势。如果发生战略误判,将严重危及国家安全。

(二)尽早启动、部署事关国家安全的大型水电水利工程

按照目前可利用的水资源总量,我国"实现全面小康和社会主义现代化"只能在国际标准"严重缺水"情况下艰难前行。事

实上我们并非别无选择，因为目前的"总量控制目标"是在还有大量可调蓄的水资源白白流失情况下确定的。我国水资源调控能力与发达国家差距甚大，**尽快建设一批骨干水源工程和江河连通工程，提高水资源调控水平和供水保障能力**，是新时代治水方针迫切需要补齐的重大短板。

国际形势复杂多变，我国要抓住宝贵的战略机遇期，要谨防"水电妖魔化"舆论再次误导政府决策，将国家安全和生态文明建设引入歧途。无论是制定"水资源开发利用红线"还是"生态保护控制红线"，当前亟须澄清一个重大的、原则性问题：**"生态红线"的划定绝不能以牺牲"国家安全底线"和"人民的生存发展底线"为代价**，绝不能把"水资源开发"与"水资源使用或消耗"混为一谈、把"水库大坝的存在"与"保持河道生态流量"截然对立起来。水库大坝的本质是水资源开发（蓄丰补枯、解决天然水资源时空分布不均的矛盾），目的是储备水资源，而非消耗和使用（水力发电只是利用水流的落差发电、并未消耗一立方米水）。河道断流、湖泊干涸的根本原因不是大水库太多、截断了河流，恰恰是大水库太少、蓄水能力太低导致水资源严重供不应求。三峡建设前我国长江枯水期最低流量不足 4000 立方米/秒，有了三峡水库才使得最低流量不低于 6000 立方米/秒，正如联合国报告所指出的："有了足够的蓄水能力，才能实施生态调度，维护河流的健康生命。"

（三）尽快完善有利于我国水资源开发的管理体制和机制

大型水库是现代社会不可缺少的重要基础设施，水力发电只是水库建设的副产品，和水资源调控是密不可分的整体。正因为水电开发具有防洪、供水、灌溉、航运等任何其他能源都无法替代的巨大经济社会效益，所以在高度推崇市场化民主化的美国、法国，大型水电开发全部由国家主导，不允许私人资本进入，以避免市场化下的恶性竞争、利益博弈阻碍水电开发，影响国家的水资源调控。

当前，**我国水电开发"全部推向市场"导致国家整体利益和长远利益被局部利益、眼前利益的复杂博弈所取代**，恶性竞争已经让国有水电企业不堪重负。跨省区河流开发的不同地方政府之间的利益冲突、各涉水管理部门对水电工程综合利用功能的不同诉求、地方政府诉求和企业承受能力之间的矛盾、电力市场消纳的省际壁垒等诸多矛盾交织在一起，在中央权威缺位的情况下，水电开发企业不仅无法协调各种矛盾，反而陷入了"为尽社会责任出的钱越多、矛盾越大"的怪圈。水电新项目开发的社会成本越来越高，在运水电站的电力消纳又无法保证，企业投资积极性已严重挫伤，水电建设已明显降速。

水电开发直接关系着我国的水安全，当前亟须从国家层面明确水电开发对维护国家安全、建设生态文明不可替代的重大战略意义，纠正水电开发"过度市场化"的体制机制弊端，理顺"政府与市场的关系"，使我国经济社会可持续发展尽早摆脱水资源短缺的严重制约。

（国务院发展研究中心研究员　王亦楠）

完善网络安全保障体系是网络强国建设的关键

本文要点：网络强国建设涉及多个方面，如基础设施、关键技术、互联网应用、国际网络空间话语权、网络安全保障能力和总体战略规划等。其中，网络安全处于最为基础且至关重要的位置。完善网络安全保障体系是网络强国建设的内在要求，构建网络安全保障体系是建设网络强国的有机组成部分、有力支撑和得力保障。进一步分析发现，构建网络安全保障体系的几个核心议题是：在国家战略层面搭建网络安全保障体系框架、着力于各部门协调与整体推进相结合以及建立多方主体参与的网络治理模式。

一 完善网络安全保障体系是网络强国建设的内在要求

随着网络技术的快速发展、互联网应用的持续普及以及网络与现实融合的日益加深,网络强国建设在国家发展中的重要性日益凸显。网络强国建设的战略在中共十八届五中全会就有所部署,不仅将其纳入"十三五"规划纲要,还将之视为国家创新发展的重要驱动力。党的十九大报告进一步明确了建设网络强国的迫切性,同时也提出了具体建设目标:"加强应用基础研究,拓展实施国家重大科技项目,突出关键共性技术、前沿引领技术、现代工程技术、颠覆性技术创新,为建设科技强国、质量强国、航天强国、网络强国、交通强国、数字中国、智慧社会提供有力支撑",不仅对技术手段进行了部署,还将网络强国和其他一系列强国战略并驾齐驱,突出在国家战略中的重要地位。

网络强国的主要指标体现在:相关信息化基础设施处于世界领先水平、在国际互联网治理规则制定中拥有一定话语权、互联网应用方面处于世界领先水平、互联网关键技术自主可控、有足够的手段和能力保障网络安全、抢占网络空间战略制高点能力强等,涉及基础设施、关键技术、互联网应用、网络空间话语权、网络安全保障能力和总体战略规划等方面。可见,这是一项复杂的工程,不能一蹴而就,需要分析局势、突出重点。**技术、设施和安全在网络强国建设中居于核心地位**,是网络强国建设中必不可少的组成部分。发展技术自不必说,这是一个国家科技发展的"主要推手";设施建设也迫在眉睫,落后、不足的基础设施成为横亘在网络强国建设道路上的障碍;确保安全在三者中居于更基础的位置,"没有网络安全就没有国家安全"早已成为共识。**完善网络安全保障体系是网络强国建设的内在要求**。因此,有必要进一步认清网络安全在网络强国建设中的关键作用，将网络安全贯穿于网络强国建设的始终，成为其有机组成部分。

二 构建网络安全保障体系是建设网络强国的关键路径

中国正进入网络强国建设的快车道。我国已启动开展网络强国建设三年行动，未来三年将启动一批战略行动和重大工程。网络安全是网络强国建设中的关键点，理顺网络安全保障体系与网络强国建设的关系至关重要。

1. 构建网络安全保障体系是网络强国建设的有机组成

网络安全与信息化在网络强国的建设中如"鸟之两翼、车之双轮"，两者兼备，缺一不可。就网络安全而言，其有机组成体现在：一是在网络强国的建设过程之中，网络安全需与技术进步、设施完善结合起来，共同构成网络强国的有机组成部分；二是在网络强国建成之时，网络安全保障能力将作为最重要的衡量指标，如果没有科学有效的保障体系，很难说已经建成了网络强国。这就要求不仅在建设过程中，将网络安全保障体系视为有机组成部分进行构建，也需要在建设目标达成之后对网络安全保障体系进行评估，使之与网络强国地位相符。

2. 构建网络安全保障体系是建设网络强国的有力支撑

网络强国建设是一项长期、复杂的系统性战略工程，**网络安全是其中最为有力的支撑**。网络安全保障工作的根本在于确保安全。网络安全"牵一发而动全身"，一旦事发必将影响其他方面。而网络安全保障关键在于"防"。相比之下，技术创新、基础设施建设等工作则重在"立"，这"防"与"立"之间正是安全与发展关系的最好印证。习近平总书记多次强调要重视安全和发展之间的关系，提出安全是发展的前提，发展是安全的保障，二者同等重要，需要同步推进。在网络强国建设中，"防"始终起基础性保障作用，是"立"各项工作得以正常运行的良好支持，网络强国也正是在"防"与"立"的共同运行中得以稳步推进。

3. 构建网络安全保障体系是建设网络强国的得力保障

互联网技术飞速发展，国际网络安全形势多变。近些年，全球的网络安全事件频发，2017年出现的勒索病毒袭击全球，我国也屡受其扰，有媒体爆出国内一些机构和组织亦被感染，而网络犯罪也成为困扰我国治安的重要因素。有数据表明，网络犯罪案件已占所有犯罪案件30%，未来仍然呈上升趋势。面对日益严峻的网络安全形势，保障工作的重要性不言而喻。网络安全保障体系正是围绕着国家网络安全这个核心议题，从战略部署层面、管理机制层面、国内立法层面、网络技术层面、网络宣教层面、人才建设层面和国际合作层面等进行统筹规划。这几个层面中，战略部署是统筹之首，管理机制是运作之本，国内立法、网络技术、人才建设是保障之基，网络宣教和国际合作是推动之力，构成了网络安全保障体系。只有协同推进各个层面的建设，才能为网络强国的建设提供得力保障。

三 完善网络安全保障体系的三个核心议题

党的十九大报告强调要"健全国家安全体系，提高防范和抵御安全风险能力"，完善网络安全保障体系是网络强国的关键路径，应该置于优先发展的位置。网络安全保障体系涉及面广，其构建与完善也应抓住重点、有的放矢。从整体上谋划网络安全保障体系的几个核心议题至关重要。

1. 从国家战略层面搭建网络安全保障体系框架

党的十八大以来，我国非常重视网络安全问题，将网络安全上升到国家战略的高度，从加快立法、政策推动、产业发展、技术进步等领域加快了网络安全战略的部署和实施。在构建网络安全保障体系过程中，最为紧要的是在原有的认识高度上继续推进，**要从国家战略层面进行考量和设计，尽快推出完善网络安全保障体系的框架结构**。

具体来看，可以从战略部署、管理机制、国内立法、网络技术、网络宣教、人才建设、国际合作几个角度，搭建我国的网络安全保障体系。战略部署层面应从总体国家安全观出发，以习近平总书记关于网络安全战略的重要论述为指导，从国家战略高度分析、评估我国面临的安全形势以及需要采用的安全策略；管理机制层面将重点解决网络安全保障过程中的组织机制作用，建立全国网络安全保障的几大机制：网络安全审查机制、关键基础设施保护机制、监测预警机制等，建立有效的组织机制以解决执行的问题；国内立法层面以《网络安全法》为基础，在此基础上重点研析个人信息保护以及打击网络犯罪、网络恐怖主义的立法问题；网络技术层面从技术角度评估我国现有的网络安全保障能力，加强基础技术、通用技术，发展非对称技术、"撒手锏"技术，突破前沿技术、颠覆性技术；网络宣教层面以网络政策宣导、公众防护意识、网络文化建设、网络媒介素养为重点关注领域；人才建设层面围绕我国的网络安全人才挖掘、培养、使用等进行规划；国际合作层面将探讨网络安全保障工作的国际交流与合作。我国的网络安全保障工作已开展多年，相关成绩也引人注目，当下缺少的是从国家战略层面出发搭建的框架体系，而需要特别强调的是这一框架体系需要在核心部门的推动下建立，建立之后也需要将各相关部门纳入其中，做到整体上的部署和推进。

2. 着力于各部门协调与整体推进相结合

网络安全保障体系建设涉及众多部门，我国网络安全管理的最高机构中共中央网络安全和信息化委员会，以及下设的执行部门国家互联网信息办公室负责全盘规划，尤其从国家安全层面统筹协调涉及经济、政治、文化、社会及军事等各个领域的网络安全和信息化重大问题，并且研究制定网络安全和信息化发展战略、宏观规划和重大政策，而涉及网络安全应对、管理的还有一些具体的部门、协会和组织，如工信部建立地址和域名信息备案管理机制，负责所有网站、域名的备案；公安部下设网络安全保卫局，设有网络违法犯罪举报网站，进行网络监管，打击网络犯罪；广电总局管理网络视听节目和互联网广告；工商总局管理电子政务的市场秩序、诚信体系、虚假宣传和不正当竞争等行为；中国人民银行负责管理第三方网上支付机构；中央编办设有政务和公益机构域名注册管理中心，重点监管政府和事业单位网站；中国互联网协会负责行业协会管理，致力于行业自律、行业调查和国际交流等；国际互联网应急中心负责全国网络安全的监测、预警和应急工作等。

我国涉及网络安全的管理部门众多，要在现有的管理格局之下，进一步理顺以中共中央网络安全和信息化委员会为核心，以国家互联网信息办公室为牵头，以各有关单位为主体的单位的格局，尤其**要在多个部门之间建立工作联动机制和协调机制**。这种协调机制不仅针对核心或主管部门，还需要联动各个有关的部门，不是一对多的管理模式，是"一对多、多对一以及多对多"的协作模式。能够做到核心部门指令快速传达到相关部门、相关部门围绕核心部门的指令快速反馈落实及实施、所有相关部门之间畅通无阻地围绕某个网络安全议题进行沟通与合作。

3. 建立多方主体参与的网络治理模式

网络安全保障体系涉及各方各面，存在多个层面相互协调、协同配合的问题，只有科学有效的管理机制才能把人的因素和技术因素合理地组织起来。从国家政策、组织机制、统筹协调的角度可以有效解决网络安全保障体系建设的制度问题，可以在国家力量的推动下快速、有效地得以建立。网络安全问题涉及不同层面：国际、国家、社会和个人等。从国际层面来看，它是国际关系的重要议题；从国家层面来看，其与国家安全紧密相连；从社层面来看，它是影响社会安定的重要力量；从个人层面来看，它与个人的安全密不可分。所以，在构建网络安全保障体系过程中，除了有国家力量的参与，还不能缺少其他层面的力量。**建立多方主体参与的网络治理模式**，就是要纳入国际组织、政府部门、社会组织、网民个人等多方主体，让深受影响的各个层面力量均参与到保障网络安全的大潮之中。具体做法可以在网络安全保障体系建设过程中预留各方参与其中的"接口"，比如在网信部门设立网民参与政策制定的参与机制，在网络宣教过程中加大社会组织参与其中的力度，在协会组织中建立社会力量参与行业规范的制定等，真正做到"网络安全为人人，网络安全靠人人"。

网络强国建设关系国计民生，关系未来发展，有必要在发展技术、建立设施的同时，进一步强调安全的重要性。完善网络安全保障体系是网络强国建设的内在要求，构建完善的网络安全保障体系是建设网络强国的有机组成、有力支撑和得力保障。有必要通过几项核心议题推动体系建设，保障网络安全，推动网络强国建设。

(北京科技大学副教授 安静)

全球科技投入态势及对中国启示*

本文要点：近年来，面对日益加剧的国际科技竞争，世界主要国家都将发展目标瞄准了新一轮的科技革命和产业变革，加强科学研究，加快创新战略部署，增加科技创新投入，抢占未来科技经济发展的先机。本文根据国内外权威机构发布的研究报告及相关数据，力求从全球视野分析和把握近十年全球科技投入的基本趋势及中国科技投入的水平，旨在为我国科技投入决策提供一定的参考和借鉴，具体为：一是要稳定增加基础研究投入；二是加强对国际科技前沿重点领域和方向的谋划布局；三是进一步推动企业加大研发投资力度；四是集中相关资源抓紧突破一批核心技术。

---

* 本文主要内容发表于《全球科技经济瞭望》2018年第9期，在辑入此书时做了适当调整。

一 全球研发投入格局不断发展变化

1. 全球研发投入持续快速增长，知识和技术密集型经济竞争加剧

根据美国《科学与工程指标2018》相关数据，按当前购买力平价计算，全球研发总投入（即实际支出，下同）已由2000年的0.72万亿美元增长至2015年的1.92万亿美元，增幅达166%，年均增长为6.7%，这说明**世界各国在知识和技术密集型经济发展方面的竞争不断加剧**。中国是全球研发投入增长的最大贡献者，中国研发投入增量占全球增量（1.2万亿美元）的31%，其次是美国（占19%）和欧盟（占17%），然后是日本（占6%）和韩国（占5%）。在全球知识密集型商业服务业和高技术制造领域，美国近十年来一直处于霸主地位。2015年，美国知识密集型服务业增加值占全球的31%，欧盟为21%，中国为17%（位居第三）。美国高技术制造业产出也占全球的31%，中国居第二位（24%），中国工业的快速发展使中国的这一全球份额翻了一番多。

2. 研发投入高度集中于亚、美、欧三个地区，总体上呈东升西降之势

自2000年以来，全球约90%的研发投入集中在北美、欧洲和亚洲，不过北美和欧洲占全球研发投入的比重一直呈下降趋势，北美从40%下降到28%，欧洲从27%降至22%，东亚、东南亚和南亚地区则从25%上升到40%，预计亚洲的这种上升趋势短期内不会结束。

就单个经济体看，研发投入地域分布的集中情况更加显著。第一梯队是遥遥领先的中美两国，2015年美国仍居第一位（4970亿美元，占全球研发投入的26%），中国第二（4090亿美元，21%）；第二梯队是日本（1700亿美元，9%）和德国（1150亿美元，6%）；第三梯队是韩国（740亿美元，3.9%）、法国（610亿美元，3.2%）、印度（500亿美元，2.6%）和英国（460亿美元，2.4%），各占全球研发总投入的2%—4%不等。其中，中美两国合计占全球研发总投入的47%。

3. 亚洲研发投入增长强劲，中国表现突出

尽管美国和欧盟仍是全球研发的主要投入者，但其世界占比不断显著下滑。从2000年到2015年，美国在全球研发投入中的占比已由37%降至26%，欧盟也由25%降至20%，而同期**中国则从1.5%上升至22%，成为全球研发投入增长的主要驱动力和研发活动最密集的地区**。此外，中国也是全球研发投入增量最大、增速最快的国家，2000—2015年的年均增速高达18%，远高于全球6.7%的平均增速，更高于在全球平均增速之下的美欧。不过，中国研发投入中的基础研究只占5%左右，与其他国家15%以上的比例相去甚远，这既体现了中国企业对研发投入的重要作用，也表明中国其实还存在利用世界其他地区基础研究成果的机遇。

二 相关大国增加科技创新投资的情况分析

1. 美国特朗普政府削减科研预算遭拒，2018财年法定研发预算增幅创历史新高

美国奥巴马政府时期就一直极力主张增加研发投入，2015年版《美国创新战略》就强调联邦政府投资要为创新提供基本保障，加强美国创新系统四大基础要素——基础研究、高质量的STEM（科学、技术、工程和数学）教育、21世纪先进物质基础设施和下一代数字基础设施的投资力度。2017年特朗普上任后拟大幅削减联邦政府科技预算，但连续两年遭国会拒绝，最终通过的2018财年综合拨款法不仅没削减联邦研发预算，反而空前地将其增加至1768亿美元，增幅高达13%。生物医学、能源、航空航天等领域的一批重大研发项目（特别是颠覆性技术研发）和大科学工程及设施获得充足资金保障。

2. 欧盟酝酿新的研发框架计划，设立欧洲创新理事会助推颠覆性创新

欧盟委员会正在酝酿新的研发框架计划（2021—2027年），其预算有望达到1000亿欧元，较之目前实施的"地平线2020"计划的800亿欧元增加25%。欧盟还将采取一系列措施改善营商环境，鼓励和吸引私营投资。作为完善欧洲创新体系的重大举措，欧盟将设立欧洲创新理事会，重点推进突破性和颠覆性创新。创新理事会试点业已启动，2018—2020年预算为27亿欧元。未来创新理事会将支持风险更高的项目，并加快初创企业的商业化和扩张速度。

3. 英国力保科研经费预算，研发税收优惠创新高

英国政府在财政开支极为紧张和"脱欧"可能导致科研经费锐减的情况下，承诺未来五年政府科学投入总额将达263亿英镑，并加强与产业界及社会各界的合作，推行最具国际竞争力的研发税收优惠政策，力争未来十年内使英国全社会研发投入增加800亿英镑，到2027年将研发投入占GDP的比例提高到2.4%（2015年为1.68%），最终实现3%的长期目标。自2015年4月1日起，英国将企业研发支出税收抵扣率由10%提高到11%，2018年1月1日起又进一步提升至12%。

4. 德国研发投入持续增长，国计民生项目成未来投资重点

近年来德国研发投入持续增长，2015年达到破纪录的900亿欧元，率先实现欧盟提出的占GDP 3%的目标，其中2/3来自企业。德国政府对研发的支持力度也不断增强，2016年德国联邦政府研发预算同比增长6%，2017年再次增长9%，达到172亿欧元，居欧盟国家之首。德国政府重点支持数字经济、可再生能源、健康医疗、智能交通和公民安全等对未来经济社会发展意义重大的研究课题。

5. 法国增加高等教育与研究预算，新政府推出"大投资"计划

2017年法国政府发布《高等教育与科研白皮书》，提出未来十年（到2027年）将法国科研经费投入占GDP的比重从目前的2.23%提高到3%，高等教育经费投入占其GDP的比重从1.4%提高到2%。马克龙政府针对法国社会面临的主要挑战，还提出了5年总额570亿欧元的大投资计划（2018—2022年），目标是加速生态转型（200亿欧元）、建立技能型社会（150亿欧元）、通过创新提升竞争力（130亿欧元）和建立数字化国度（90亿欧元）。

6. 日本发布新科技基本计划，研发投入创历史新高

日本多年来研发投入占GDP的比重一直保持在3%以上（2016年为3.42%），无论是研发投入总额还是研发强度，均位居世界第三。2016年日本政府发布的《第五期科学技术基本计划（2016—2020）》提出，未来5年要使日本政府研发投入达到GDP的1%（26万亿日元），全社会研发投入达到GDP的4%以上。日本第五期基本计划的核心内容是"四大政策支柱"：一是推动未来产业创新发展和社会变革；二是解决经济社会发展面临的重大挑战；三是强化科技创新的基础能力；四是构建人才、知识和资金的良性循环体系。

三　全球企业研发投入增长势头强劲

据《2017年欧盟产业研发投入记分牌》报告对全球研发投入排名前2500家企业（占全球企业研发总投入90%以上）所做的调查，2016年，全球企业研发投入连续六年保持增长，总额为

7416亿欧元，同比增长5.8%，远高于其净销售额0.1%的增长幅度。

1. 美国企业研发投入遥遥领先，中国企业研发投入增速最快

2016年，在研发投入排名前2500家企业（分布于43个国家）中，有美国822家（占全球企业研发投入总额的39%），欧盟567家（26%），日本365家（16%），中国376家（8%），其余370家（13%）分布于世界其他国家和地区。**美国入选企业的数量和企业研发投入都遥遥领先**，且各年都略有增长；欧盟次之，基本维持在26%左右；日本入选企业数2016年首次被中国超过，其研发投入仍高于中国，但研发投入全球占比已从2007年的24%下降至16%。美国企业研发强度（企业研发投资与销售额之比）达6.2%，远高于欧盟（3.5%）、日本（3.5%）及中国（2.8%）。

中国企业研发投入过去十年增长迅速，2016年达618亿欧元，同比增长18.8%，虽然较2015年的24.7%有所回落，但增速依然全球第一。美国和欧盟企业研发投入继续显著增长，增速分别为7.2%和7%，已接近2008年国际金融危机前的水平，日本企业研发投入则出现3%的负增长。

2. 企业研发投入主要分布在生物制药、信息技术和汽车三大行业

2006—2015年，全球研发投入排名靠前的企业尽管分属多个行业（36—41个），但前三大高、中研发强度行业，即制药与生物技术（占比17.7%—19.3%）、信息技术与设备（14.4%—18.3%）、汽车与零配件（15%—17.1%）约占全球企业研发总投入的50%，前15个行业占比更是高达92%。同时，研发投入增长最快的行业逐渐由早前的传统行业石油与天然气、银行、建筑与材料变为现今的新兴行业软件与计算机服务业。

3. 中国企业创新投入总体水平偏低，但信息和通信技术（ICT）产业研发投入增长强劲。

近年来中国企业入选记分牌的数量逐年增多，由2008年的10个迅速上升到2016年的376个。不过，中国进入前100强的企业从未超过7个，进入前50强的只有华为1家。2016年，中国企业研发投入强度首次提高到2.8%，但不到美国（6.2%）的一半。

中国入选2016年记分牌企业的研发投入44.1%都出自ICT产业，12.5%出自汽车产业，健康医疗产业只占3%。近5年中国研发投入50强企业的行业分布虽然一直是汽车及零部件、建筑及材料等传统行业占据主导地位，但ICT产业的崛起速度非常快，中国软件业2015年研发投入同比增长达到38.3%，增速远超全球和欧美。中国绝大部分软件企业自入榜以来，其研发投入都保持了两位数增长，硬件企业2015年研发投入整体增长35%，分别为：华为（46.1%）、中兴（34.1%）、联想（20.2%）。

四 结论与建议

第一，全球研发投入在持续增长中呈现明显分化的趋势。

总体而言，进入21世纪以来，全球主要国家都十分重视研发投入。但在研发投入强度不可能无限提高的前提下，各国研发投入总量最终会受经济实力、政治制度和社会状况等各种条件的刚性约束，经济发展后劲越足、GDP越高、政府组织和调动力越强的国家，研发投入持续增长的可能性也越大。当前全球研发投入在持续增长中呈现明显分化的趋势：中美两强地位稳固，其他国家难以望其项背，且差距可能继续扩大，但中美之间差距会越来越小。2000年，中国研发投入只有美国的4%，目前已达美国的82%（按购买力平价计算）。美国《研发杂志》预计，到2027年，中国研发投入将超过美国，届时两国研发投入所占全球的份额还将会上升,进一步拉开与其他国家的差距。

第二,伴随科技创新成为推动经济增长和应对社会挑战的根本力量,科技投入的社会需求导向越来越明显。

以云计算、物联网、人工智能和大数据等为主的信息技术和数字经济成为各国家重点投入以抢占科技制高点的鲜明标志;越来越多的国家将可持续增长和民生福祉作为首要的科技发展目标,健康医疗、能源环境等领域成为公共研发投入的重中之重;美日欧等经济体重新聚焦产业发展,打造多元化和具有竞争力的工业基础;创新创造成为决定企业未来的关键要素,加之各国政府产业及财税政策的牵引,创新型企业更加重视研发投资,且增长势头强劲。

第三,中国研发投入增长动能强劲,但问题突出。

中国十多年来的研发投入在增速(20%)、投入总量(世界第二)和投入强度(翻了一番)等方面都十分引人注目。目前中国研发投入的两大特点决定了研发投入总量仍具有很大的增长潜力:一是中国研发强度只有2.1%,与很多创新型国家2.5%以上的水平差距较大,在GDP处于中高速增长的前提下,研发投入总量仍有很大增长空间;二是中国研发投入的资金有75%来自企业,这一比例超过市场经济高度发达的大多数西方国家。鉴于企业天然的逐利性,在企业研发投入占主体、企业平均研发投入强度还较低(不到2.8%)的情况下,中国研发投入增长的动能在未来十分强劲。

不过,与发达国家相比,中国研发投入仍存在两个比较突出的问题:一是基础研究投入比重较低,只占研发投入的5.1%,源头创新能力不足;二是领先的创新型企业比较少,企业研发投入强度普遍偏低。在全球排名前2500家企业的研发总投入中,中国仅占8%(美国39%),特别是在全球研发强度最高的制药和生物技术产业,中国尚无具有代表性的企业。这些不足将严重影响中国科技发展的持续创新能力和中国企业在全球市场的竞争力。为此，提出以下几点建议。

一是稳定增加基础研究投入。应根据建设创新型国家和社会主义现代化强国战略目标的要求，参照主要创新型国家的基础研究投入水平，持续稳定提高全社会基础研究投入，力争到2035年基本实现现代化时，基础研究占全社会研发投入的比重至少达到15%，到2050年成为世界科技创新强国时，基础研究占全社会研发投入的比重也相应地居于全球领先地位。

二是加强对国际科技前沿重点领域和方向的谋划布局。我国科技计划特别是基础研究相关计划按学科领域布局相对均衡，学科间差异不大，对生命科学等弱势前沿学科的支持力度远低于其他科技强国。建议进一步加强国家科技计划体系的系统性部署，加大对脑科学、微生物学、免疫学等生命科学和生物技术的支持力度，补足我国在健康医疗领域发展的短板。

三是进一步推动企业加大研发投资力度。研发经费的绝对投入是企业有效创新的重要保障。应采取各种措施鼓励企业投资研发活动，尤其是开展需求导向的、行业关键共性问题的应用基础研究、应用研究和技术开发，提高企业自身乃至整个行业的技术水平和国际竞争力。

四是针对被美国等西方国家"卡脖子"的技术领域和环节，充分发挥制度优势，拿出当年研制"两弹一星"的精神和勇气，**集中人力物力财力抓紧突破一批核心技术**。从国际形势发展和我国经济社会发展需要看，当务之急应该采取有效措施，在半导体加工设备、半导体材料、高端芯片、超高精度机床、工业机器人、高端轴承、高强度碳纤维、高精度光学仪器等关系国家安全和国计民生的技术领域实现突破，尽早形成自主可控的局面。

（中国科学技术信息研究所副研究员　姜桂兴）